だれもが偽善者になる本当の理由

ロバート・クルツバン◎著
高橋洋◎訳

柏書房

Why everyone (else) is a hypocrite
Evolution and the Modular Minds

幸福を追求する自由を否定されたすべての人々に捧げる

目次

謝辞 005
プロローグ 009
第1章 一貫した一貫性の欠如 013
第2章 進化と断片化した脳 039
第3章 「私」って誰? 069
第4章 モジュール化された私 085
第5章 真実の痛み 113
第6章 心理的なプロパガンダ 145

第7章 自己欺瞞 195
第8章 自己コントロール 221
第9章 道徳と矛盾 271
第10章 鳥の道徳 299
エピローグ 317
訳者あとがき 321
巻末ノート 350
参考文献 376
索引 巻末

本文中の〔　〕は訳者による注を示す

謝辞

かつて幸運にも、私にとっては学問上のアイドルとも言える、経済学者のトーマス・シェリングや、生物学者ロバート・トリヴァースらとともに、「自己欺瞞」に関する小さな研究会《ワークショップ》に参加したことがある。私にとって驚くべきことに、そこでの会話のすべては、あたかも一般知性というタイヤが高速で回転しているかのように感じられた。おそらくそのときの参加者全員が、この表現に同意してくれるのではないだろうか。

研究会参加中に、およびとりわけ参加後に強く感じたのは、モジュール性の概念（私が大学院で専攻した進化心理学の基盤をなす概念）によって、「自己欺瞞」というゴルディアスの結び目を実に簡単にほどくことができるということであった。私は、研究会が終わってペンシルベニア大学に戻ってから、当時私と共同研究をしていた大学院生のアシーナ・アクティピスと、二本の論文を書き始めた。これらの論文を執筆することで、私は、モジュール性の概念の導入によって解明できる、心理学や経済学のいくつかの問題を検討するようになった。どういうわけか社会科学の研究者は、多かれ少なかれ、進化的な説明や、モジュール性の概念にアレルギー症状を示す。このことは、これらのアプローチが役立つにもかかわらず、いまだ手つかずのまま残されている広大な研究領域が存在することを意味する。これらの検討の結果が本書に結実したと言っても、過言ではないだろう。

貴重な時間を割いて草稿のすべて、もしくは一部を読んでくれた、クラーク・バレット、テリー・バーナム、ジョン・クリストナー、アンジェラ・ダックワース、ジェームズ・ファウラー、エイミー・クルツバン、ニナ・クルツバン、スティーブン・クルツバン、マイク・マカロー、ユゴー・メルシエ、スティーブン・ピンカー、アレックス・ショー、イワ・セマンスカ、バート・ウィルソンに感謝する。本書に提起されている見方のいくつかは、私がかつて教えた大学院生、ピーター・ディシオリとともに考えたものである。また、本書終盤の議論のいくつかに関しては、かつてペンシルベニア大学の大学院生であった（ただし私の教え子ではないが）ジェーソン・ウィーデンに多くを負っている。彼はまた、初期の草稿を読んでコメントしてくれた。

父のスタン・クルツバンと、本書を執筆する際、労苦を惜しまずに援助してくれたニコル・バターモアにも特別な感謝の言葉を捧げたい。また、私のエージェントであるマックス・ブロックマンと、プリンストン大学出版局のエリック・シュウォーツ、デビー・テガーデンにもお礼を述べたい。彼らは、私の振る舞い一般や、とりわけルーキーにありがちな細かなミスに対して寛容な態度を示してくれた。慎重なスペルチェックやその他数々の助言に関して、ジョディ・ビーダーにも感謝する。とはいえ、本書のいかなる誤りについても、その責任は私にあることは言うまでもない。

最後に、本書、講義、セミナー、会議、そして感謝祭のテーブルで忍耐強く私の意見に耳を傾け、ときにフィードバックしてくれたすべての人々に感謝したい。

ロバート・クルツバン

ペンシルベニア州フィラデルフィアにて

二〇一〇年三月

プロローグ

フィラデルフィアでは、無知のおかげで死なずに済むことがある。

私のように南カリフォルニアで暮らした経験があれば、横断歩道を渡るとき、車のほうから止まってくれることを期待するだろう。その際、向かってくる車の運転手とアイコンタクトをとる。「私はあなたを見ている。あなたは私を見ている。だから私もあなたも、あなたが止まらなければならないことを知っている」というやり取りをしているのだ。

ところが、フィラデルフィアでそのように振る舞うと死を招く。車がやってくるのをあなたが見ているところを、その車の運転手が見ていると、彼は、あなたが「今は道路を渡るべきときではない」ことを心得ていると見なすからだ。フィラデルフィアでの車対人というゲームでは、人は、先に足を踏み出せばつねに後悔する破目になる。

したがって、フィラデルフィアで道路を渡る最善の方法とは、次のようなものになる。あなたをひき殺しそうな車が走行する車線から目をそらす。そして道に迷って混乱しているふりをしながら、足を道路に踏み出す。そう、「旅行者」のふりをしながら渡るのだ。

目的は、誰の目にもわかるように無知を装うことである。運転手は、自分が交差点に勢いよく突っ込む際、よける望みがまったくない歩行者がいれば、間違いなく止まってくれる。だから、最善の戦略は無知であるかのように、すなわちのほほんとして、まわりの様子に何も気づいていないかのように見せかけることなのだ。そうすれば、運転手は、車がやってきていることにあなたが気づいていないことがわかり、よける望みのない歩行者としてあなたを位置づけてくれる。

そして彼はブレーキを踏む。おそらくは。

安全をほんとうに確保したいのなら、他の歩行者と一緒に渡ればよい。それでも安心できないのなら、車から外に出ないか、フィラデルフィアから出るかのいずれかだ。

フィラデルフィアでの生活は、昔なつかしきビデオゲーム「フロッガー」とは異なる。このゲームでは、車やトラックが高速で突っ走る五つの車線を縫って、カエルを向こう側まで無事に渡らせねばならない。道路を渡り終えると、今度は丸太が流れ、ワニやカメの泳ぐ川が待っている。あなたは、ワニやカメの背中や丸太を飛び石にして、カエルを対岸に渡さなければならない。その際、突然もぐる習性のあるカメには注意が必要だ。奇妙な話だが、カエルは泳げないという前提があったと思う。

フィラデルフィアとは異なりフロッガーの世界では、車を見ないようにする戦略は通用しない。画面を疾走する車やトラックは、あなたが見ているか否かにはまったく無関心だからだ。ただ、カエルをひき殺すようプログラムされているだけである。

要するに、フロッガーでは、ゲーマーは、他のゲーマーではなく、自然法則を相手にしているのと同じだ。冷徹な現実が、あなたの成績を決定する。無知や愚かさを装ったところで何の役にも立たない。それに対しフィラデルフィアでは、あなたは他の人間を相手にゲームをしている。ルールはまったく異なり、無知や愚かさが役に立つ。

自然法則はあれかこれかを選択しない。だから、フロッガーのような、結果が自然法則のみに依存する世界では、愚かさや無知は通用しない。あなたが車を見ていなければ、カエルはひき殺され、ゲームオーバーになるだけだ。

ところが、人間を相手にゲームをする場合には、すべてが変わる。結果が自然法則ではなく人に依存する、フィラデルフィアでの道路横断のようなケースでは、無知や愚かさが役に立ち得る。

私は進化心理学者であり、人間の心がどのように設計されているかについて、さまざまなことを考えている。私たち人類は、自然選択の産物である。そして人類は、というより人類の脳は、宇宙探査船や、精神を高揚させるソネット、あるいはランチに使うべき小遣いを飲み込む、フロッガーのようなビデオゲームを生み出してきた。

しかし、人間の目や、免疫システムのような精巧なメカニズムを築き上げてきた自然選択の奇跡のなかにあって、人間の脳のいくつかの部位はいたって評判が悪い。本や雑誌には、いかに私たちは不適切な判断を下しやすいか（『予想どおりに不合理――行動経済学が明かす「あなたがそれを選ぶわけ」』）、無関係な情報に踊らされやすいか（『実践行動経済学――健康、富、幸福への聡明な選択』）、運転中に劣悪な行動をとりやすいか（『となりの車線はなぜスイスイ進むのか？――交通の科学』）など、人間の欠陥や弱点を報告する記述が氾濫している。

私は本書で、「いや、私たちはそれほどひどくはない」と主張することで、人間の本性を擁護し、その潮流を変えるつもりだと言いたいところだが、実はそうは言えない。

本書は、私たちがそのように振る舞う理由を解明し、部分的には弁護のためもあるが、私たちが大いに間違うことが事実であるにせよ、正しさがすべてではないことを示す。私たちを無知で、愚かで、偽善的にする要因の大部分、あるいは少なくともある程度は、次の点に求められる。

（1）人間は、他人と種々の戦略的なゲームをするために進化した。

（2）人間の脳は、知識、正しさ、道徳的な一貫性が必ずしも有利にはならないという事実を巧みに利用すべく設計されている。

たぐいまれなる社会的動物である人間にとって、正しさは非常に重要ではあるが、それがすべてではない。実のところ、無知、間違い、不合理、偽善は、知識、正しさ、合理性、一貫性よりも有利な状況をもたらしてくれる場合がある。適切なあり方で、そうである限りは。

Why

第1章

一貫した一貫性の欠如

■心は多くの部位から構成される。これらの部位のそれぞれは、ときに互いに矛盾することを「信じている」。このことは、脳の損傷や錯視のケースなど、はっきりとわかる場合もある。そうでない場合もあるが、それでも非常に興味深い。■

ぼくは矛盾しているだろうか？
そうだ。それで構わない。
（ぼくは大きい。そしていろいろなものを含んでいる）
——ウォルト・ホイットマン『ぼく自身の歌』セクション51

私たちは、心の成り立ちそれ自体のために、一貫性を大きく欠く。本書は、人間の心が無数のプロセスからなることを主張する。つまりコンピュータープログラムの小さなサブルーチンや、iPhoneアプリのようなものとして心を捉えるのだ。それらは、自然選択の容赦のない作用のもとで形作られたものであり、おのおのが独自の論理に従って機能する。また、人間の思考や行動は、どの心的プロセスがそのとき実行されているかによって変わる。心のどの部分が機能するのかが、時間の経過とともに変わり、またそれぞれが独自の機能を果たすので、人間の行動は変化する。これは何ら驚くべきことではない。

さらに都合の悪いことに、心のなかで生じるできごとの多くには意識が到達できないために、私たちは、自分のした行動の理由を理解できない。「何が自分の行動を引き起こしているのかがわからないことが多い」というこの考えは、とりわけマルコム・グラッドウェルの『第1感——「最初の2秒」の「なんとなく」が正しい』によって広く知られるところとなった。「なぜそんなことをしたんだ?」と尋ねられて、「なぜなのか自分でもまったくわからない」と正直に答えたことがある人は多いはずだ。[*][**]

しかし幸いにも、人間の心理の根源を洞察することで、心のなかのさまざまなサブルーチンについて、また、それらがどのように組織化されているのかについて、これまで以上に適切に考えることができる。私が専攻する進化心理学は、脳のさまざまな領域が独自の機能を持つという考えに注意を喚起する。視覚、言語処理、筋肉のコントロールに関する心のサブルーチンがあるのと同じように、配偶者の選択、友人の選択、あるいは、これは現在の私の研究対象だが、激太りする菓子を焼くなどの不埒な行為に及ぶ人に向けられた道徳的な非難に関わるサブルーチンも存在する。

とはいえ、本書は、人間がいかに不合理な存在かを説いたり、なぜ不適切な決定を下すのかを解明したりする本なのではない。その手の本はすでに多数存在する。

また本書は、「情動的な自己」と「理性的な自己」、言い換えると「感情」と「認知」の違いを説明する本でもない。右脳、左脳に関する本でもなければ、男性と女性の違いや、フロイトの提唱するイド、

---

[*] その手の言い訳は、誰でも数多く持っているはずだ。

[**] 本文に記述するほど重要ではないが、読むに値する注については、頁の左端に脚注として記載する。それに対し、他の研究者の業績への参照や、いくつかの専門的な説明については項番を振って、巻末ノートにその内容を記載する。巻末ノートはシリアスだが、脚注は、ジョークに近いものもあるかも(……)。

自我、超自我の違いを解説する本でもない。これから見ていくように、脳を二つか三つ程度の部位に分けるこのような見方は、人間の心の複雑さを過小評価している。

その代わり、本書は矛盾について語る。私たちは、寒い冬の朝、一方ではジョギングしたいと思いながら、他方ではもっと寝ていたいと思う。ひどい不況の折には、年金の積立て状況を知りたいと同時に、知らないほうがよいと思う。人々が互いに危害を及ぼし合っていなければ、政府は市民の生活に干渉すべきではないと一方では考えながら、他方では、たとえ人々が互いに危害を及ぼし合っていなくても干渉すべきだと考える。本書は、これらのような矛盾を考察する。

さらには、心のなかで生じる、多くの、というよりほとんどの矛盾は、気づかれていないという事実を明らかにする。

ときに私たちは、自分自身が矛盾しているかのように感じる理由、複数の対立する動機に駆り立てられているように感じる理由、基本的な道徳問題に関する見解や考え方が一貫していない理由、これらの理由は、本書が示す、人間の心に関する洞察によって説明できる。進化が作用するあり方のゆえに、心は多数の部位から構成され、それらのおのおのは独自の機能を持つ。そのためそれらは、すべてが完璧に調和して動作するとは限らないのである。

心の部位の多くは、ある意味で互いに異なる「さまざまな自己（selves）」と見なすことが可能であり、それ自身に割り当てられた機能を果たす。本書で述べることのすべては、これらの「さまざまな自己」に関係する。「さまざまな自己」のあるものはあなたに朝のジョギングをさせ、別のあるものは、あなたをベッドに釘づけにする。また、あなたを賢くするものもあれば、無知にするものもある。しかもあなたは、その多くに気づかない。これらの「さまざまな自己」は、あなたの気づかぬ場所で、設計されたとおりに機能しているだけなのだ。

また本書は、心のメカニズムに組み込まれたこれらのさまざまな部位が、いかに協調し合うか、あるいはときに競い合うかを解明し、さらには心をこのように捉えることで、人間の思考様式や行動における矛盾の多くを説明できることを示す。

ひとことで言えば、本書は、なぜ私たちが矛盾し、一貫性のない思考様式や行動をとるのか、さらには偽善者にさえなるのかを解明する。

人間の行動を総体的に把握するためには、それを生むさまざまな部位を理解しなければならない。これらの部位はモジュールと呼ばれる。

半分の真理

最初に、あなたは互いに矛盾するさまざまな事象を同時に「信じている」ことを実証しよう。それにあたってまず、奇妙な行動をとる人々や患者の例をあげる。それから、なぜあなたは、夜中に冷蔵庫のドアのカギを掛けておくなどといった、奇妙な行動に及ぶのかを考察する。[*]

脳の構造に関する知識があれば、脳が左右両半球に分かれていることを知っているはずだ。健常者においては、左半球と右半球は脳梁《のうりょう》で結ばれ、大ざっぱに言えば、両半球はそれを通して互いに「話し合う」ことができる。つまり、脳梁は左右両半球のあいだで情報の交換を可能にする。

てんかん患者などを対象に、一方の半球から他方へ発作が伝わらないようにするために、外科手術に

[＊] 冷蔵庫のドアのカギの問題については、本書を通じて取り上げる。

よってこの接続を絶つことがある。しかし、脳梁離断術と呼ばれるこの手術は、発作のみならず、両半球間の情報の交換をも妨げる。そのため、この手術を受けた人は、「分離脳」患者と呼ばれる。

なぜこのようなことを述べるかと言うと、日常的な事例ではないとはいえ、両半球間の連絡がまったくない、もしくは制限された患者は、脳が互いに矛盾する複数の情報を持ち得ることを示す格好の例になるからだ。健常者では、この接続によって、両半球が維持する情報の統合や整合性が保たれているとするなら、それを切断すれば、当然両半球は互いに矛盾する情報を持つようになる。

神経科学者のマイク・ガザニガとジョゼフ・ルドゥーは、それを実証する実験を行なっている。彼らはこの実験で、神経系の配線方法を考慮すれば、一方の半球だけに情報を送れるという事実を巧みに利用した。また、一方の半球を対象に、他方の半球からの干渉なしに特定の質問に答えさせることができる。このように、それぞれの半球と、別々に情報のやりとりができるので、分離脳患者を被験者に用いれば、人間が「複数の自己」を持つことを示す実験を簡単に行なえる。

(若干不正確ではあるが)具体的な実験方法を簡単に紹介しよう。分離脳患者の右視野に情報を提示すると脳の左半球のみに(基本的に鼻の右側のほうに何かを提示する)、また、左視野に提示すれば右半球のみに、その情報が伝達される。

さて、右半球は左手を、左半球は右手をコントロールするので、右半球に質問をしたければ、両耳を通って両半球に伝わる音声によって質問し、左手で反応するよう求めればよい。そうすれば、右半球の考えている答えを知ることができる。

左半球については、音声で質問し音声で回答を得ればよい。というのも、発声は左半球によってコントロールされるので、質問に対する音声による回答は、左半球の考えている答えを示すからである。

今や古典となった一連の実験で、ガザニガとルドゥーは[1]、分離脳患者に二枚の絵を同時に見せた。具体的に言うと、左半球（右視野）にはニワトリの脚を、右半球（左視野）には雪景色を示した。それから何かが描かれた一連のカードを見せ、それぞれの手で、直前に見た絵に関連するカードを指さすよう求めた。

つまり、被験者の左半球はニワトリの脚に関連する何かが描かれたカードを右手で、また、右半球は雪景色に関連する何かが描かれたカードを左手で指すよう求められたことになる。

その結果、それぞれの手は、つまり半球は、適切に反応し、左手は雪かき用シャベルを、右手はニワトリを指した。

では、「分離脳患者」に（実際には左半球に）、それぞれの手が、なぜそれらの絵を指しているのかを尋ねたら、どんな答えが返ってくるだろうか？　ちなみに、発声を司る能力を持たない右半球は、質問を聞いても、それには答えようがない。もう一方の左半球は何を知っていたのか？　左半球が知っていたのは、質問の内容、ニワトリの脚を見たこと、そして左手が雪かき用シャベルを指していること（右視野で捉えれば見ることができた）である。（おそらく、自分が分離脳患者の一方の脳半球である事実も知っていただろう）。ここでニワトリの脚とシャベルの関係を尋ねたら、分離脳患者はどう答えるだろうか？私なら、「シャベルはニワトリ小屋の掃除のため」などと答えるだろう。分離脳患者の左半球もそう答えた［分離脳患者の場合には、左半球は雪景色をまったく見ておらず（右半球の見た雪景色の情報は左半球に伝わっていない）、左手がシャベルを選んだ理由を知らないはずなので、「ニワトリ小屋の清掃」はあとからでっちあげた理由だということになる。巻末ノート＊2はそれに言及している］。

分離脳患者の右半球だけに質問できたとしたらどうだろう？　右半球は、質問の内容と、雪景色を見たことを知っている。そして右手がニワトリを指しているところを見れば、雪景色とニワトリという、見かけはまったく関連がない二つの事象を見て、左半球の場合とはまったく異なる回答をするだろう。[*] たとえば「私は自分が分離脳患者であることを知っている。あなたのうっとうしい実験のせいで、私の頭は混乱しているのだ。私の右手は私の左半球が担当している。だから、右手がニワトリを指している理由など知ったことではない」などと答えるかもしれない。いずれにせよ、ニワトリ小屋の掃除に類することは言わないだろう。[2]

「患者」は、何が起きていると考えているのか？　実は、「患者」などというものは存在しない。この問いに対する真の答えはないのだ。なぜなら、「患者」とは、互いに連絡のない二つの半球なのだから。分離脳患者のケースでは、互いに分離された二つの個々の半球のそれぞれが、何を考えているかを問えるだけである。したがって、「患者」は何を見ているのかという問いは不適切であり、それに答えることに意味はない。（問いは、さまざまな形で不適切になり得る。たとえば、悪名高い「妻を殴るのは、やめたかね？」[3]など、事実に反する前提をでっちあげる場合がそれにあたる〔「イエス」と答えようが「ノー」と答えようが、妻を殴ったことがあると認める結果になる〕）。それと同様、「患者」が何を考えているのかを問うことは、何かについての信念を持つ能力を備えた、一人の統合的な患者の存在を前提にする。私の考えが正しければ、直観的にすんなりと受け入れられる、この種の問いの多くは問題を孕《はら》み、場合によっては、矛盾することがやがて判明するだろう。

脳で見る

人間の脳の異なる部位が、互いに矛盾する二つのものごとを考えていることがよくわかる例は、分離脳患者のケースに限られない。神経科学者V・S・ラマチャンドランらは、それに類似する数々の症例を報告している。そのなかでももっとも興味深い例は、「幻肢《げんし》（phantom limb）」に関するものだ。
手や足を切断した人は、存在しないはずの手や足を依然として「感じる」と報告することがある。（その感覚はさまざまだが、痛みであることが多い。これに関する神経生理学的な説明はとてもおもしろいが、本書では、この件も含め神経生理学的な詳細は説明しない）。失った片腕に幻肢を感じる患者は、両腕ともまだついていると「信じて」いるのだろうか？ そう尋ねれば、患者は片腕を失ったことを認めるはずだ。よって、両腕ともまだついているとは信じていない。
しかし、患者が失われた腕に痛みを感じている事実は、神経系の何らかの部位が、腕がまだついていると「信じて」いることを意味する。実際、ラマチャンドランの事例では、該当する脳の部位は、そこに腕が存在すると考えているばかりでなく、断固としてそう主張する。またラマチャンドランは、幻肢によってコーヒーカップをつかむよう患者に言い、それからカップをいきなり自分のほうへ引き寄せる実験をしている。するとこの患者は「オー」と叫んだ。というのも、存在しない指がカップの取っ手をつかもうとしたまさにその瞬間に、ラマチャンドランがカップを引いたからだ。[4] つまり、患者の脳のいずれかの部位は、実際に腕がまだ存在していると「ほんとうに」信じていたのである。[**]
ところで、（これについてはあとで詳しく述べるが）腕が確かに存在すると考える脳の部位は、存在しないと口にする部位と見解が異なるからといって（またこのケースでは、後者が正しいからといって）、あ

[*] 私ならコールドチキンと言いたいところだ。
[**] 報告によれば、この患者の脳のいずれかの部位は、ラマチャンドランを、自分の「手」からカップをもぎ取ったまぬけだと考えていたらしい［ジャーク《ジャーク》（jerk）の本来の意味は「何かを急にぐいと引くこと」］。

たかもその人が述べることだけが重要であるかのごとく扱い、前者を軽視すべきだと考える理由はどこにもない。分離脳患者のケースでは、話をする脳の部位が見たのがニワトリなのだから、患者はニワトリの絵しか見ていないとは言えない。心の内部で何が起こっているのかを理解するためには、その人が口にすることのみに注意を払うだけでは不十分だ。なぜなら、心には口がきけない部位が多数存在するからである。

人々が口にする報告を、ことさら強調するのは実に簡単だ。ラマチャンドランは、「患者の脳の特定の部位が、腕が存在しないことを知らなかったとしても、ジョン〈その人〉は、その事実に気づいていることに疑いはない」と述べている。[5] ラマチャンドランは、「発声器官を制御する脳の部位」とは言っていない。本書を読み終わるまでに、次の点をぜひ理解してほしい。存在しない指がカップをつかめるはずはないにもかかわらず、患者に「オー」と言わせた脳の部位は、他のいかなる部位とも同じ程度に、「ジョンその人」と見なされるべき資格を持つにすぎない。すなわち、発声器官をコントロールする脳の部位には、いかなる特権もない。それはただ、脳内のもう一つの細胞のかたまりにすぎないのだ。

話を続けよう。神経生理学的な損傷を受けた患者を対象にした研究のなかでも、おそらく「他人の手症候群（AHS）」[*] ほど説得力のある事例はない。AHS患者は、自らの意思とは無関係に自分の手が動くと言う。手をコントロールできないと言うばかりでなく、自分の手ではないとすら主張する。この事例では、患者は、二人称代名詞「you」を用いて、文字通り「手に話しかける」。しかも、「いまいましいおまえ！（Damn you!）」などという言い方をし、必ずしも丁寧な言葉を使うわけではない。また患者は、他人の手（alien hand）が、自分がしようとしていることを邪魔するのだと主張する。ある患者によれば、「その手は自分の心を持っているかのようだ」[6]。手は、患者を叩き起こし、食事を邪魔し、もう一方の手でズボンに収めたシャツの裾を再び外に出す。このケースでは、「対立」は文字通りのもので、「患者の妻は、両方の手が〈互いに争っている〉ところを目撃している[7]」。

「そんな患者は愚かなだけだ」と、したり顔で片づけたくなるかもしれない。「自分の身体の一部である手を、自分の意思でコントロールできないなどと誰が考えるのか?」というわけだ。夕暮れどきに、ウィジャボード〔日本で言えばコックリさんのような遊戯〕で遊んでいるとき、文字を指すポインターが勝手に動き回るのを感じたことがある人なら、超自然的な力が自分を支配しているという考えを、それほど滑稽に思いはしないだろう。あるいは、超自然的な力などまったく信じていない人でも、「まるで自分の手が勝手に動いているようだ」と一度でも感じたことがあれば、この患者の例を笑い飛ばしたりはしないはずだ[8]。

健常者の例に移る前に、患者の事例をもう一つあげよう。それは盲視(blind sight)である。次のようなケースを考えてみよう。ある患者は何も見えない、つまり完全な盲目だと自己申告する。実は彼女の両目に異常はないのだが、目で捉えた光を、外界のイメージへと変換する役割を担う脳の部位が損傷しているのである。

その彼女の目の前に、XかOいずれかの文字を示し、それがどちらの文字かを答えさせる。すると、「実験に協力したいのは山々だが、自分は盲目だ」と、彼女は言い張る。それでも答えるよう求めると、礼儀正しい彼女は同意する。それからXやOを次々に見せると、何とか推測して答え続けながらも、盲目

[*]『博士の異常な愛情』(米・一九六四年)のストレンジラブ博士を考えてみればよい。

なのに無理やり答えさせられていることを思い出させようとする。[*]

にもかかわらず、統計的に偶然以上の結果を残す患者もいる。それには、患者の脳のいずれかの部位が、XかOのどちらが提示されているのかを知っていなければならない。さらに言えば、その部位は、発声器官をコントロールする脳の部位に、その情報を伝達しなければならない。さもなければ、患者は正しい答えを口にできないだろう。しかし、同様に発声システムにつながっている、脳の別の部位は、それについて何も知らないらしい。この別の部位とは、実験者に向かって自分が盲目であると言い続けている部位のことだ。したがって、脳のある部位は、XやOを見ていると考えている、というよりも見ていることを知っているのに対し、別の部位は、前者の部位には視覚能力がないと考えていることになる。奇妙なことに、どちらも正しいように思われる。「私は盲目である」と患者が口にするときの「私は」という言い方には、落とし穴があると考えれば、確かにどちらも正しいのかもしれない。患者にそう口にさせた脳の部位は、視覚経験を持たない。だがそのことは、他の脳の部位も視覚経験を欠くことを意味するわけではない。

同様な現象は、文字ではなく人間の表情を見せても認められる。ある患者に、幸福な顔か怒った顔、または幸福な顔か悲しい顔、あるいは恐れている顔か幸福な顔などの、顔の表情のペアのどちらかを見せた。すべてに正しく答えられたわけではないが、患者はこれらすべてのペアに対して、どちらを見せられているかに関して偶然以上の成績を残した。興味深いことに、この課題に関与している脳の部位は、機能がきわめて特化しているらしい。というのも、男性と女性の顔の比較や、顔と画像処理によって加工された顔の比較では、偶然並みの成績しか残せなかったからだ。つまりこの患者は、顔と顔でないものの区別がつかなかったのに、（つねにではないとしても）幸福な顔と怒った顔の識別はできたのである。[9]

この結果から、それぞれが視覚のさまざまな工程の一部を担う、患者の脳の部位には、少なくともわずかには機能しているものもあれば、まったく機能していないものもあることがわかる。そして、この機能している部分は、表情の識別という、ごく限られた役割を果たしている。

盲目であるにもかかわらず、そのような識別能力を持つ患者（名前のイニシャル、TNで呼ばれている）に、さまざまな障害物が置かれた廊下を歩かせるという課題が与えられた[10]。TNは、まっすぐに歩いていればぶつかるはずの障害物をよけながら、端から端まで歩けた。報告によれば、TNは、コースを変えたことに気づいてさえおらず、もちろんその理由も言えなかった。この例からも、話をする脳の部位を特別なものと見なすべきではないことがわかる。このようなケースでは、会話を担当する部位が間違っているのだと考えられる。

TNの事例は、さまざまな脳の部位が、意識のあずかり知らぬところで、種々の仕事をこなしているということを教えてくれる。だが、そのことは、ある意味では健常者にもあてはまる。神経科学者のクリス・フリスが述べるように、「行動における自己の特徴とは、それを意識していないということだ。たいがい私たちは、自分の行動に起因する感覚の推移や、目的を持った行動をしているあいだの微妙な調節に気づいていない[11]」。

まさにTNのように。

[＊] やや脚色を加えてはいるが、実験の本質は変わらない。自分が盲目で、誰かに無理やり視覚のテストをさせられたらどう答えるかを想像してみた。多分、自分なら不機嫌になるだろう。

見ることは疑うことである

これらの例は、矛盾する情報が、同一の脳の内部に同時に存在し得ることを示している点を認めたとしても、脳を損傷した患者の例には、何か特殊な条件があるのではないかと思う人もいるだろう。正当な疑問だ。私は、脳の別の場所に蓄えられている二つの情報は互いに矛盾する場合があると示唆しているのだが、それを説明するために、分離脳（やその他の損傷を脳に持つ）患者を例にとるのは、都合がよすぎるという指摘を受けても文句は言えない。[12]そこで、次に健常者の脳の例を紹介しよう。そう、あなたの脳を用いるのだ。

まず、同色錯視と呼ばれる錯覚を取り上げる[13]（図1・1）。この図のなかに、A、Bと記されたマス目がある。二つのマス目の濃淡は同じだろうか？　たぶん本書の読者なら、私がこう問うからには、いかに奇妙でも、マスAとマスBの濃淡は同じに違いないと思っていることだろう。それが正しいことは、その他のマス目をすべて覆ってみればわかる。周囲のマス目と円柱がなければ、A、Bの濃淡は同じであることがわかるはずだ。

錯視を引き起こすだまし絵を見るのは楽しい。だが、それがどうしたというのか？　まず、あなたの脳のどこかに、二つのマス目の濃淡は同じではないと「考えて」いる部位がないかどうかを自問してみよう。私にとって、この問いに対する答えは明らかに「イエス」だ。二つのマス目の濃淡が違って見えるのは、それらが視覚システムによって、何らかのあり方で互いに異なっているものとして知覚され経験される場合に限られる。したがって大ざっぱに言えば、あなたの脳のいずれかの部位、すなわち視覚システム、もしくはその一部は、二つのマス目の濃淡が異なると「信じている」のだ（「信じる」などの用語を私がどのような意味で使っているのかは、あとで明確にする）。分離脳患者の個々の半球を対象に行

図1・1　同色錯視

A、B二つのマス目の濃淡は同じである。

なった実験と同様に、対応する視覚システムの部位に直接尋ねられれば、それは、「二つのマス目の濃淡は異なる」と答えるだろう。

さて、あなたは他のすべてのマス目を覆って、二つのマス目の濃淡が同じだとわかった。ところが、再び全マス目を一度に眺めると、またもや濃淡が違って見えるはずだ。しかし今や「あなたは」、二つのマス目の濃淡が等しいことを「知っている」。ちなみに、「あなたは〜知っている」とは、何らかの情報があなたの頭のどこかに存在することを意味する。つまり、この単純な錯視では、「濃淡が同じ」対「濃淡が異なる」という二つの矛盾する情報が、あなたの正常な脳の異なる部位に同時に存在しているのだ。

この例のような、巧妙にセットアップされた特殊な状況のもとでは、同じ脳の異なる部位が、互いに矛盾する二つの情報を持ち得るという点には、あなたも同意するのではないか。この点はぜひ認めてほしい。というのも、以後の議論は、この例に示されるように、脳が、互いに矛盾する複数の情報を持ち得るという可能性を前提とするからであり、また、実際のところ、どの脳領域に、どのような矛盾が、どのくらい頻繁に生じるのかという問いには、それを示す証拠を調査することによってのみ答えられるからだ。

とはいえ、論点を明確にするために、いくつかの予想される反論にまず答えておこう。最初の反論は、「この錯視の例にはどこかにごまかしがあるのではないか？　そもそも視覚システムによって得られる知覚経験は、新たな知識に影響されたりはしないのではないか？」というものだ。つまり知覚は一般に、「ボトムアップ」の度合いがきわめて高いので、「高次の」情報によっては変化しないように思われる。もしその考えが正しいのなら、これから見せる絵を見たあとで、私が何を言おうと、その絵に対するあなたの知覚経験はまったく変わらないはずだ。

図1・2を数秒間見てから、そこに何が描かれているかを、「そんなことは最初からわかっていた」などと言ってあとでごまかせないよう声に出して描写してみよう。おそらくあなたは、「白地にたくさんの黒い斑点が散らばっている」などと言うだろう。それはそれで間違いではない。だが、絵の左下の部分をよく見てみよう。そうすれば、ダルメシアン〔イヌの一種〕の頭が見えてくるはずだ。このイヌは、地面の上から何かを食べている。耳や首輪も見えてくるだろう。さて、もう一度この絵を描写してみよう。目を一端そらせてから、もう一度見たとき、以前のように「白地に無数の黒い斑点」として見えるだろうか？　ほとんどの人は、もはやそうは見えないと感じる。不可能だと言う人もいる。このように、「この絵にはイヌが描かれている」という情報が一度でも得られると、あなたが絵を見るあり方は、変わってしまうのだ。[14]

視覚システムが外界に関する、ある一連の「信念」を持ちながら、脳の別の部位はそれとは異なる「信

図1・2　白地に黒い斑点

Photograph © copyright 1965 by Ronald C. James

念」を持つことを示唆する錯視の例は、他にも無数にある。一つだけ紹介しよう。それはミュラー・リヤー錯視と呼ばれるもので（図1・3）、実際は長さの等しい二本の直線を見ることで生じる。外向き矢印の直線は、内向きのものより長く見える。[15]自分で同じような二本の直線を引いても、そう見えるはずだ。つまり、あなたの脳のある部位、すなわち知覚システムの一部は、「二本の直線は互いに長さが異なる」という情報を、また、別の脳の部位は「二本の直線は互いに長さが等しい」という情報を持つ。このケースでも、長さが等しいと考える脳の部位を重視したくなる。というのも、そちらのほうが、「あなた」らしく感じられるし、実際に正しいからだ。しかしその見方は間違いだと、私は思う。これについてはあとで説明する。

もう一つの反論として、「これらの例は明らかに錯覚であり、多かれ少なかれ〈あるべき真の世界〉を覆い隠しているのではないか？」というも

図1・3　ミュラー・リヤー錯視

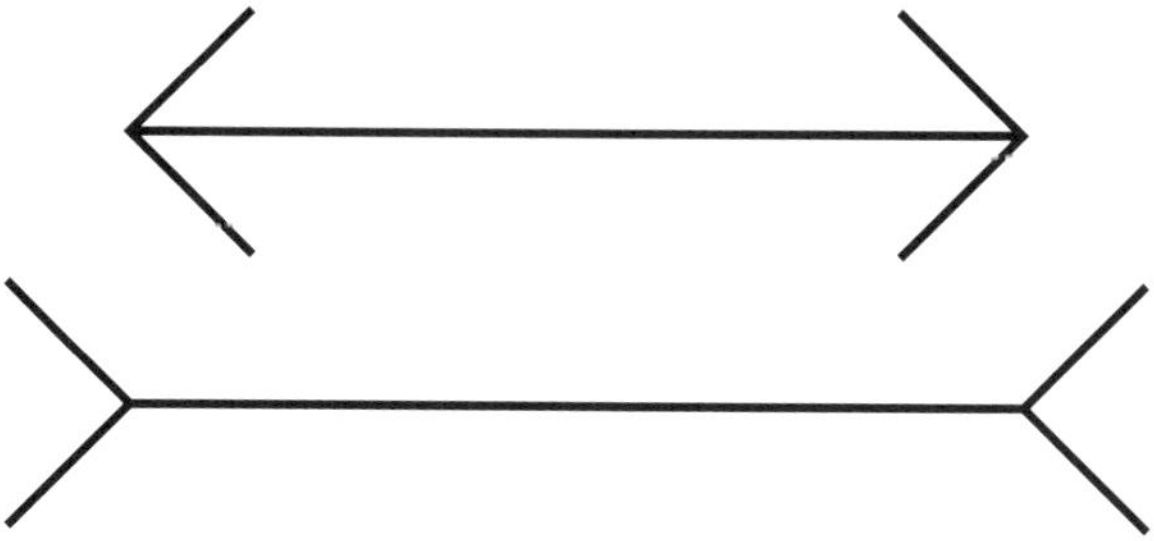

のがある。ここで私は、「真の世界とは何か」という哲学的な問題に立ち入るつもりはない。その代わり、このような批判を反駁《はんばく》する知覚効果を紹介しよう。

アナログレコードを聞いたことがあるかなり年配の人なら、手でターンテーブルを回転させても、音を再生できることを覚えているだろう。手を使えば、順方向、逆方向、いずれにも回転させることができる。一時期、逆方向に回転させた場合にのみ、内容を正しく把握できるレコードがはやった。

二人の研究者ジョン・ヴォーキーとドン・リードは、今や古典となった研究で、これについて調査している。[16] 彼らは、ルイス・キャロルの『ジャバウォックの詩』や、『詩篇二三篇』などが録音されたさまざまなレコードを逆向きに再生させた。ちなみに、どんなレコードを逆向きに回転させても、ほんとうの語句《フレーズ》であるかのように聞こえる箇所がいくつか見つかるのが普通だ。実際に二人は、『ジャバウォックの詩』が録音されたレコードに、「口にイタチをくわえた少女を見た（saw a girl with a weasel in her mouth)」というフレーズを見つけている。彼らは、レコードを逆向きに再生し、ある特定のフレーズを聞き分けるよう被験者に求めた。すると、ほとんどの被験者は、実際にそれを聞き分けられた。しかしそれは、聞き分けるべき特定のフレーズをあらかじめ教えられていいた場合に限られた。要するに被験者は、あらかじめ教えられていなければ聞き分けられなかったはずのフレーズを、予期することで聞けるようになったのだ。

自分で試してみればすぐにわかるはずだが、一度でも聞き分けるべきフレーズを教えられると、ダルメシアンのケースと同様、それに気づかないことのほうがむずかしい。しかしダルメシアンのケースと違って、このケースでは、被験者は「実際には」存在しない何かを聞いている。

ジャバウォックの例もダルメシアンの例も、あなたの脳のいずれかの部位が保持している何らかの情報（前者では「〈口にイタチをくわえた少女を見た〉というフレーズが存在する」という情報、後者では「この絵にはダルメシアンが描かれている」という情報）が、実際にあなたの経験を変え得ることを示している。このように、実験者が被験者に告げる言葉などの「高次の」情報は、低次の知覚を更新し得る。たとえば、点をイヌに、また一連の音素をフレーズに変える。それに対し、同色錯視では、「高次の情報による低次の知覚の更新」は生じない。このケースでは、あなたの脳のいずれかの部位が、チェッカー盤の二つのマス目の濃淡は同じだと知っていても、知覚経験はまったく変化しないのだから。

これらの比較的単純な例でさえ、健常者の脳の機能に関して重要なことを教えてくれる。同色錯視などの錯覚は、脳のいくつかの異なる部位のあいだで、何が真であるかに関して「意見が合わない」場合があることを示唆する。さらに言えば、あるケースでは、脳の特定の部位が真であると「知っている」情報によって、それと一致しない情報を持つ部位が影響を受けることはない。このように考えると、分離脳患者や幻肢のケースと同様、健常者の脳でも、さまざまな部位が、互いに矛盾する情報を持つことがあり得る。

またこれらの例は、脳のある部位の情報によって、別の部位の情報が更新されるあり方を示唆する。

あるケースにおいては情報の更新は起こり得る。たとえば、「口にイタチをくわえた少女を見た」というフレーズを聞くはずだと予期することは、一連の音をそのフレーズを実際に聞いたという感覚に変える。その一方で、チェッカー盤の例のように、変わらないケースもある。

これらの例によってわかるのは、正常な脳においてさえ、情報は脳のいくつかの部位に隔離されて保持される場合があるということだ。二つのマス目の濃淡は等しいという知識が視覚経験を変えるのであれば、それは、この種の高次の情報が、低次の知覚システムに「影響を及ぼす」ことの証左になろう。ところが実際には、このケースでは視覚経験はまったく変わらなかった。

哲学者のジェリー・フォーダーは、一九八三年に刊行された著書『精神のモジュール形式──人工知能と心の哲学』で、このような脳における情報の流れのあり方を、「カプセル化」と呼んでいる[17]〔邦訳は一九八五年〕。同色錯視のようなケースでは、あるシステムが、別のシステムから隔離され、「カプセル化」されていると見なせる。この例では、知覚経験を生む視覚システムは、二つのマス目の濃淡が等しいことを「知っている」脳の部位との関係においてカプセル化されている。つまり、知覚経験を生む視覚システムは、他システムの持つ情報を入力しない、もしくはその影響を受けないということだ。

カプセル化は知覚システムなどに限定されると、フォーダーは考えているようだが、実際には、心理のさまざまな領域で生じる。それについてこれから見ていく。

間食の時間

人間の脳の不整合が、錯覚に限られるのなら、それほど心配する必要はないだろう。それは、おもしろおかしいというだけで、躍起になって改善する必要などないからだ。

しかし、脳の不整合のなかには、その人に少なからず影響を及ぼすものもある。経済学者のスティーブン・ランズバーグは、著書『ランズバーグ先生の型破りな知恵――常識を転倒させる実証経済学』で、「私にとっての宇宙の大きな謎とは、〈なぜ無ではなく、何かが存在するのか?〉と、〈なぜ人は冷蔵庫のドアにカギをかけようとするのか?〉の二つだ」と述べる。[18] 最初の問いに関しては、私はどうこう言える立場にない。だが、二つ目の問いには、何らかの回答を与えられるだろう。

かいつまんで言えば、ランズバーグが宇宙の大きな謎とさえ呼ぶものとは、人間の持つ矛盾のことである。彼は、それについて次のように述べる。人間の行動には非常に大きな矛盾がある。ダイエット中の人は、その実践手段の一つとして、手の届かない場所に食べ物をしまっておくべきだと一般に考えられている。要は、間食の欲望を簡単には満たせないようにしておけば、夜中に目覚めたときに何かを食べようとはしなくなるということだ。しかし、このアドバイスには矛盾がある。なぜなら、真夜中に目覚めたときに間食をしたくないと寝る前に思っているのなら、実際に真夜中に目覚めたときにもそう思っているはずだからだ。ランズバーグはそう考える。

ランズバーグや、その他多くの経済学者たち、あるいはほとんどの一般人も、心がさまざまな部位から構成されているとは考えていない。だから次のように考えるのだ。各人の心には、周囲の世界や自分の嗜好に関する知識がつまっている。そして、何らかの決定を下す際には、心は適切な情報を統合して、答えをつむぎ出す。持てる知識を総動員し、すべての嗜好をはかりに掛けて、自己の欲求を満たすための最善の行動は何かを考える。時と場所、あるいはそのときの胃袋の状態などは問わない。いかに状況が異なろうが、心は同じ答えを出すのだ。

心の機能に関してこのような見方をとると、夜中の間食の一件は次のように解釈される。夜中に間食すべきか否かを寝る前に自問すれば、心は「ノー」と答える。夜中になって同じことを自問しても、心はやはり「ノー」と答える。だから、寝る前に、冷蔵庫にカギをかけておく必要などない。

統合された心というこの見方は、昔なつかしき玩具、マジック・エイト・ボールを思い出させる。「どんな問いにも答えます」と銘打たれたマジック・エイト・ボールは、ビリヤードボールよりやや大きい。あなたは、まず「イエス」か「ノー」で答えられる質問をする。それから心を集中させて、マジック・エイト・ボールを振る。すると、ボールにはめ込まれた小さな窓越しに答えを見ることができる。もちろん、答えはまったくランダムで、「まさにそのとおり」「今は答えを言わないほうがよい」など、用意されている二〇とおりの答えのなかから、どれか一つが表示される。ここで、世界のあらゆる情報を蓄積統合し、ベストの答えを出す、真の魔法のボールを思い浮かべてみよう。もし心が、そのような魔法のボールと同様、その人の持つ情報や嗜好のすべてにアクセスでき、それらを統合する能力を持つのであれば、言い換えれば、経済学者が合理性と呼ぶ魔術的なプロセスであるなら[19]、確かに人々は、ランズバーグらの経済学者たちが考えているとおり、一貫性を持って行動するだろう。彼らにとっては、魔法のボールを寝る前に振ろうが、真夜中に振ろうが、出てくる答えは同じなのである。

心がそのように機能すると、すなわち魔術的な能力を備えていると、経済学者がほんとうに信じているとは思わない。しかし、経済学者の多くは、心が分割されているとは考えていないようだ。彼らは、心を多かれ少なかれ「統一された全体」として捉えている。この見方は、モジュール理論とは相容れない。

読者には、本書を読み終わるまでに、冷蔵庫のドアの問題を、宇宙の大きな謎としてではなく、モジュール性という概念によって簡単に説明できる、無数の現象の一つとして捉えられるようになってほしい。

アンドロイドの道徳

人間の一貫性のなさの一つとして、偽善、すなわち何かを道徳的に非難しておきながら、まさにその何かを自分ですることがあげられる。ありとあらゆる偽善が考えられるので、偽善者ではない人を探すほうがむずかしい。偽善のない世界がいかなるものかを、SFを例にとって考えてみよう。

『新スタートレック』シリーズに登場するアンドロイドの司令官データについて考えてみる。彼は、さまざまな人々の住む宇宙を旅し、そのあいだに数々の判断を下さなければならない。そしてそれらの多くは、多かれ少なかれ道徳的な判断になる。ところがアンドロイドの彼は、道徳的な直観を欠き、そのために、何が道徳的で何が不道徳かを百科事典的に網羅したノートをつねに持ち歩いている。

ある行動が道徳にかなっているかどうかを判断しなければならないときには、彼はこのノートを参照するようプログラムされている。ノートを参照しながら、たとえば「ラ＝フォージ機関長。あなたのフェイザー銃を〈キル〉モードにしてピカード艦長に向け、意図的に死をもたらすことは道徳的に間違っています」などと判断する。重要なのは、彼自身が行動する際にも、このノートを参照することだ。それによって、その行動が道徳的に間違っていると判明すれば、彼はその行動を実行に移さない。

私には、このアンドロイドの司令官は、おそらく[*]、偽善者にはなり得ないように思われる。彼の持ち歩いているノートが、道徳的な判断と行動の両方を導くのであれば、彼は、つねに道徳的に矛盾なく振

[*]「おそらく」というぼかしを入れたのは、道徳とはきわめて複雑なものなので、そう言い切れるかどうかに確信がないからだ。ピカード艦長を殺すことによってのみエンタープライズ号、あるいは宇宙全体を救えるのだとしたら、司令官データはどのように行動するだろうか？　私たちの持っている道徳ノートを参照しても、これに対する明確な答えは得られない。

る舞うはずだ。ノートに書かれているデータをデジタル化してハードディスクに蓄積し、それを彼の身体のどこかに埋め込めば、彼は、道徳的な一貫性を保つ装置を内蔵するアンドロイドになる。

そのようなアンドロイドが作れる日がくるかどうかは、ここでは問題ではない。[20] この小さな思考実験は、ノートに書かれた信念や規則などの一連の原理が、道徳的な思考や行動を導く場合、その人がどう振る舞うかを例示するために考えたものにすぎない。このアンドロイドが、某元ニューヨーク州知事が置かれたような立場に陥ることは決してないだろう。[*] 売春を非難するロボットは売春婦を買ったりはしない。なぜなら、売春がノートに記載されていれば、売春婦を買う行為には走れず、また記載されていなければ、そもそも売春を非難できないからだ。

ロボットはともかく、私たち人間には、そのことはあてはまらない。ある道徳原理を支持しているからと言って、その人がそれに従って行動するとは限らない。あるいは少なくとも、それだけに導かれているわけではない。くだんのアンドロイドは、モジュール化された心を持たない。それに対し、私たちの脳は、互いに排他的な信念を持つさまざまな部位に分割されている。このような認知構造によって、人間は、矛盾の重要な現れの一つとして、偽善的な態度をとるのである。

第2章以後の流れ

本書で私は、人間の心がモジュール分割され、無数の特殊化された部位から構成されることを示す証拠を提示する。また、この事実は、人間の本性や行動を理解するにあたり、深い意味を持つことを明らかにする。その際に重要になる概念は「モジュール」である。おのおののモジュールは互いに分離され、相互に矛盾するさまざまな見方を同時に持てる。これは、特に奇妙でも驚きでもない。この考えは、本章でこれまで見てきた種々の心の現象を完璧に説明し、さらには、他のさまざまな生物学的事象にもあてはまる。

次の三つの章では、本章で提示したこの考えを徐々に発展させていく。第2章では、人間の心の理解を目的とする機能的なアプローチから得られたいくつかの考えを紹介する。このアプローチは、心がさまざまな機能を持つと見なし、それが何のために存在するのかを考慮することが、それが実際に何をするのか、そしていかに遂行するのかを理解する際の手助けになるという見方を前提にする。

機能的なアプローチは、柔軟なコンピューターソフトウェアが、多数のサブルーチンから構成されるのと同じように、[21] 人間の心も、特定の目的のために設計された無数のサブルーチン、つまりモジュールから構成されると考える。

このような観点をとれば、一般的な見方とは違った方法で「自己（self）」について考えることができる。とりわけこのアプローチは、「自己」という概念が問題を孕み、一般に考えられているほど有用ではないことを教えてくれる。

それよりもっと有用な考えは、「心が無数のモジュールから構成されるのなら、全体を代弁するモジュールが必要だ」というものだ。第4章では、心を政府にたとえるなら、世界を経験し、われこそが「責任者」だと感じている脳の部位である「あなた（you）」は、大統領ではなく報道官として捉えられると

[＊]　二〇〇八年、ニューヨーク州知事エリオット・スピッツァーは、売春婦を買ったことを暴露されて辞職した。ニューヨーク州司法長官を務めていた頃、彼は、二つの売春組織の起訴を監督していた。この事実は世間によく知られていた。そして彼は、この実績をひっさげて知事に立候補した。知事就任演説では、「人々の関心、オープン性、誠実さを第一とする政府が築かれたとき、すべての市民は勝利するだろう」と述べている。

いう見方を導入する。

この見方は、人間の心理の謎を解明するのに役立つ。第5章では、真理の追求を目的としないモジュールが存在する理由と、無知の長所を検討する。さらに第6、7章では、無知であるばかりか、間違っているほうが、うまく機能するモジュールもあることを論じる。第8、9章では、モジュール化された心の矛盾は、「自己コントロール」や偽善をめぐる興味深い現象を生むことを示す。

本書を読んで、人間の本性について、これまでとは根本的に異なる見方を身につけてくれれば、私はとても嬉しい。一人の「あなた」が存在するかのように、あるいは「あなた」は責任者であるかのように感じているかもしれないが、ホイットマンの言うとおり、あなたはいろいろなもの（multitude）を内に宿しているのだ。このような多数性は、個々の要素が互いに協調すべく設計されているにもかかわらず、ときに相互矛盾を引き起こす。

人間の矛盾の起源はここに由来する。そしてそれは、なぜ自分以外の誰もが偽善者なのかを説明する。

第2章

進化と断片化した脳

Why

■生物を模したマシンに「本能」を加えるごとに、そのマシンはますます高度化する。そのようなマシンを組み立てるところを想像してみれば、それと同じように、自然のマシン、すなわち生物にも、効率的に機能するためには、特化された種々のメカニズムが必要であることがわかる。進化のプロセスを通して、特定の機能を持つ部位が徐々に蓄積することで、生物は高度化すると同時に矛盾を抱え込む。■

私の愛読書の一つに、ヴァレンチノ・ブライテンベルク著『模型は心を持ちうるか——人工知能・認知科学・脳生理学の焦点』がある。[1] この本は、一連の思考実験によって、徐々に複雑化していく車両模型（vehicles）の振る舞いを考察する。第一の模型は、靴くらいの大きさのミニカーで、前面に装着されたセンサーにモーターが接続され、その回転軸に車輪が取りつけられている。ここで、センサーは熱を検知するものとし、多量の熱を検知すればするほど、車輪がそれだけ高速で逆回転するよう設計されていたとする。この（想像上の）模型が実際に走行しているところを見られれば、あなたはきっと「この模型は熱が〈嫌い〉なのだろう」、あるいは「寒さが〈好き〉なのだろう」と思うに違いない。

ブライテンベルクは、第一の模型に、センサーを徐々に加え、モーターと車輪のあいだの接続を増やしていく。やがて模型は、きわめて高度なものになる。初期のバージョンの模型さえ非常に複雑で、（全一四バージョンのうちの）模型3cでは、光、温度、有機物、酸素を検知する四つのセンサーが、巧妙な配線によっていくつかのモーターに接続されている。また、センサーとモーターの接続の按配により、模型3cは、さまざまな嗜好を持つ。ブライテンベルグによれば、「この模型は熱を嫌い、高温の場所から遠ざかろうとする。また、それ以上に電球を嫌っているようだ。というのも、それに向かって突進し、それを破壊するからだ。その一方、酸素濃度が高い場所や、有機物に富む場所を好み、多くの時間をこれらの場所で費やす[2]」。

ブライテンベルグの著書のファンは私だけではなく、大勢の読者が、環境から入力される刺激と、センサーと、車輪を動かすモーターへの接続の関係をプログラミングしながら、簡単なシミュレーションを製作している。そのなかには非常に高度なものもある。これらの比較的単純な模型が示す「振る舞い」が、いかに生物らしく見えるかを知るためだけでも、インターネットを検索してみる価値はあるだろう。

この単純な模型の目的は、熱や光などの情報を外界から取り込んで、それをもとに何か有用な仕事をすることだ。基本的にこの模型は、配線方法によって「本能[3]」を与えられ、たとえば高温の物体から遠ざかろうとする。センサーと、それをモーターに接続する配線の組み合わせは、「熱を回避するメカニズム」を構成するものとして捉えられる。

これこそ、モジュールという言葉によって私が意味するところである。すなわち、モジュールとは、特定の機能に特化した〔「specialize」「specialization」は文脈に応じて「特化」または「特殊化」と訳す〕、情報処理メカニズムをいう。

「モジュール」と聞いて、レゴブロックを思い出す人もいるかもしれない。この言葉は、居間に配置される家具のような道具に適用するなら、難なく理解できるだろう。ソファー＋マットレス＝ロマンスシートなどといった具合に、居間は、家具という個々の構成要素の組み合わせから成立している。しかし本書では、道具ではなく脳、あるいは情報を処理するメカニズムに「モジュール」という用語を適用する。言い換えると、構造ではなく機能を対象に適用する。そして、情報を処理するモジュールとは、何らかの仕事を実行する計算メカニズムを指す。

本書では、「モジュール」という言葉をこの意味で用いる。[4] これは、コンピュータープログラミングで言うところの「サブルーチン」に近い。サブルーチンとは、特定の機能を遂行する、一片のプログラムコードのことであり、一般に他のプログラムコードから比較的独立して機能する。特定のサブルーチンが、自らに割り当てられた機能をどのように実行するのかは、他のサブルーチンからは「不可視」であり、これから見ていくように、この仕組みは、心のモジュール性の格好のたとえになる。

模型の話に戻ろう。一つまたは複数のモーターに接続されたセンサー（つまりモジュール）を加えるごとに、模型が実行できる機能をそれだけ増やすことができる。たとえば、模型3cは、熱から遠ざかるモジュールと、酸素を求めるモジュールを備えている。3cを含めそれ以後のバージョンの模型は、人間の脳であろうが、ブタの脳であろうが、はたまた複雑なコンピューターソフトウェアであっても、非常に複雑な情報処理装置には、特定の機能に特化したサブルーチンが組み込まれていることを示唆する。明らかに、モジュールを追加するたびに、その装置の振る舞いは複雑になる。

直前の文に傍点を振った理由は、その見方がやや直観に反するからだ。モジュールは「単純な」本能のようなものに思われ、ある意味でその印象は正しい。しかし、ブライテンベルクが示すとおり、無数の小さな特化したシステムの追加は、振る舞いに柔軟性をつけ加える。コンピューターサイエンティスト、人工知能研究者、スマートフォンのメーカーがよく心得ているように、大規模で賢いマシンを設計する最善の方法は、あまり賢くない無数のマシンを一つに寄せ集めることだ。[5]

ところで、ブライテンベルクの模型では、センサーとモーターの接続、すなわちモジュールのおのおのは、非常に特殊化されていることに注意されたい。各センサーは、熱、酸素、光など、たった一つの事象に反応すべく調節され、それが検出された場合にのみ、模型を特定の様態で振る舞わせる。ここで、模型3cが、高温の有機物に向かって走行しているところを想像してみよう。この場合、模型3cは矛盾した状況に置かれる。というのも、あるモジュールは熱源から離れる方向に、また別のモジュールはそれに向かう方向に、モーターを回転させるからだ。熱源が有機物の場合には、二つのモジュールは、必然的に競争し合う。細かな仕様によって、模型は、熱源の有機物に向かっていくか、それから離れていくかのいずれかの行動をとるはずだが、同時に両方を実行することはできない（もちろん、二つのおいしそうな干し草の山の真ん中に立つ、ことわざで知られるロバのように、その場に釘づけになることも考えられる）。

このような単純な模型でさえ、すべてのモジュール化されたシステムが直面しなければならないと一般に考えられている問題を引き起こす。高温の有機物を、好むと同時に嫌うこの模型は、これから本書で検討する類似の矛盾を予示する。ウォルト・ホイットマンの言う意味で、この模型は自己矛盾している。一つの模型に、さまざまなモジュールを加えると、それらのあいだに競合が生じる可能性は避けられない。

競合は、モジュール同士を直接接続せずとも解決し得る。たとえば、二つのモジュールが、異なる様態でモーターに働きかけると、結果はそれらの効果の和として現れる。つまり、モジュール同士が「競争」する。しかし、この種の解決方法に問題があることは、明らかであろう。各システムがそれぞれ勝手にモーターを回転させると、その模型は、あっちへ行ったり、こっちへ行ったり、たまたま近くにあるモノに向かったり、それから離れたり、有用な仕事は何もできないはずだ。光と熱の両方を「好む」模型は、暗く暖かい場所や、明るく寒い場所で身動きがとれなくなり、最悪の状況に陥るだろう。センサーからモーターに自由に信号を送らせることで、各システムに問題を解決させようとするのは、あまりよい方法とは言えない。

他の解決方法もある。有機物センサーと熱センサーを接続したらどうだろう。この接続の追加によって、高温の有機物が検知されたときには、熱センサーをオフにできるようにするのだ。このようにモジュール同士を接続した模型は、二つの異なるシステムを単に争わせるのではなく、一方のモジュールの活性化によって他方を抑制できる。この場合、模型は、高温に耐えてでも有機物に近づく。

こうして、モジュール間に新たな接続を設けることで、二つのモジュールのあいだの綱引きを解決できる。もちろん、どんな二つのシステムのあいだにも競合は生じ得る。熱回避モジュールと他の三つのモジュールの競合を考えてみよう。この場合、競合を避けるためには、前者と後者のおのおののあいだに、新たに三つの接続を設ける必要がある。明らかに、模型が複雑になればなるほど、任意の二つのモジュールの、あらゆる組み合わせに対して接続を設けることは、それだけやっかいになる。かくして、すでにいくつものモジュールを搭載した模型にセンサーを追加しようとすると、それによって生じるすべての競合を解決するためには、さらに多くの接続を設けなければならない。したがって、模型が複雑化するにつれ、接続を増やすより、さまざまなモジュールを競合させたままにしておくほうが、効率がよさそうに感じられ始める。

では一般に、各モジュールを模型の制御権を求めて互いに競わせるほうがよいのか、それとも、起こり得るすべての競合を想定して、それらを解決するモジュール間の接続を、あらかじめ網羅的に設定しておいたほうがよいのか？　また、後者の方針を採用する場合、どのように優先順位をつければよいのだろうか？

その答えは、模型の用途によって異なる。

進化（革新的な）心理学

模型については、またあとで述べるとして、本節では、私の専攻分野、進化心理学を紹介する。進化心理学は、先の問い「人間の心を構成する情報処理モジュールは何のために存在するのか？」に答えてくれる。だから、その説明はとても重要だ。

人間の行動を解明する進化論的なアプローチを解説したすぐれた本はたくさんあるので（異論はあるかもしれないが、もっとも詳細かつすぐれた本として、スティーブン・ピンカー著『心の仕組み』をあげる）[6]、詳細はそちらに譲り、ここではカギになる前提、および考え方に焦点を絞る。

まず指摘しておきたいのは、進化心理学は、心理学の他の分野と多くの共通点を持つことである。それは第一に科学的な営みであり、仮説を立て、検証し、などといった科学の通常の手続きを踏む。わざわざこのように述べる理由は、それを知らずに声高に批判する人がいるからだ[*]。

第二に、認知科学と同様、進化心理学は、「脳の機能は、情報を処理することである」という前提を立て、「心の計算理論」を支持する。この意味において認知心理学と類似し、大ざっぱに言えば、脳は情報を処理する機械として捉え得ると考える。この分野の研究は、その詳細、すなわち「脳はどのよう

[*]　誰のことかわかるのではないか。

なプログラムを実行しているのか？」という問いの解明を目指す。

第三に、進化心理学は、「生物の有する機能の複雑性を説明できる理論は、現在のところ、ダーウィンの提起した〈自然選択による進化の理論〉と、その発展形態しかない」と考える。この見方は、これまでさんざん論じられてきたので、ここではこれ以上立ち入らない。基本的に、生物は、とてもありそうにないほど複雑巧妙に組織化された物質の集まりだということだ。生物が現在のような形態になったのは進化のプロセスを通じてであり、それによって遺伝子が作り出され、遺伝子は自己複製を繰り返しながら、他の遺伝子を犠牲にしつつ存続しようとする。これについて論じたもっともわかりやすい書物の一つとして、リチャード・ドーキンスの『利己的な遺伝子』を推薦する。[7]

進化によって彫琢《ちょうたく》された脳が情報を処理するという見方は、とりたてて論争を呼ぶようなものではない。もちろん、それに関する活発な議論は続いている。ピンカーの著書に反応して書かれ、『心はそのようには機能しない（*The Mind Doesn't Work That Way*）』という巧妙なタイトルがつけられたジェリー・フォーダーの著書を読めば、その考えが万人に受け入れられているわけではないことがわかる。[8]

第四に、進化心理学は、進化生物学と同じく、「進化が作用するあり方のゆえ、私たちの心は、それを構築した遺伝子が過去にうまく機能した、その結果によって形作られた構成《デザイン》を持つ」と前提する。このように、私たちが持つ遺伝子は、私たちの祖先の脳や身体を形作ったときにうまく機能したものなので、新たな事象にはうまく対応できない場合がある。

なお、「新たな事象」とは、絶対的なものではない。一羽のペンギンは、彼らの祖先が遭遇した、まさにそのアシカの個体ではなく、まったく新たな個体に遭遇する。つまり現代のペンギンは、一般的なカテゴリー（「タイプ」）に属する個々の例《インスタンス》（哲学者なら「トークン」と言うかもしれない）に対処できるように適応している。このように、進化はタイプに対処できるよう生物を設計し、捕食者、獲物などといったタイプに属する無数のインスタンスに対応できるメカニズムを導く〔したがって「新たな事象」とは、インスタンスではなくタイプの新しさを指す〕。

しかし、それ以上ではない。自然選択は、未来の脅威や好機を対象にできるわけではない。そのため、いかなる種《しゅ》に属する個体でも、その種の祖先の個体が直面してきた適応課題を解決すべく設計されている。人間もその例外ではない。[9] そのうえ、自然選択が作用するには長い時間がかかり、また、生物の複雑な組織に大きな変化をもたらすには、無数の遺伝的変化が必要なので、どうしてもタイムラグが生じる。[10] つまり自然選択によって複雑な適応を達成するには、無数の世代を要する。かくして現代に生きる私たちは、過去の狩猟採集民の適応を通して得られた設計を持つ（もちろん、遺伝的変化は最近でも起こっているが）。なお、この点を解説する本は他にたくさんあるので、ここではこれ以上立ち入らない。[11] つまるところ、人間の適応様式は、すべてではないとしても、多くの側面で、現代社会とは異なる環境のもとで機能すべく設計されたものなのである。

多くの生物は、祖先が直面したことのない環境のもとで生きている。その原因の一つとして、環境を劇的に変える人間の活動があげられる。一例をあげよう。魚類が進化した環境では、くねるように動く小さなもののほとんどは、エサになる。それを食べた魚に危害が及ぶことはまずない。ところが現代の環境下では、くねるように動くものが針先につけられ、さらにその針が糸によって竿に結びつけられ、道具を使用し二足歩行する哺乳類の手で水中に投じられる。これは、竿を持った哺乳類にとっては都合がよくても、魚にとってはいたって都合が悪い。というのも、魚はくねるように動くものをエサにするよう適応しているために、その習性を利用した釣り人の罠にまんまとはまってしまうからである。[12]

この原理は、さまざまな例に適用できる。マウスの進化の歴史のなかで、ネズミ取りにエサが仕掛けられているなどという事態は最近になるまでなかった。鳥の鳴き声をハンターが真似するようなことも起こらなかった。このように、道具を操り、あらかじめ計画を立てておく能力を持つ人類は、本来ならまったく問題なく機能していたはずの、他の動物の適応様式を巧みに利用して利益を得てきたのだ。[13]

もちろん、他の動物の適応様式を巧みに利用しているのは、人間だけではない。私の好きな例は、チョウチンアンコウだ。この魚は、突起した構造を、エサの動きに似せてくねるように動かすことで、小魚をおびき寄せる。これは、人間と自然のエンジニアリングのつながりを示す一例であり、このテーマは、それだけを取り上げても、とても興味深い。[14]

私は何も、「現代世界は太古の世界とはまるで違うので、人間や動物は、その状況にうまく対処できない」と言いたいわけではない。そもそも、その考えは間違っている。鳥は牛乳瓶のふたを開け、人間はチェスをするが、どちらのケースでも、新たな目的を達成するために、別の目的で獲得された適応様式が活用されている。このことは、かつては影も形もなかった、したがってそれ自身がアシカ回避行動の進化を導いたはずのないアシカの個体を、ペンギンが回避できることと同様、何ら謎ではない。

人類の祖先が暮らしていた環境と現代の環境の違いは、数々の興味深い現象を生み出してきた。それについては、他の本で詳しく述べられている。[15] ここで、問題の本質を理解するために、次のように考えてみよう。私たち人間は、たとえば熟した果物など、カロリーの高いものを探し求めるよう設計されているとする（だから、甘く感じられるのだ）。すると、チョコレートバー、炭酸飲料、マシュマロなど、さまざまな食物や飲料は、そのような人間の嗜好を満たすために作られていることがわかる。ところが、糖分に対する嗜好が現代の私たちの健康に及ぼす影響は、甘いものと言えば果物しかなかった太古の世界での糖分摂取の影響とはまったく異なる。過去（ものが不足した社会）と現在（豊かな社会）のあいだにあるこの不整合は、釣り針にかかる魚の適応と同程度に、人間が適応によって獲得した機能の有用性を損なう。

とはいえ、変化していないこともたくさんある。物理的な基盤は変わらない。重力は現在でも、昔と同じ力（$9.8\,m/s^2$）で作用している。ニュートンの法則は無効になったわけではない。てこの原理も同様だ。先進国では、ライオンに食われたり、ゾウに踏みつぶされたりすることを心配する人はまずいないが、現在でも私たちは、インフルエンザにかかり、くしゃみをして細菌をまき散らし、骨折しないよう気をつけて歩く。世界の人口は、太古の時代より現代のほうが比較にならないほど多いが、誰もが父と母の子であり、親戚、友人、敵を持ち、大小さまざまなグループに所属していることに、今も昔も変わりはない。現代の社会と太古の社会の違いが疑いもなく大きいのは確かだが、共通性がほとんどないと考えるのも間違いだ。文化間の共通性や、おそらくは私たちと祖先の共通性に関しても言えることについては、ドン・ブラウンの著書『人間の普遍性（*Human Universals*）』を推薦する。[16]

ここからは、社会のなかでうまく生きていくために獲得された適応様式を検討する。過去と現在の共通性が重要なのは、次の点においてである。私たちの心は、それが設計される際に解決の対象であった当の課題に直面したときに、もっとも効率的に、そして比較的予測可能なあり方で機能する。それに対し、過去と現在の差異は、私たちの心がうまく機能しない事態をもたらし、場合によっては私たちをトラブルに巻き込む。

特殊化に乾杯

人間を含め生物は、本質的に機械だ。しかし、人間機械は、通常は自分たちの役に立つことをするよう設計されているが、生物機械は、繁殖のために設計されている。[*][17]（この考えは、現在ではあまりにもよく知られているので、ダーウィン以前の時代においては自明ではなかったことを忘れやすい。生物と、それを構成する組織は、繁殖のためではなく、生態系のバランスや自然の多様性を保つため、あるいは人間に利用されるために機能すると考えられていた時代もある）。

したがって、生存と繁殖のために設計された生物は、これらの目的のために機能する、さまざまな部位から構成される[18]（「design」は多くの箇所では「設計」と訳したが、ときに論議を呼ぶことがあるこの用語の使用に関する、著者の説明が巻末ノート＊18にあるのでぜひ参照されたい）。もちろん繁殖に成功する生物個体は、同じ個体群の他のメンバーと比較して、一般に生存と生殖に必須の機能を、とても効率的に実行できる。自然選択が作用するには長い時間がかかるので、ごく小さな優位性でも重要になる。かくして私たちは、動物園の動物や、野原の昆虫を観察しているとき、それらの生物の器官がみごとに機能している様子を見て、感嘆の念を覚えるのだ。

私の机の上には、かつて教えていた大学院生が博士号を取得した際に贈り物としてくれた、木の葉に驚くほど似ているコノハムシの標本が置かれている。[**] この生物の体色変化のすごいところは、わずかにギザギザがあったり、緑の色合いのなかで茶色の箇所がわずかにあったりして、一部が食べられたり、朽ちたりしているかのような外観を呈していることだ。

コノハムシの偽装の機能は、周囲の色に同化して、捕食者に見つからないようにすることだ。その点に疑いはない。目が見るための器官だとただちにわかるのと同じように、コノハムシの体色変化の機能は、たとえ化石標本を持っていなくても、またDNAシークエンシングを行なわなくても、緑の色合い、表面の葉脈に似た構造、全体的な形状など、観察可能なあらゆる特徴を通して知ることができる。わざわざこのような指摘をする理由は、適応仮説に有利な証拠を得ることが、特定の機能に寄与する設計特徴を見出すことだという点を忘れがちになるからだ。[***][19]

コノハムシのケースでは、色と形態を観察することで機能を推測できる。あり得ないほど有用な、この種の物質の配置を実現する唯一の手段は、進化のプロセスだ。色と形態は、その組織が何のためのものかを推測する際に役立つ。物質の物理特性が、機能に関する仮説の構築に役立つデータを提供してくれるように、人間の行動は、心を構成する計算メカニズムに関する仮説の構築に役立つデータを提供してくれる。というのも、色と形態に対応する心の特性は計算だからである。つまり、心が計算によって有用な機能を果たせるのは、物体がその形態によって有用な機能を果たせるのと同じことなのだ。もちろん、心の計算の本性は、行動によって知ることができる。計算に関して何かを語る行動のデータは、その機能を開示する。こうして、心理実験によって得られたデータは、心のモジュール、すなわちサブ

[*] これは厳密には正しくない。いずれにせよ、今後も、多少の厳密さは失われても、遺伝子（個体ではなく）に強調点を置くことはせずに自然選択に言及する。

[**] そう、きまりの悪いことに、贈り物の受け渡しの方向は、通常は逆だ。大学院生を教育するにあたって、つねに「師を啓発せよ」と言い続けてきたことが、彼の頭に浸透していたのかもしれない。

[***] 形状によって機能を特定する方法が理解できないと、進化的な説明が反証不可能であるように思えるだろう。仮説は、機能ではなく歴史に関して提起されるべきものだと考える批評家も多い。歴史に関する仮説の証明には、機能に関するそれとは異なる証拠が必要とされる。

ルーチンが持つ機能の理解に役立つ。

このように考えると、生物は、捕食者に発見されないようにするなど、特定の機能を果たす種々の部位から構成される機械であることがわかる。これは、一種のエンジニアリングと見なせる。エンジニアリングという言い方が適切なのは、各部位が特定の機能を持つからであり、また、自然選択が本質的に競争的なプロセスであるがゆえに、各部位が実行する機能の効率のわずかな違いも、大きな差異を生み出し得るからだ。

経済学やコンピューターサイエンスにもあてはまる、エンジニアリングの基本原理の一つは、「特殊化は効率を向上させる」というものである。一般に、機能の限られた機械は、広範な機能を持つ機械に比べ、作業をより効率的にこなせる。当然ながら、特殊な機械をいろいろな作業に使うことはできない。なぜなら、さまざまな作業を効率的に行なうには、おのおのの作業に対して異なる形態の機械が必要だからである。エンジニアリングには、つねに交換条件《トレードオフ》が伴い、機械のそれぞれの形態にはそれに見合った機能がある。

このことは、特殊な機械が、特定の機能を効率的に果たす部品から構成されることからもわかる。うまく機能するためには、道具はきわめて特殊な形態や形状を持つ必要がある。だから、のこぎりの形状は、しゃもじのそれとはまったく異なるのだ。このように、特定の道具は、特定の作業に見合った形状をしているために、他の作業にはうまく適用できない。

このことは、物理的な形態ばかりでなく、計算の「形態」にもあてはまる。計算メカニズムは、情報処理に関する特定の問題を効率的に解決できるようになればなるほど、その他の問題の解決には不適切なものになる。だから、チェスプログラムのコードは、ワープロソフトのコードとはまったく違うのだ

（Ｗｏｒｄのプログラムは、チェスをプレイできないし、ディープ・ブルーは「ＩＢＭ社が開発したチェス専用のスーパーコンピューター」本を書くためには使えない）。

どういうわけか、私はトースターを例にとるのが好きだ。トースターには、ほどよくパンを焼くための各種機能が備わっている。二つあるスロットは上を向き、その幅は、パン一枚が入る広さがありながらも、パンの両側をまんべんなく焼けるよう熱が分配されるのに十分な程度に狭い[*]。側面には小さなプラスチック製のハンドルがついていて、それによってパンをトースターの本体内に押し下げることができる。またタイマーが内蔵され、指定の時間がすぎると、パンが本体のなかから押し上げられる。さらには電源コードや、発熱体などが備わっていて、それぞれの機能を果たす。

トースターは、さまざまな部品から構成されることで、パンを焼くという全体的な機能を果たしている点に注意されたい。各部品は、パンをうまく焼くことを可能にしているのだ。のみならず、トースターの外見の特徴は、それが果たす機能を私たちに示してくれる。トースターの機能の説明はむずかしくない。たとえトースターの用途をまったく知らなくても、それがパンを焼く道具であることはすぐにわかる。他の目的のための道具ではないことがすぐにわかるほど、その構造は、パンを焼くという機能に特化している。

ここで、トースターとガスバーナーを比べてみよう。ガスバーナーでもパンは焼ける。だが効率は悪

[＊]　わが家のトースターはベーグル〔ドーナツ型のパン〕をうまく焼けない。ベーグルも焼けるよう設計された、より幅の広いスロットを持つトースターもある。このタイプのトースターが、通常のトースターと同じように効率的に普通のパンを焼けるのかどうかは、私にはわからない。私の想像では、効率は劣るのではないか。スロットが広いということは、パンの表面が発熱体からより遠ざかることを意味するからだ。答えを知っている読者は、ぜひ教えてほしい。

い。試したことがないので何とも言えないところだが、大量の熱が浪費され、パンは均等に焼けないはずだ。あるいは、即ゴミ箱行きになるかもしれない。それに対し、パンを焼くために設計されているトースターは、解決すべき問題に関連する多くの事実を、ある意味で「先取り」している。たとえば、パンの形状や、ほどよく焼くのに必要な時間、あるいは安定した電源の供給の必要性などである。ガスバーナーは、これらの事実を「先取り」していない。トースターの機能は限定されており、瓶のふたを開ける、コーヒーを沸かす、ペーパータオルを供給するなどといった、他の台所仕事にはまったく向かない。

もちろん、トースターを他の目的で用いることは可能ではある。たぶん文鎮としても使えるだろう。『3人のゴースト』（米・一九八八年）で、ビル・マーレイが演じていた登場人物がしていたように、武器としても使えるだろう。表面がつやつやなら、鏡として使って、デートに出掛ける前に髪をとかすこともできる。あるいはパン屑製造機としても。

とはいえ、トースターは大きすぎるので、すぐれた文鎮にはならない。また、貧弱な武器にしかならない。表面がつやつやしていても、そこに映る像は歪む。一枚のパンからわずかなパン屑しか得られないトースターは、パン屑製造機としては効率がはなはだ悪い。

なぜわざわざこのような例をあげるかと言うと、トースターと同様、脳は数々の機能を備えた機械だからだ。解決すべき問題に規則性がある限り、その問題の効率的な解決の方法にも規則性がある。この事実は、人間の製作した道具にせよ、生物学的な機械にせよ、それらを直面しなければならない課題に特化し、その課題を効率的に解決できるようなものにする。生物に関して言えば、環境に規則性がある限り、自然選択は、特殊化の利点を効率的に利用する設計を選好する。というのも、進化の文脈では、設計の効率性が、きわめて重要な意味を持つからだ。

コノハムシの話に戻ると、この虫の持つ、葉に似せた形状と色合いは、それが住む生態系に特化している。少しばかりかじられ、朽ちかけた緑の葉という外観が、環境の一部と化していなければ、このような特殊化は、問題の効果的な解決手段にはなり得ない。ならば、背景に合わせて形状や色合いを変えられるほうが、コノハムシにとっては「都合がよい」のではないだろうか？　おそらくそうだろう。しかし進化においては、つねに交換条件が存在する。色合いの柔軟な変更には、コストが伴う。そして、生物の持つ特徴がもたらす恩恵やコストは、その生物が、進化という競争に勝つか負けるかを決定する。形状や色合いを柔軟に変える能力を持つコノハムシが存在し得たとしても[*]、そのような個体よりも、自らが住む特定の環境下で、ほとんどつねに見分けがたい形状と色合いを持つ個体のほうが、進化の競争のなかで優位な地位を占めるだろう。

自然選択によって「最適な」設計が生じるわけではない理由は、他にいくらでもある。自然選択はランダムなプロセス、つまり突然変異に依存するので、突然変異した遺伝子が出現しなければ、そもそも何も選択され得ない。また、大都市に新たに建設される建物や街路の設計が、既存の建築物の配置に制約されるのと同じように、生物でも、特定の構造の出現を困難にする制約が存在し得る。こうして見ると、脳の神経回路は、私たちの祖先が直面していた問題を解決するのに適した形態で設計されたと十分に想定できる一方、不完全性や、最適とは言えない特徴を持つことも当然予想される。それについては、

[＊]　それに類する能力を持つ生物は実際に存在する。物まねダコ（*Thaumoctopus mimicus*）は偽装能力を持ち、体色のパターンを、驚くほどすばやく変えることができる。

あとで検討する。

コンピューターサイエンスにおける具体例

脳の機能は、情報を処理することだ。したがって、情報処理システムにおける特殊化の長所、短所を検討しなければならない。情報処理という目標を達成するためには、いかなるメカニズムを構築すべきかを長らく探究してきたコンピューターサイエンティストは、より大きな課題を、より小さな限定された問題へと細分化することの効用を見出している。サブルーチンやマクロをコーディングしたことのある人は、この点をよくわきまえているはずだ。解決すべき問題（情報を伝達するメッセージのフォーマットをどうすべきかなど）に関して何らかの想定が可能なら〔コンピューターサイエンスの用語を使えば、インターフェースの設計が可能なら〕、モジュール性の他の長所とも相まって、問題の解決を実現する機能のプログラミングは、それだけ容易になる。

実際、私の理解では、複雑な情報処理システムのモジュール化がよい考えなのかどうかは、コンピューターサイエンスではもはや問われるべき問題ですらない。モジュール化、すなわち「仕事の分割」は、「ソフトウェア開発の主導原理」なのだ。[20] コンピューターサイエンティストは、すぐれたシステムを設計する際には、処理の下位分割を考慮に入れる必要があることを、ずいぶん以前から理解している。それによってシステムは、柔軟かつ変更が容易になり、耐障害性も高くなるからだ。以後の章で検討する多くのアイデアにも関連する、モジュールの「内部」に情報を「隠す」という考えも、最近のものではない。コンピューターサイエンスでは、このような認識が浸透しているのに、心理学において、モジュール性という考えがかくも激しい論議を呼ぶ理由は、私にはよくわからない。[21] いずれにせよ、この問題はのちほど検討する。

「ドメイン固有言語」と呼ばれるコンピューター言語と、汎用的なコンピューター言語を比べてみよう。通常は引用しないのだが、あえてウィキペディアを引くと、次のような記述がある。

ドメイン固有言語（およびそれをサポートするソフトウェア）の開発は、既存の言語に比べ、特定の問題やその解決を、より明確に表現でき、かつ、そのタイプの問題が十分に頻繁に出現することが予想される場合、有益になる。[22]

それに対し、「その対極にあるのが、C言語やJａｖａなどの汎用言語である」。基本的に、ドメイン固有言語は、限定された範囲の課題を実行するプログラムの開発に適し、その目的を効率的かつ効果的に達成できる。汎用言語は、それとは逆の長所、短所を持ち、それを利用してさまざまな課題を達成できる一方、個々の課題に焦点を絞って見れば、効率や効果は落ちる。というのも、汎用言語は、特定の課題を解決するプログラムの開発を目的に設計されているわけではないからだ。

ウィキペディアの記述によれば、「そのタイプの問題が十分に頻繁に出現する」ことが、ドメイン固有言語が成立するための一つの条件になる。同じ課題を繰り返し実行する必要性がなければ、その実現を目的とする情報処理メカニズムを構築する意味はない。このことは進化の文脈にもあてはまるが、自然選択の場合には、ただすぐれたアイデアというだけではなく、それがルールでもある。自然選択は、多世代にわたって作用するため、ある遺伝子が選択されるためには、それによって個体数を増加させるに十分な繁殖率が得られなければならない。したがって、ある世代では優位性を与えるが、次の世代では不利をもたらす遺伝子は、自然選択の作用のもとでは生き残れないと考えたほうがよい。

コンピューターサイエンスの教科書では、交換条件の存在を考慮すれば、異なるタイプの問題には、異なるシステムを適用することがふさわしいとされている。以下の引用は、特化した一連のツールを利用することの利点を説明するために、進化心理学者がよく用いる類推[23]と同じである。

あらゆる課題をもっとも効率的に解決できる、たった一つのコンピューター言語が存在し得ると考えられていた時代があった。(……)しかし、言語の種類は、少なくなるのではなく増える一方であり、現在でもこの傾向は変わっていない。(……)有能な整備工なら誰でも、一〇ミリナットを締めるために、各種スパナなど数種類の道具を持ち運んでいるように、有能なプログラマーは、状況にもっとも合った言語を用いられるよう、数種類のコンピューター言語の知識を持つ[24]。

心も、プログラムやサブルーチンから構成されるソフトウェアの集まりと見なせる。もちろんそう主張することで、人間は情報を外部から取得しない、誰からも学ばない、情報の交換をしないなどと言いたいのではない。特殊化を語ることは、システムが正常に機能するために必要な情報の由来を問うことではない。モジュールには、外界の情報の取得を目的として設計されているものも数多くあり(言語学習システムはもっともよく知られた例である[25])、モジュール化されたシステムは学習しない、柔軟性がないなどとは言えない。そう考えたがる人も大勢いるが、特殊化は、いかに解釈しようが、柔軟性のなさや、遺伝的な決定、あるいは愚かさを意味するのではない。

事実、車両模型の例に見たように、システムのモジュール化は、複雑性、柔軟性を実現可能にする。

コンピューターサイエンティストは、この点をよく心得ている。

というより、それはコンピューターサイエンティストに限られるわけではない。思うに、アップル社のｉＰｈｏｎｅの成功の大きな部分は、機能が限定された多数の小さなプログラムを走らせることができるという事実に求められる。機能の限られた有用なアプリケーション（モジュールに相当する）をいくらでも実行できるので、きわめて広い用途がある（そして今では、類似の特徴を持つ競合商品が出回っている）。ｉＰｈｏｎｅを開発した技術者は、進化が用いているものと同じ解決方法《ソリューション》を思いついたのだ。特化した多数のアプリケーションを集めて、柔軟で有用な情報処理装置に仕立てるというソリューションを。

一般論

要するに、特殊化は効率を生み、効率は進化の過程のもとで優位性をもたらすので、生物の身体や脳には、相互作用する一連のモジュールの集まりという形態で、機能の特殊化が生じたのだ。

この一般的な見方は、生物学では比較的問題なく受け入れられているようだ。動物園の来場者向けの案内には、特定の生態環境への動物の適応に関する説明が記されていることがよくある。特殊化のもっともよく知られた例の一つは、ダーウィンが進化論を思いつく際に大きな影響を与えた、ガラパゴス諸島におけるフィンチのくちばしの形状の変化だ。ジョナサン・ワイナーのすぐれた著書『フィンチの嘴——ガラパゴスで起きている種の変貌』は、ガラパゴス諸島のそれぞれの島における生態環境の違いが、局所的な環境に特化したくちばしの進化を導いたことを詳しく解説している。[26]

この考えは、動物の行動にも難なくあてはまるようだ。クモは、機能的な特殊化に関しては並ぶものがない。その小さな脳は、まるい巣、漏斗状《じょうご》の巣、シーツのような巣など、さまざまな巣を織り上げる能力を持つ。巣の形状が違えば、それを作るクモには、異なったタイミングで異なった動作をすることが求められる。かくして独自の巣を張るクモは、その形状に特化したプログラムを脳に備えている。

この種の例は無数にある。ニワシドリは、つがいの相手を見つけるために小さな巣を飾り、ミツバチは、食物のありかを仲間同士で伝え合うためにダンスをし、コウモリは、ソナーを用いて昆虫を捕えて食べ、キタオポッサムは、捕食者の注意をそらすために死んだフリをする。

人間の解剖学的構造に関しても同様だ。機能の特殊化は、人体のさまざまな器官に見られる。心臓は血液を送り出すために設計されており、濾過するためにではない。その逆に、肝臓は、血液の濾過のために設計されており、それを送り出すためにではない。細胞レベルでも事態は変わらない。ニューロンは情報の伝達に長けているが、エネルギーの蓄積にはふさわしくない。脂肪細胞はその逆だ。

興味深いことに、特殊化（専門分化）は競争に勝利するための重要なカギになるという考えは、経済理論の根底にも認められる。貿易と交換の理論の中心概念をなす、「比較優位」と呼ばれる経済原理によれば、国家は特定の産品、すなわち大まかに言えば、生産しやすい産品の生産に特化すべきとされている。ここで言う「生産しやすい」とは、「その国では他の産品に比べて生産しやすい」という意味であり、「他の国と比べて、その国ではその産品が生産しやすい」という意味ではない。この原理を最初に提起したデイヴィッド・リカードは、「たとえ、貿易相手国のポルトガルのほうがより安価に繊維製品を生産できたとしても、イングランドは、ワインより繊維製品の生産に特化したほうがよい」と論じている。このように、専門分化は分業の恩恵を得るための重要な手段になる。

ここまでに、特殊化の利点が、比較的問題なく受け入れられている分野として、細胞生理学、動物行動学、人体の生理学、経済学、そしてもちろんコンピューターサイエンスをあげた。私は、心理学もそうあるべきだと考えている。また、実際にその考えが受け入れられている領域もある。

心理学の一分野である視覚の研究は、このアプローチの持つ二つの基本原理に従う。視覚の研究者は、自分たちを進化心理学者と見なしてはいないが、基本的に機能を重視する傾向を持ち、自分たちの研究対象を、何かをするために設計されたものとして捉えている。[27]この何かとは、かいつまんで言えば、電磁スペクトル（可視光線）から、エネルギーとして含まれる情報を取り出し、外界の表象〔心的表現〕を構築することだ。

本節に照らしてさらに重要なことに、視覚の研究者は、最近数十年間になされた数多くの発見に導かれて、高度に特殊化した機能を持つ種々のメカニズムを見出している。たとえば視覚システムには、視覚野に特定の向きの縁《へり》を検出することに機能が特化した、特殊な構成要素《コンポーネント》が含まれる。それと同様な特殊化は、視覚のさまざまなレベルに、さらには他の感覚システムにも見出せる。ただし、これらのシステムがどの程度特殊化しているかについては、さまざまな議論がある。

重要な指摘をしておくと、私たちが発見、または製作した、機能を有するすべてのものに特殊化が適用されると考えるべきいかなる理由もないとはいえ、社会的な行動のために設計された脳の部位に関しては話が異なる。視覚野に縁があるか否かを検出する機能と同じように、配偶者や友人の選択、グループへの帰属などに関する機能にも特殊化が適用されるという事実を、どういうわけか受け入れようとしない人が大勢いる。確かにこれらの機能は、非常に複雑かもしれないが、このような社会的な問題を解決するための論理《ロジック》は、視覚の場合とまったく同じく、特殊化によって得られる効率性に依存する。[28]自然選択は、配偶者や友人の選択、あるいは他人に対する道徳的な非難などのために特に設計された心のシステムを生み出したのだろうか？　その答えは、間違いなく「イエス」だ。

先に進む前に、システムは一般に機能的に特化している可能性が高いことに関して、逆の方向、すなわち汎用的な機能という観点から補足しておく。私はこれまで、日常生活における「汎用的な機能」の実例を収集してきた。そのなかでも私が特に気に入っている例は、テストに使うマークシートだ。誰でも見たことがあるはずだが、一応説明しておくと、マークシートには、五つの楕円のセットが何行も印刷されており、その一行一行が一問に対応する。そしてテストを受ける生徒は、自分が正しいと思う解答に対応する楕円を鉛筆で塗りつぶす。シートの上部には「汎用目的（General Purpose）」と記されている。私はとりわけこの表記が気に入っている。というのも、選択された生徒の回答を特殊な機械に読み取らせ、そうして読み取られたデータと正解の数をコンピューターファイルに蓄積し記録することが、あなたの「汎用的な」目的でありさえすれば、マークシートは汎用的になることを意味しているのだから〔このあとの議論からすると、これは著者の皮肉だと考えられる〕。

これまでに私は、「汎用的な」洗剤、スキャナー、ねじ回し、計算機、フィルター、小麦粉、プリペイドカード、レンズ、肥料、電球などといったものを見たことがある。「汎用的な乗り物」などという、奇妙にも、家の中で人を攻撃することにしか使えそうにない代物さえあった。ところが、これらはいずれも、私には機能がまったく特化しているように思えた。実際、適度に限定された機能を持たない何かが有用であるようなケースを想像するのはむずかしい。

もちろん、機能が限定されたものにも、大きな成果を期待できる〔得られる成果が大きいか小さいかによって、その機能が汎用的か限定的かを判断できるわけではない〕。グーグルはその一例だ。グーグルの検索エンジンは、文書ファイル（や現在では画像、動画など）の検索という特定の機能を持つ。もちろん、その機能を（おおよそ）インターネット全体にわたって実行できるわけだが[29]、だからと言って、「情報検索」という特定の概念でグーグルの機能を説明できることに変わりはないはずだ。

心は特殊化された装置ではなく汎用的な装置を備えていると主張する人は、学習を重視する傾向を持ち、たとえば「免疫系は汎用的な学習システムを備えている。（……）もう一つのやり方は、病原菌ごとに特化した免疫モジュールを持つことだ」などと論じたがる[30]。このような言い方は、個物の特殊化と機能の特殊化を混同している。免疫系は、無数の病原体を対象に自らの役割を果たすとしても、病原体から身体を守るという機能に特化していると明言しても何ら差し支えはない。確かにさまざまな病原体に対抗し得る免疫系の能力はすばらしいが、だからと言って免疫系が「病原体から身体を守る」機能に特化している事実が変わるわけではない。トースターの例に戻ると、ポップタルト〔ケロッグ社の子ども向け朝食製品〕がなかった頃のトースターを考えてみよう。そのようなトースターでも、ポップタルトを焼ける。だが、そのことによって何のためにトースターが設計されているのかが変わるわけではない〔焼く対象が変わり得るからといって、トースターの機能が限定的である事実が変わるわけではない〕。

人間の技術によってであろうと、自然選択の過程を通してであろうと、何か有用なものが作成、あるいは生成されるときはつねに、その何かは、割り当てられた役割を実行できるような特定の形態をとらねばならない。脳には、汎用的に機能する器官や神経回路は存在しない。そもそもそのような概念は、意味をなさない。「〈有益な〉道具を製作してくれ」「〈入力情報を用いて何か有用なことをする〉サブルーチンを書いてくれ」と言われれば、作業を開始する前に、問題領域を特定する必要がある。それと同様、自然選択は、「何かを学習し、何か有用な情報を処理する」脳を形作ることはできない。「何か」は、特定されなければならないのだ。

機能の特化した足

機能を有するあらゆるものが、必然的に特殊化されるということだろうか？　そう、私には、設計されたもののすべてが、特定の何かをするために設計されているように思われる。それは言葉の意味だけの問題ではない。機能は、多かれ少なかれ特殊化せざるを得ないのであり、そのため交換条件が重要になる。

二〇〇八年のオリンピックで、オスカー・ピストリウスの競技参加が世界のメディアの注目を浴びた理由の一つは、彼が装着する特殊な道具のゆえだった。彼は両足を切断し、ひざから下は義足を装着していたので、「足のない世界最速の男」として自らをアピールしていた。国際オリンピック委員会は、義足によって不公平な優位性が生じるか否かを決定しなければならず、彼の出場に関して大きな論争が巻き起こった。最初は出場が認められなかったが、その裁定はくつがえり、参加は許可された[*]。

ピストリウスの義足は、走ることとか歩くことのどちらかに特化する利点と、それに伴う工学的な問題を示す好例になる。人間は走りも歩きもするが、走ることに関する設計の要件は、歩くことのそれとは異なる。要は、人間の身体構造によってさまざまな交換条件が生じる[31]。ピストリウスは、競技用と、歩行用では、異なる種類の義足を用いていた。それぞれの義足を、もう一方の役割のために用いることはむずかしい。『インデペンデント』紙の記者クリス・モームは、「彼の義足は、走るために設計されている。だから、ツルやフラミンゴが水場から立ち去るような歩きぶりで、トラックから退場するのだ」と述べている[32]。

だがそれも、ポール・マーティンのコレクションに比べればたいしたことはない。彼は、走る、スキーをする、歩く、自転車に乗るなど、さまざまな動作に特化した九種類の足を持つ[33]。そして、これらのどの動作に関しても、効率をあげるための設計が施されている。

このように、走りに特化した足は、歩きなどの、それ以外の機能の効率性を犠牲にして成立している。したがって、多目的な道具がほしければ、各機能の効率性を犠牲にするか、機能の異なる個々のシステムを寄せ集めるしかない。ならば脳は、それが持つ機能の多様性を考えれば、無数のモジュールの寄せ集めから構成されることが予想される。

私、自己……

進化心理学が提供する最後のピース（今後の議論に関して非常に重要なピース）は、「心は無数の特殊化した装置から構成される」という見方と、本章冒頭の車両模型の例を結びつける。人間の心が、ほんとうに無数のモジュールによって構成されるのなら（本書ではこの仮定が正しいものとして議論を進める）、これらのさまざまなモジュールが、互いにどのように接続されているのかが重要になる。

結論を先取りすると、特殊化したいかなる計算メカニズム（モジュール）にも、他の任意のモジュールとのあいだに、接続がある場合もあればない場合もある。

第1章で分離脳患者や錯覚を論じたのも、この点を明確にするためだ。それらの例では、接続や、その欠如の本質が明確に示されている。分離脳患者の場合には、両半球の物理的な接続が絶たれているので、接続の欠如は明らかである。そこでの私の主張は、シャベルとニワトリの足の関係をでっちあげるなどの現象を引き起こす、脳領域の不自然な分離には、正常な脳の自然な分離とよく似た側面があると

[＊] 決勝には進めなかった。

いうことだった。

リチャード・ニスベットとティモシー・ウィルソンは、心理学の歴史のなかでももっとも有名な研究の一つを行なっている。[34] それは次のようなものだ。被験者は、一列に並べられた、まったく同じ四本のパンティーストッキングを見せられる。そして、どれがもっとも気に入ったかを尋ねられる。彼らは、それらがすべて同じものであることを知らないが、やがてどれか一つを選択する。その結果、被験者には、まったく同じ製品でありながら、より右側に置かれているパンティーストッキングを選ぶ傾向があることが判明している。つまり、パンティーストッキングの位置が選択に影響を及ぼしたのだ。しかし、四本とも同じであるにもかかわらず、被験者は、自分たちがした選択の真の理由を説明できなかった。その代わり、分離脳患者と同じように、色や手触りなど、特徴の違いを指摘した。

なぜ、健常者でさえ、分離脳患者と同じように、選択の真の理由を説明できなかったのか？　ニスベットとウィルソンは次のように言う。「高次の認知プロセスに、内省を通して直接アクセスする方法は、ほとんど、もしくはまったくないのかもしれない」。[35] 要するに、このケースにおいて決定を下した心の部位は、それを高次の認知プロセスと呼ぼうが何と呼ぼうが、決定について説明するモジュールにはアクセスできない。言い換えると、会話を担当する心のモジュールは、意思決定を下すモジュールから情報を受け取れないということだ。

基本的に、脳が特殊化した無数のモジュールから構成されるのなら、任意のモジュールが持つ情報は、他の任意のモジュールに受け渡せる場合もあれば、受け渡せない場合もある。脳は互いに矛盾する複数の見方を同時に表現し得るとする主張の根本には、この重要な洞察が横たわっている。情報が「壁によって仕切られている」限り、心のなかに、無数の矛盾が同時に存在していても何ら不思議ではない。

「情報のカプセル化」と呼ばれるこの考え方は、今後の議論で重要な役割を果たす。脳は、独自の機能を持つさまざまなモジュールを備えているが、進化は、時間の流れのなかで、突然変異という偶然の事象を通じてこれらのシステムを形成するので、いかなる任意の二つのモジュール間においても、情報が受け渡され共有されるような形態で脳が配線されるとはまず考えられない。

私の考えは、次のとおりである。より穏当な考えは、「心のモジュールは、相互に接続されているケースもあれば、そうでないケースもある」というものだ。錯視の例に戻ると、二つのマス目の濃淡は等しいという情報を、脳のある部位が取得しても、それによって「知覚表象」、すなわち外界のイメージが知覚されるあり方は影響を受けない。それに対し、「口にイタチをくわえた少女を見た」という語句を前もって教えておくと、被験者の経験は変わる。理由は何であろうと、後者では情報は知覚表象を変え、前者では変えない。補足しておくと、ことはそれほど単純ではないのかもしれない。たとえば、前者の例では、情報は視覚システムに「入力」されながら、単純に使われないだけなのかもしれない。しかしいずれにせよ、それによって主旨が大きく変わるわけではない。

それよりも斬新な考えは、「システムのなかには、他のモジュールから情報を受け取らないよう、あるいは他のモジュールに情報を送らないよう特に設計されているものもある」というものだ。[36]脳が、特定の部位からある種の情報を排除できるよう設計されている可能性は存在する。情報へのアクセスは、特定のモジュールの機能を損なうとしたらどうだろう。この考えは見かけほどばかげたものではなく、類似の見方は他の研究者によっても提起されている。[37]本書の以後の章でも、より多くの情報を受け取ることで、モジュールの機能が損なわれる例をいくつか取り上げる。

モジュールによっては、ある種の情報を受け取らないことが有益になるのなら、自然選択は、それらのモジュールから有害な情報を遮断するメカニズムが形成される方向に作用したことが考えられる。人工的な計算システム、すなわちコンピュータープログラムは、この性質を持つ。サブルーチンの多くは、ローカル変数やローカル関数〔該当サブルーチン内でのみ参照可能な変数や関数〕の使用により、処理の詳細がプログラムの他の部分からはわからないような形態で作成される。プログラムの他の部分は、サブルーチンの出力結果のみにアクセスでき、具体的な処理手続きに直接アクセスすることはできない。偶然に、そのような構造がとられているわけではない。サブルーチンの処理手続きのカプセル化、すなわち「抽象の壁」の背後にサブルーチンの具体的な処理実装を隠ぺいすることには〔つまり、呼び出し元と呼び出し先の抽象的な決まり（インターフェース）のみが外部に明示される。ちなみに、モデリングが重視されるオブジェクト指向プログラミングでは、抽象と実装の分離は、もっとも基本的な概念の一つである〕、他のいかなる部分にも影響を及ぼさずにサブルーチンのコードを書き変えられるなどの利点がある。

さらに極端な考えは、「モジュールによっては、情報の少なさによってばかりでなく、間違った情報を持つことによって、より効率的に機能する」というものだ。これは明らかに、ずいぶんと思い切った主張だが、これから見ていくように、それを支持する強力な証拠は存在する。

第3章

「私」って誰?

Why

■ウォルト・ディズニー・ワールド・リゾートのアトラクション「クレイニアムコマンド」を例にとることで、心が多数のモジュールによって構成されること、また、意識を持つものはそのいくつかのみであることを示す。モジュール理論は、「私」や「自己」などの実体がほんとうに存在するのかという問いを提起する。そして、心は、それぞれが独自の仕事を遂行するモジュールの集まりであるという結論を導く。■

ウォルト・ディズニー・ワールド・リゾート[*]で働いていたときに担当したアトラクションの一つに、「クレイニアムコマンド（頭蓋の指令）」があった。このアトラクションを担当できたのは幸運だった。というのも、遊園地のアトラクションのなかでも、もっとも好きだったのがこの「クレイニアムコマンド」で、それを繰り返し見ることができたのは幸運としか言いようがないからだ。

「クレイニアムコマンド」は、各人の頭のなかには、クレイニアムコマンドと呼ばれる小人《こびと》が住んでいるという他愛もないアイデアに基づく。この小人は、訓練を積んだ脳の操縦士で、操縦席にすわって、その人の行動をコントロールする。ショーが始まる前に、アニメキャラクターのジェネラルナリッジ（知識将軍）から、「部隊でもっとも不安定な乗り物」、つまり一二歳の少年を操縦せよという指令が、われらがヒーロー、バジーに与えられたという説明がある。バジーは、「クレイニアムコマンド」の基準から言ってもとても小さな操縦士だ。また、この一二歳の少年の乗り物はボビーと呼ばれる。

さらに脳に関する一般的な知識や、アトラクションの流れの説明が行なわれ、それが終わると、来場者は、「クレイニアムシアター」と呼ばれる別の部屋に案内される。そこでは、椅子にすわってコントロールパネルを操作している、アニマトロニクス〔コンピューター制御されたロボットを使って撮影されたアニメーション〕で製作されたバジーの姿を見ることができる。来場者はボビーの頭のなかに入ったのだ。そこには大きなスクリーンと出力モニターが設置されている。バジーは脳の両半球、扁桃体、心臓、胃などから情報を受け取る。これらの器官はそれぞれ、それに合ったキャラクター〔実際の俳優を用いて撮影されている〕によって表されている（副腎はボブキャット・ゴールドスウェイト〔アメリカの俳優〕が演じており、今にも奇矯な振る舞いに及ぼうとしている）。バジーは、ボビーが見たり聞いたりしたことを、見たり聞いたりできる。そして、身体のさまざまな器官に指令を出し、必要に応じて情報を取得し、動作をコントロールし、ボビーがしゃべる言葉を組み立てる。[**]

要するに、ショーの主役はバジーだ。「クレイニアムコマンド」は実に楽しいアトラクションだが、読者があとでディズニー・ワールドに

◆

［＊］「ワールド」と「ランド」を混同している人がいるかもしれないので指摘しておくと、ディズニー・ワールド・リゾートはフロリダ州にある。

［＊＊］「クレイニアムコマンド」を知らない人のために補足しておくと、映画『メン・イン・ブラック』（米・一九九七年）の一シーンを思い出してみればよい。そのシーンでは、マイク・ナスバウム演じるローゼンバーグが、実はバルティアンと呼ばれる小さな生物であることがわかる。この設定は、バジーとよく似ている。バルティアンはローゼンバーグの頭のなかにすわり、さまざまなボタンやレバーを使って彼を操縦している。バルティアンは、大きな頭と、大きく生き生きとした目を持ち、とてもキュートだ。

行ったときのお楽しみを台無しにしないよう、ショーの詳細はこれ以上述べない[*]。

「クレイニアムコマンド」に言及した理由は、実に楽しいアトラクションであることに変わりはないとしても、心の機能の捉え方が間違っているからだ。

もちろん、ディズニーのアトラクションに科学的な正確さを要求するほうがおかしいのは確かだろう。そもそもアトラクションの目的は、啓蒙より娯楽を提供することにあるのだから。

だが、何がどのように間違っているのかを考えるのは重要だ。バジーが少年ボビーの脳を操縦しているというアイデアが、さまざまな問題を引き起こすことはすぐにわかるだろう。「ならば誰がバジーの脳を操縦しているのか?」「バジーのクレイニアムコマンドはどこにあるのか?」「バジーの脳を操縦しているのは、さらに小さな小人なのか?」「もしそうなら、そのさらに小さな小人は、誰が操縦しているのか?」などの問いが次々に頭に浮かんでくるはずだ。これらの問題を回避することはできない。心の機能に関する問いは、司令室にたとえることでは答えられない[1]。脳の賢さを、その内部にある、それと同程度に賢い小さな脳の存在によって説明することはできない。脳は、多数の部位を持つことで賢くなるのだ。

とはいえ、「クレイニアムコマンド」には正しい見方も含まれる。まず、脳をさまざまな部位に分割して捉えている点はすばらしい。さらに重要なことに、外界を見るための視覚領域、あるいは心拍数をモニターするための視床下部などといった具合に、脳を機能的に分割されたものとして捉えている。たいしたことではないと思われるかもしれないが、この捉え方は重要だ。というのも、脳を分析する正しい方法は、それを独自の機能を持ついくつかの部位によって構成される集まりと見なし、それらのおのおのが何を実行するのかを考えることだからである。

ここで、モジュール性についていくつか補足しておこう。私の用法では、「モジュール」という用語は、機能を持つ何かを意味するが、あらゆるモジュールが脳の特定の場所にきっちりと収まっていると言いたいわけではない。ニューロンは長くて曲がりくねっており、きわめて複雑な様態で接続し合っているので、必ずしも明確に定義された機能を持つモジュール状の何かが、明確な境界によって画されつつ脳内のどこかに局在しているわけではない。

現代の電子機器も、必ずしも空間的ではない機能的なモジュール性を備えている。iPhoneのウリは、種々の特殊なアプリを追加して、使い勝手を向上できることだ。しかし、「あなたがイヌなら何歳かを計算する（Your Age in Dog Years）」アプリケーション[**]だけを狙ってiPhoneに穴をあけることなどできない。私が、人間の心のモジュールの物理的な位置を特定しないのも、それと同じ理由による。すなわちモジュールの特殊化は、特定の場所への割り当てを必要としないのだ。補足しておくと、機能的なモジュールを特定の場所に割り当てることは可能であり、視覚システムの構成要素など、比較的限定された場所を占めるモジュールも存在する。

よって、概して「クレイニアムコマンド」は、モジュール性を正しく捉えていると言えよう[***]。しかし、脳がごくわずかな部位にしか分割されていない点では間違っている。脳の「右半球（陽気で愉快なジョン・ロヴィッツが演じている）」を、まるでそれ自身が一つの機能を持つかのごとく語るのはナンセンスである。

[*]　残念なことに、「クレイニアムコマンド」はスポンサーを失って撤去されてしまったようだ。
[**]　うそではない。ほんとうにそういうアプリがある。
[***]　このように、「クレイニアムコマンド」は、心のモジュール性をまじめに扱った初めてのテーマパークアトラクションだと言えるだろう。

脳の右半球には、無数のシステムが存在し、さまざまな機能を果たしている。右半球は、明確に識別可能な一つの機能を持っていないという点で、「モジュール」とは言えない（「右半球は創造性、左半球は論理」などという考えは捨て去らねばならない）。

また、より根本的な指摘をすると、脳のいかなる部位も、バジーのように、部分であると同時に一個の完全な脳ではあり得ない。機能の単位のおのおの、すなわち各モジュールは、モジュールにすぎないということだ。特定のモジュール、もしくはいくつかのモジュールのセットが、それだけで一個の完全な脳であることはない。

だからと言って、モジュールの働きを過小評価するわけではない。モジュールは、さらに小さな多数のサブモジュールから構成され、それらが協力し合いながら一つの機能を果たす、などといった非常に複雑なケースも考えられる。しかし、バジーが存在するという仮定は正しくない。すなわち、「大きな脳のなかの小さな脳」を前提とするいかなる理論も間違いである。脳が実行するあらゆる機能の説明は、単独では決して脳の全体としての能力を示すことのない無数の小さなモジュールが、いかに協力し合いながらもろもろの機能を果たしているかを明確化するものでなければならない。マービン・ミンスキーが指摘するように、問われねばならないのは、「いかに知能ではないものから知能が生じ得るのか？」だ。[2]

その一方、「クレイニアムコマンド」の、意識をめぐる問題の扱いにはうなずける。通常私は、恐ろしく難解な問題なので、意識の話はしないようにしているが、ここではあえて言及せざるを得ない。

「クレイニアムコマンド」は、「ボビー」について考えるよう、見る者を誘導する。ボビーは、あわてて学校に行き、授業中に実験室のパートナーのことを夢想し、飛んでくるラザニアをよける。しかしそのあいだ、彼は、言い換えると「ボビー」を経験している意識は、実際はバジーが自分を操縦している事実にまったく気づいていないらしい。彼は、食べ物の投げ合いをしたことについて、最後に校長先生のところに弁明に行くが、ショーを見ている者には、真実を告白する決心をさせたのは、それについて左右両半球に相談したバジーであるかのように思われるはずだ。このように、「クレイニアムコマンド」は、意識が及ばないところに、無数のモジュール化されたシステム（特定の機能を果たす心の部位）が存在するという洞察を、見る者にもたらしてくれる。したがって、意識には上らない意思決定を下すバジーを、一つの完全な脳ではなく、モジュール化されたシステムとして理解すれば、「クレイニアムコマンド」は、本書でこれまで見てきたその他のシステムと、それほど変わらないことがわかるはずである。「ボビー」は、バジーが機能するそのあり方のゆえに、バジーが決定を下している事実を語ることができないのだ。[*]

これは、モジュール性と意識の関係について重要なことを示唆する。「ボビー」が、校長先生に真実を告白する決心をするに至った過程を自分ではよく知らなかったことは、分離脳患者が、なぜ自分がシ

［＊］　詳細に見れば、「クレイニアムコマンド」には、脳の働きを正しく捉えている箇所が他にも見受けられる。われらがヒーローの置かれた状況が悪化したとき、知識将軍が介入してきて、乗組員にはほんとうのストレスと想像上のストレスの区別がつかないがバジーには区別できる事実を、バジーに思い出させる。これは基本的に、あるタイプの情報を入手できるモジュールもあれば、できないモジュールもあると言うに等しい。このようにさまざまなモジュールがときに協力し合いながら機能するという見方は、私が支持するモジュール理論とうまく調和する。そればかりでなく、バジーは自己／ボビーに言及する際、「彼女はぼくたちのことが好きだ」などというように、複数形を用いる。これは、「ボビー」が一連のモジュールの集まりであることを正しく表現する。こうして見ると、「クレイニアムコマンド」は、時代を大きく先んじていたと言える。

ャベルを指でさしているのかを説明できなかったことと、基本的には同じだと言える。つまりどちらのケースでも、「話す」という機能を持つ脳の部位は、適切な情報にアクセスできないでいるのだ。

モジュール理論は、脳のなかで情報が受け渡される、もしくは受け渡されない、そのあり方をうまく説明してくれる。「意識」を持つ脳の部位（「意識」が正確に何を意味するのかはここでは問わない）[*]に情報を送るモジュールもあれば、送らないモジュールもあるのなら、パンティーストッキングの実験のように、発話機能を実行するモジュールが、適切な情報を入手できないケースは無数にあるに違いない。この実験では、被験者に選択の理由を尋ねると、脳のいずれかの部位が、もっともらしい理由をでっちあげた。[3]

これは、正常な脳にも、分離脳患者の脳と似た部分があることを示唆する。分離脳患者に関して言えば、モジュールは、外科手術によって人工的に分離され、そのあいだの情報の受け渡しが遮断されている。正常な脳について言うと、任意の二つのモジュールのあいだは、接続されている場合とされていない場合があり、後者のケースでは、両モジュール間で情報の受け渡しは行なわれない。

というより、状況はもっと悪い。脳のモジュールはすべて進化の産物なので、モジュール間の接続が、必須、あるいは初期設定《デフォルト》であるはずはない。自然選択は、全体的な機能を向上させる方向へと、各システムを結びつけるよう作用しなければならない。新たなモジュールが追加されるところを想像してみれば（もちろん実際には、ことはそれほど単純には見えないはずだが）、車両模型に新たなモジュールを追加する場合と同様、新規のモジュールが、既存のあらゆるシステムに自動的に接続されると考えるべきいかなる理由もないことが理解できるだろう。

したがって、奇妙にも、情報のカプセル化、すなわちモジュール間の情報の流れの欠如こそ、デフォルトなのだ。そのため進化は、モジュール間を接続するように作用しなければならない。しかもそれは、それによって機能が向上する場合に限られる。

もちろん、どの情報がモジュール間で共有されるかは、各モジュールの機能の詳細に依存する。

自己／意識

脳の機能に関する「クレイニアムコマンド」の誤りは、哲学者ダニエル・デネットによる、二元論をめぐる議論を彷彿とさせる。デネットは、ディズニー・ワールドに「クレイニアムコマンド」がオープンした数年後の一九九一年に刊行された『解明される意識』〔邦訳は一九九八年〕で、「デカルト劇場」という言葉を用いている。[4] この言葉は、脳のなかには誰か、すなわち「私（me）」が存在し、バジーのように、目が見るものを見、耳が聞くものを聞くのだとする、（誤った）直観を私たちが抱いていることを示唆する。

デネットの記述と、ディズニーのアトラクションのあいだには、不気味なほどの類似性がある。『解明される意識』には、人は、「大きな脳のなかの小さな脳」という考えが間違いであることを「理解」しながらも、私たちの脳には、何か特別な存在、すなわちある種の観察者、もしくはオズの魔法使い的な人物が背後に存在するはずだという、強い直観を抱いている事実を示す説得的な例があげられている。

[＊] ここでは、「意識」という用語を厳密な意味では使っていない。したがって常識的な意味で捉えればよい。基本的に、最高裁判事ポッター・スチュアートがポルノに対して感じた直観と同様に考えればよい。彼は「見ればただちにそれとわかる」と述べている。

デネットは次のように述べる。

脳内の指令センターという考えは、意識を考察する際に執拗につきまとう悪しき見方だ。（……）それは装いを新たにし、見かけは説得的なさまざまな理由をあげながら、己の主張を繰り返す。そもそも、「意識の統合」という、自己省察に基づく認識が存在し[5]（……）

脳内に責任者、観察者、操縦者がいるという考えは、妙に説得的なところがある。実際、哲学者のジェリー・フォーダーは、その点を強調し、「私の頭のなかにコンピューターの社会が存在するのなら、責任者がいたほうがよいだろう。それが私（me）なら、なおよい」と述べる。[6]フォーダーが、いかなる意味で「責任者」「私」と言っているのかは私にはよくわからない。いずれにしても、先へ進もう。

モジュール理論は、意識をどう捉えるべきかに関して、慎重になるよう求める。私たちは、たまたま意識を持つに至ったモジュールの機能を真に理解しているわけではないので、「意識を持つモジュールは、脳全体の働きのなかで、必ずや重要な役割を果たしているはずだ」という主張には用心しなければならない。そのとおりだと思われるかもしれないが、私たちがそう感じる理由は、脳が何かを実行するにあたって感じられる唯一の事象が、意識だからにすぎないのかもしれない。私の推測では、意識を持つモジュールの働きは、心全体の働きの、比較的わずかな部分を占めるにすぎない。この見方は、心理学の実験によっても支持される。[7]

このように、脳内では無数の事象が生じているが、「あなた」の意識の対象になるのは、それらのうちのいくつかにすぎない。たとえば視覚システムは、あらゆる種類の複雑な計算を行なっている。網膜上で捉えた光線を、脳の他の部位が使えるような形態へと変換するには、恐ろしく複雑な処理が必要だが、あなたがそのプロセスを経験することはまったくない。あなたは、ただ視覚世界を経験するだけだ。

さらに言えば、意識は、ある特定のプロセスに結びつく、あるいは結びつけられねばならないと考えるべき理由は特にない。意識という現象の理解は、今日ではかなり深まってはいるが、まだわかっていない部分もたくさんある。とりわけ意識の機能については、あるいはそもそも、意識が機能を持つと前提することが妥当なのかどうかさえも、わかってはいない[8]。ここではこの種の哲学的な議論には立ち入らないが、この問題を真に解明できない限り、それに関して思い切った主張をすべきではないだろう。

意識を持つモジュールとは「私たち（us）」のことで、この「私たち（we）」が、基本的にすべてを知らねばならないという、強い直観が存在する。ボビーは、「クレイニアムコマンド」の最後のシーンで、アニーをデートに誘うが、このすばらしいアイデアを実行に移すモジュールは、その決定がいかに下されたかに関する情報を持っていない。無数のモジュールのおのおのは、自らの機能の実行に忙しく、意識を持つモジュールに、自分の仕事に必要な情報は送っているとしても、それ以上のことはしていない。

このことは忘れられやすい。意識を持つ「私」が、「責任者」で、意思決定を下し、基本的にありとあらゆるモジュールがこの「私」に該当すると、私たちは考えやすい。だが、そうではない。誰もが、ある意味で、二元論を否定しているにもかかわらず、「怪しげな光を放つ二元論を何とかやっかい払いしたつもりでも、デカルト劇場の力強いイメージは、よみがえっては私たちに再び取りつく。それは科学者であろうがなかろうが関係ない」と言ったとき、デネットは正しかった[9]。

一九九一年にデネットが指摘したことは、今でも正しいと思う。人間の内部に、その人を操る別の小さな人間が存在するという見方は、「私たち（us）」であるとはどのようなことかをわかりにくくしている。

ベンジャミン・リベットが行なった有名な実験は、心理学における格好の例だ。被験者は、脳の活動を測定するためにＥＥＧ装置〔電極を用いて脳波を測定する装置〕につながれ、任意の瞬間に手首を使って単純な動作をするよう求められた。それによってリベットらは、被験者自身の自己報告による、手首を動かす決定に対する気づきと、脳の活動の関係を調査した。

結果を述べる前に、このプロセスがどのようなものかを考えてみよう。あなたがこの文章を読んでいるあいだにも、視覚システムの多くの部位によって、自分の気づいていないさまざまな機能が実行されている。たとえばあなたは、本書に印刷されている文字が、視覚システムによってどのように特定されているのかを意識していない。この仕事は「低次の」モジュールによって遂行され、あなた自身が、その機能を経験することはない。視覚は、さまざまなシステムが相互作用しながら私たちが経験する知覚を築きあげる、モジュールの連鎖として捉えられる。私たちが実際に気づいているのは、この複雑なプロセスの最後のステップにすぎない。視覚に関与するモジュールのほとんどは意識には捉えられず、最終的な結果のみが「見る」という意識的な経験として現れる[10]。

手を動かすときにも、いくつかのモジュールが関わり、それらモジュールの連鎖のなかで、いずれかのモジュールが、最初の決定を下さねばならない。私には二つの可能性しかないように思われる。連鎖を開始する先頭のモジュールの最初の計算が、意識を伴う作用《オペレーション》の一つである可能性がまず一つ。この場合、脳の活動と、意思決定の意識的な経験は、同時に生じるだろう。もう一つの可能性は、手首を動かす決定の開始から、手首の実際の動きに至るまでに生じる作用の長い連鎖のなかで、最初ではない何らかの作用が意識に結びついているというものだ[11]。たとえば、いずれかのモジュールが、ボビーの手に、投げるために食べ物をつかむよう指令を出すと、その直後にボビーは、チョコレートプリンに手を伸ばす決定をしたという感覚を経験する。

ここで、一つはっきりさせておこう。絶対に起こり得ないのは、手首を動かす決定を下したあとで、初めて脳の活動が生じることである。決定の主体が何であれ、それは何らかのモジュールであり、よって脳の部位でなければならない。脳の部位ではない脳のモジュールを持つことなど不可能だ。要するに、モジュールは何らかの物質的な存在でなければならない。そうでなければ、哲学者ギルバート・ライルの有名な言葉を借りれば、「機械のなかの幽霊」になってしまう。

読者はおそらく察しがついているかもしれないが、リベットらは、脳の活動が、手首を動かす意図を告げる被験者の報告に先立つことを発見した。リベットは、一九九九年にこの発見について、「意識や自由意志に関する従来の見方では、意識的な意思はRP[*]の前または開始時点で生じると見なされている」と述べている[12]。しかし、どうして「意識的な意思」が、脳内で何かが起こる以前に生じ得るのか？ 確かにむずかしい問題ではあるが、「意識的な意思」が何を意味するにせよ、それは、脳内で起こる物質的な現象でなければならない。手首を動かす決定は、バジーのような、非物質的な何かによっては開始され得ない。

EEGではなく、より先進的な技術の磁気共鳴機能画像法（fMRI）を用いた類似の研究でも、同様な結果が得られている。リベットの実験に類似する研究を論じた『ワイアード』誌の記事の見出しには、「脳スキャナーは、あなたが決定を下す前にその決定を検知できる」とある[13]。なぜこれがニュースになるのか？ 被験者が決定についての気づきを報告する以前に、脳スキャナーが、その開始を検知で

［＊］ RP（準備電位）とは、活動の開始を示す脳の電気的な信号のことである。

きない唯一の条件は、意思決定に必要な一連のプロセスを開始する最初のモジュールが、たまたま、意識に結びついたごく少数のモジュールの一つであった場合に限られる。このケースでは、脳の活動と決定の感覚は同時に起こる。しかし、脳の活動が起こる前に決定の感覚が生じるはずはない。なぜなら、決定はすべからく脳の活動によるものだからだ。

脳はさまざまなモジュールから構成され、意識は特別なものではないと理解できれば、人々がこの記事の見出しを意外に感じる唯一の理由は、脳の機能を正しく把握していないからだということがわかるだろう[14]。また、今日でも、一般雑誌のみならず一流の心理学雑誌においても、ありふれた装いのもとに、大きな問題を孕《はら》む「誰か」「その人」「自己」などの用語の背後に、実は小人のバジーが潜んでいることを知れば、驚きを感じるはずだ。次章では、そのような例を取り上げる。

ここで、当然のことを意外に感じる現象の例をもう一つ紹介しよう。心理学者のディーナ・ワイスバーグは、イェール大学の大学院生だった頃に、巧妙な実験を行なっている。彼女は、いくつかの被験者のグループに、心理現象に関する二種類の説明のどちらかを提示した。具体的に言うと、ある被験者には「標準的な」説明を、また別の被験者には、それに加えて、その現象に関与していることがすでにわかっている脳の部位が、その現象を引き起こしたことが、「脳画像によって示されている」と補足した説明を提示した。つまり、脳画像は何も新しい事実を提示していないということだ。これに関して論文の著者は、「神経科学的な補足を加えた説明のなかで、脳画像による情報は、説明の論理や内容に何の影響も与えていない。したがって私たちは、神経プロセスに言及するだけで、被験者の判断に影響を及ぼし得るか否かを評価できる[15]」と述べている。実験の結果、脳画像による情報は「何の影響も与えていない」にもかかわらず、イェール大学の認知神経科学の入門講座に登録している学生でさえ、神経科学的な補足を加えた説明を、より説得的だとして評価した。

この実験において、被験者が追加の神経科学的説明を説得的だと感じる理由は、何かをしているのが脳だとわかることが意外で新たな情報になると、直観的に思っているからだとしか言いようがない。デネットは正しい。デカルト劇場は、いつのまにか戻ってくるのだ。

では「私」とは誰？

ここまで述べてきたことのすべてが正しいのなら、人間の脳は、意識を持ついくつかのモジュールと、意識を持たない多数のモジュールから構成される。また、意識を持たないモジュールの多くも、潜在的に重要な役割を持ち、感覚器官から入力された情報を処理したり、意思決定を下したりする。

ならば、どれか一つの、もしくは一連のモジュールを、その他のモジュールに比べ、より「あなた（you）性」を持つものとして特定することは、こっけいに思われる。各モジュールは、独自の機能を持ち、自分の仕事を遂行しながら、他のモジュールとやり取りし合う。そこにはバジーは存在しない。小さな脳がすべてをコントロールしているのではなく、無数のもろもろのモジュールが、それぞれ独自の役割を果たしているのだ。

誰もが同意するわけではないかもしれないが、このことからは、「自己（self）」を語ることには問題があるという教訓が得られる。「自己」を語り始めれば必ずや、「どの部位、どのモジュールを〈私（me）〉と呼ぶべきか？」「それ以外のモジュールはなぜ〈私〉ではないのか？」「意識を持つモジュールを特別扱いすべきか？」「そうすべきなら、その理由は何か？」など、さまざまな問いが生じる。

頭のなかに「自己」が存在するという主張に意味があると考えたければ、それはそれで構わないが、一つ指摘しておくと、最低でもそれは、バジー、もしくはそれに類する何かではあり得ない。あなたが見るものを見、あなたが聞くものを聞き、あなたの「ために」意思決定を下す、頭のなかの小人ではあり得ないのだ。もし「自己」なるものが存在するのなら、それは脳の部位、あるいは一連の部位でなければならない。私たちは、それ以上の何かを前提にすべきではない。

しかし、「よろしい。私の頭のなかにバジーが存在しないことはわかった。だがそれでも、〈私（me）〉の存在は感じられる。フォーダーの言うとおり、〈私（I）〉が責任者であるように思われる。私が何かを言いたいとき、言葉が口から発せられる。ならば、私はどこかに存在しなければならない。そうではないのか？」と反論する人もいるだろう。

脳の部位が筋肉を動かすことで、肺から息を吐き出させ、唇や舌を用いて発声させていることに疑いはない。確かにそのような機能を持つ脳の部位は存在する。

しかし一つはっきりさせておこう。その機能を実行しているのは脳の特定の部位であり、それを特別視する理由があるのか否かは、問われてしかるべきだ。肺を用いて音声を発するモジュールは、ある意味では責任者だと言えようが、根本的な意味ではそうは言えない。意識を持つこれらのシステムを、何らかの意味で特別なものと見なす思考様式に、人は実に簡単に陥ってしまう。つまるところ、脳が独自の機能を持つ多数のモジュールによって構成されるのなら、また、それらのうちの少数のみに意識が備わっているのなら、それらのうちのいくつかを、「あなた」「真のあなた」「自己」として考えるべき理由は特にない。

これらのモジュールの目的を知るには、その機能を理解することが役立つ。それが次章のテーマである。

第4章 モジュール化された私

Why

■心のモジュールの一つに、マキャベリ的なあり方で他人とやり取りするべく設計された報道官システムがある。■

テレビドラマシリーズ『ザ・ホワイトハウス』の第二、および第三シーズンで、マーティン・シーン演じる大統領は、多発性硬化症にかかっている事実を有権者から隠す。やがてその事実は発覚し、話は興味深い方向に展開し始める。

あるシーンで、大統領顧問は、アリソン・ジャニー扮する報道官のC・J・クレッグに、どのように大統領に健康状態を尋ねたかを質問する。何か他に健康について自分が知る必要のあること（she needed to know）はないかと尋ねたのか？　それとも知るべきこと（she should know）と尋ねたのか？その問いに対し、CJは前者だと答える。彼女が「知る必要のあること」と大統領に尋ねたのには理由がある。「知るべきこと」と尋ねたら、多発性硬化症を知ることは彼女の義務になり、そのために大統領を困難な立場に置くからだ〔日本語では差異がわかりにくいが、「need」が個人の内在的要因を問うのに対し、「should」は当為、義務を含意し外在的要因を問う〕。つまり、彼女が大統領報道官として知るべきことについて尋ね、大統領が「何もない」と返答すれば、大統領は、報道官やメディア、ひいては国民にうそをつくことになる。また、大統領が真実を語れば、報道官は大統領が多発性硬化症にかかっていることを公表せざるを得なくなり、大統領は自分の経歴にピリオドを打たねばならなくなる。

それに対して、「知る必要のあること」と大統領に尋ねれば、彼女は、大統領の健康状態に無知であっても構わないことになる。誰かが彼女に大統領の健康について尋ねても、彼女は正直に、そして説得的に、「大統領は、国を率い、史上最強の軍隊に指令を出し、セレモニーでリボンのカットを行なう能力を奪う可能性のある、重篤な病気を抱えていない」と答えられる。

このことは、報道官にとっては無知が都合よく働く場合があることを示唆する。事実を知らなければ、彼女はばれる可能性のあるうそをつかずに、その知識を否定できるし、思わず口をすべらせて状況を悪くするなどということも起こり得ない。

大統領報道官には、己の役割がある。それは、ホワイトハウスや、その周囲で起こっているさまざまなできごとを外部に伝えることだ。そのような役割を担う報道官は、どんな情報を受け取るべきかに関して注意深くなければならない。シリーズの後半で、CJの後任ウィリアム・ベイリー（ジョシュア・マリナ）は、いかに報道官にとって無知が重要かを、次のように簡潔に述べる。「関係者のなかで自分がもっとも情報に疎いとき、私は最高の仕事ができる[1]」。

もちろん、報道官の仕事を、単にメディアとの連絡係と見なすことは、その責任を軽く見ることになる。報道官は、ホワイトハウスからマスコミへと単に情報を伝えるだけではなく、政府に有利になるような枠組みに照らしながら、それに修飾を加える。遠回しの表現を多用し、発表する政策に不快な要素が含まれていれば、ポジティブに聞こえるよう体裁を施す。たとえば、新たに導入する税を「歳入の補強」、撤退を「戦略的な再配置」、拷問を「効率的な尋問技術」などと言い換える。

ここで、いくつかの心のモジュールは、大統領報道官のごとく、さまざまなことがらを、特定の枠組みにあてはめながら外部に、とりわけ他の人々に伝える役割を持つとしよう。これらのモジュールは、どのように設計されているのだろうか？　報道官同様、これらのシステムは、不正確な情報を持っている、もしくは情報を何も持っていない場合に、より効率的に機能を果たせるのなら、発話を担当する脳の部位は、ウィリアム・ベイリーの言葉に示されるようなあり方で機能するよう設計されていることが考えられる。

フィラデルフィアでの道路横断は、無知が役立つ例の一つだ。無知が役立つという主張はあまり直観的ではないので、もう少し例をあげよう。ノーベル賞を受賞した経済学者トーマス・シェリングは、著書『紛争の戦略――ゲーム理論のエッセンス』で、ゲーム理論を適用しながらその種の例をいくつかあげ、「プレイヤーの純粋な無知は、相手プレイヤーに認識され考慮されれば有利に作用し得る」と主張する。[2] たとえば、従業員には金庫を開ける数字の組み合わせ《コンビネーション》を教えないと公示する店で働くなど、無知によって、他者からの脅威を防げる場合がある。[*]

チキンレースを考えてみよう。あなたと私は自分の車に乗り、互いに向かって高速で突っ走る。先に衝突コースから車をそらせたほうが負けだ。あなたのとれる戦略の一つに、ハンドルを引き抜き、その事実が私にわかるよう窓から放り出すというものがある。この戦略では、「私にわかるよう」という点が肝心だ。なぜなら、ハンドルを引き抜いた事実を私が知らなければ、あなたは、自分に車をそらせる手段がなくなった事実を私に伝えられないからである。それでは、この戦略は通用しない。いずれにせよ、私はこの戦略に対抗する戦略をとれる。目隠しをすればよい。そうすれば、私はあなたの壮絶な決心を知りようがないので、あなたの戦略は無効になり、議論は出発点に戻る。

この例は極端だが、日常生活においても類似の状況は生じ得る。

さらに重要なことに、自然選択のプロセスは、それと同じ戦略に行きあたり、（相手の認知する）無知の戦略的な価値のゆえに、ある種の情報を報道官が入手できないよう、モジュール化された心を設計したと考えられる。

道徳的なモジュール

ヴァージニア大学の心理学者ジョナサン・ハイトは〔現在はニューヨーク大学教授〕、被験者に次のようなストーリーを聞かせた。

兄のマークと妹のジュリーは、大学の夏休みにフランスを旅行している。二人は、誰もいない浜辺の小屋で一夜を過ごす。そのときセックスしてみようと思い立つ。二人にとっては、少なくとも新たな経験になるはずだ。ジュリーは避妊薬を飲み、マークは念のためコンドームを使う。かくして二人は楽しんだ。だが、もう二度としないと決め、その日のできごとは二人だけの秘密にした。そうすることで、互いの愛情はさらに高まった。さて、あなたはこのストーリーをどう思いますか？

二人がセックスしたことは、正しいと思いますか？[4]〔拙訳『社会はなぜ左と右にわかれるのか――対立を超えるための道徳心理学』（紀伊國屋書店、二〇一四年）から転記した〕

［＊］『マラソンマン』（米・一九七六年）で、主人公ベーブ（ダスティン・ホフマン）は、「安全か？」という問いに対する答えを知らないことを、ナチ戦犯ゼル（ローレンス・オリビエ）に説得できれば、拷問を受けずに済んだことを考えてみればよい。

読者の想像のとおり、被験者は「ノー」と答えた。ハイトはさらに、被験者が「ノー」であると考える理由を探るための質問をする。近親相姦を理由にあげる者もいたが、二重の避妊手段の使用により、この回答は妥当ではない。実験者は、被験者があげる回答の、この手の不備をいちいち指摘した。やがて被験者は、理由をあげられなくなるが、それでも「ノー」の回答は変えなかった。

ハイトはこれを「道徳的に唖然とする」と呼んでいる。これは道徳心理学の発見のなかでも、もっとも興味深いものの一つだと、私は思う。少なくともある種の道徳判断に関しては、いくら考えても、妥当な理由をあげられない場合があるのだ[5]。

特定のパンティーストッキングを選択した真の理由を説明できないのと同様、重要な道徳判断を下す際、人々はその背後にある真の理由を説明できないことがある。人々がパンティーストッキングの選択の理由をあげられないからといって、それほど心配する必要はないのかもしれないが、原理に基づく一貫した理由もなしに、人々は他人を道徳的に非難しているのだとすると、誰でも少しは心配になるのではないだろうか。人は、兄妹のセックス、腎臓の売却、ニワトリのクローンなどの行為の実行者を罰すべきだと自分が考えている理由をわかっていないのなら、それはゆゆしき事態だ。道徳の問題に関しては最終章で詳しく取り上げるので、ここでは、理由を説明できない判断は、きわめて広範に存在すると指摘するに留めておく。

近親相姦の例や、他の類似の例からハイトが引き出す結論は、私の見方とそれほど大きくはかけ離れていない。ハイトは著書『しあわせ仮説――古代の知恵と現代科学の知恵』で、「心理学のなかでももっとも重要な考えを把握するためには、心は、ときに競合し合う複数の部位に分割されるということを理解しなければならない。各人の身体には一人の人格が宿っていると一般には考えられているが、私たちの一人ひとりは、ある意味で、さまざまな目的のためにかき集められたメンバーで構成される委員会のようなものなのだ」と述べている。[6]

私はこの考えにまったく同意する（ただし、「ある意味で」というくだりは、私ならもっと強い言い方をするが）。ところがハイトは、「私たちの心は、四とおりの基準で分けられる」と続ける。[7] この点で、彼と私の見解は異なる。彼は脳を、左と右、古い部位と新しい部位、情動と理性、そして「コントロールされた」部位と「自律的な」部位の四とおりの基準で分割する。私は、このような二項分割では粒度が粗すぎると思う。

モジュール理論が正しいのなら、左か右か、あるいは古いか新しいかを基準にするのではなく、モジュールの機能という観点に従って心を分割すべきであろう。

しかし、私にも同意できる二項分割が一つある。先にあげた報道官に関する見方が正しければ、脳のいくつかの部位は、他者とのコミュニケーションに役立つ機能を持つと考えてもよいはずだ。これらのモジュールは、私たちが日常生活で言ったり聞いたりする、たいがいはありふれたものごとに関する情報を伝達する。「カギはテーブルの上にある」「成績は五日に発表される」などといったたぐいの情報のことだ。

しかし、明らかにコミュニケーションは、自分の有利な方向へと、他人の思考を誘導するのに役立ち、モジュール化された心のシステムの多くは、この目的のために設計されているはずだ。実際、「あなた(you)」として感じられる心の部位は、多かれ少なかれ、この広報的な役割を担うために設計されている。[8] これらのモジュール、すなわち少なくともある程度は経験として認知され得るモジュールは、大統領報道官のような機能を持つものとして考えればよい。心の広報システムたるこれらのモジュールは、脳の他の部位からある種の情報を集め、他人に伝えるのである。

ならば、「あなた」として経験されるモジュールは、組織の代弁者のようなものと見なし得る。「あなた」は、マキャベリ主義者のスポークスマンであり、したがって、あなたの心のなかで進行するすべてのものごとの一部を代表するにすぎない。「あなた」とは、大統領、社長、首相、バジーなどといったものではないのだ。

また「あなた」は、自分がなぜ、近親相姦が間違いだと考えているのかさえわかっておらず、自分の信念を正当化するだけである。

ダン・デネットは、意識をめぐる議論のなかで、類似の考えを次のように展開し、心の広報（ＰＲ）に言及している。「ＰＲは、言語行為を、すなわち意味論的な意図を実行に移すべしとする指令を受け取り実行する（強調はデネット）」。そして「相互にコミュニケーションをとり合うさまざまな部門から構成され、〈組織を代弁する〉広報担当を擁する大組織として人間を捉える見方は、非常に魅力的であり、有益でもある」[9]。

のちに刊行されたニコラス・ハンフリーとの共著で、デネットは、私の見解にも密接に関連する議論を展開している。

この見方では、自己とは実体ではなく、説明のためのフィクションである。誰も、魂のような主体《エージェンシー》を宿してはいない。人間の行動（と、このケースでは内面的な意識の流れ）を説明する際、意識を持つ内的な「私（I）」の存在を想定すると便利だ。実際のところ、自己とは、一連の伝記的なできごとや傾向に関連づけられた、「物語《ナラティブ》の中心」のようなものと見なせる。しかし、重力の中心と同様、実際には（量、形状、色などとともに）そんなものは存在しない。[10]

さらに二人は、「スポークスマンのたとえは、真実から大きくはかけ離れていないはずだ。脳の言語生成システムは、指示をどこか別のところから受け取らねばならない」と述べる。[11]というわけで、「あなた（you）」が存在するのなら、その仕事は広報のはずだ。[12]

表象なき計算はあり得ない[13]

ここまでの議論を簡単に振り返ってみよう。脳は、特殊化した機能を持つ多数のシステム、つまりモジュールから構成される。これらのさまざまな機能は、私たちの祖先が、適応課題を解決するにあたり形成されたものだ。これらのシステムには、互いに情報を伝達し合うものもあれば、そうでないものもある。後者の例として、第1章で紹介した分離脳患者や、ハイトが見出した道徳的に唖然とすることなどがあげられる。ハイトが紹介する例（やパンティーストッキングの例）では、脳のいずれかの部位が決定を下しているが、発話を担当する部位は、その情報やプロセスにはアクセスできないようだ。

脳は多数のモジュールから構成され、それらのあいだの情報交換は制限されると見なすこの考え方（情報のカプセル化）は、脳が矛盾を抱える理由を説明する。二つの異なるシステムが、それぞれ別の出所から情報を入力するように設計されていれば、また、それによって生じる矛盾を是正する手段がなければ、矛盾は未解決のままになる。盲視の例では、視覚システムは視覚世界に関する情報を持っているが、発話を担当するシステムは、その情報にアクセスできない。脳のある部位は「見る」ことができるが、それ以外の部位は、その事実を知らないのだ。

これらの考えを論じるにあたって、認知科学の用語「表象（representation）」を導入すると便利である。「表象」という用語は、脳に保持される情報を意味する。第1章で取り上げたミュラー・リヤー錯視では、視覚システムのどこかに、長さが等しくない二本の直線の表象が、何らかの形態で保持されているはずだ。錯視を経験するには、その経験に「関する」情報が、脳のどこかに存在しなければならない。同様に、「二本の直線の長さは等しい」と言うときには、その事実に関する表象が、脳のどこかに存在しなければならない。この表象は、命題の形態と呼び得る何か、つまり自然言語の文のような形態をとる何かだと考えられる。

ミュラー・リヤー錯視におけるこれら二つの表象は、互いにフォーマットが異なる。フォーマットとは次のような意味だ。たとえば、時刻を表示する機能を持つ時計には、0から9の数字によって時刻を表すデジタルフォーマットと、長針と短針が円盤上の位置を指し示すことで時刻を表すアナログフォーマットの二種類がある。表象フォーマットは重要で興味深いテーマだが、ここでは、それに関するすぐれた考え方のいくつかは、ゼノン・ピリシンという、思うに認知科学者のなかでも、もっともクールな名前を持つ研究者によって提起されたものであると述べるに留めておく。

いずれにせよ、ほとんどの人は、フォーマットについてすでによく知っているはずである。コンピューターのファイルを、不適切なアプリケーションで開くと、エラーが発生する。ファイルを「利用する」プログラムは、想定されたフォーマットを持つファイルしか読み込めない。それ以外のファイルは、そのプログラムには理解できない。GIF、TIF、BMPなどといった、画像ファイルの種類を考えてみれば、同じ情報を種々のフォーマットで蓄えられることが理解できる。

脳のフォーマットをめぐってはさまざまな論争があるが、本書の議論には無関係なので、ここでは立ち入らない。とはいえ「表象」という概念は有用であり、今後のいくつかの議論でも、この言葉を用いる。しかし「表象」という用語は一般的ではないので、場合によっては読みやすさを考慮して、次のような言い回しに変える。たとえば、「視覚システムのどこかに、長さが等しくない二本の直線に関する表象が、何らかの形態で保持されている」という一文は、「視覚システムは、二本の直線の長さが等しくないと考える（信じている）」などと表現する。本来これは、「割り当てられた課題を実行するために、適切なフォーマットの表象を用いて特定の機能を実行するサブルーチンが心のどこかに存在する」という意味だが、「表象」などの専門用語より、「考える」「信じている」などの一般的な言い回しを用いたほうがわかりやすいことを考慮した。

人間など、複雑に進化した生物は、多数のモジュールを備えている。そして、それらのおのおのが独自の機能と表象を持つため、さまざまな矛盾を抱え込む可能性が高い。これらの矛盾は問題を引き起こすと主張する者もおり、また、「認知的不協和」に関する論文では（現在では、このテーマは心理学の教室を超えて一般メディアにも取り上げられている）、ものごとを均質化しようとする「整合性を志向する動機づけ」が存在すると論じられている。私の考えはそれとは異なる。多数の矛盾が問題なく共存しているケースは、いくらでもある。なお私は、認知的不協和という概念には深い疑念を抱いているが、これについては巻末ノートを参照されたい[14]。

ここより偽善に

よって脳は、さまざまなシステムに種々の矛盾を抱えている。それはどの程度なのか？　憂慮すべきことか？　近親相姦が不道徳だと考えている理由を説明できないことが、それほど重要なのだろうか？

一つ確実に言えるのは、「モジュール理論は、心の機能に関する私たちの考え方を変える」ということだ。私たちは、バジーのようなたった一人の責任者の存在を前提にするのではなく、異なるモジュールのおのおのが、随時ある程度の責任を担ったり担わなかったりする、モジュール化されたシステムを考慮すべきである。どのモジュールが「私たちのモーターを動かしている」のかは、その人が置かれている状況に応じて変わる。車両模型の例では、光量が多いと、光を恐れるモジュールが作動し、車両をその場所から遠ざける。それに類似する人間の例をあげると、クマの姿を目にすると、心の捕食者回避モジュールが作動して、本人をクマから遠ざける。このように、さまざまなモジュールが、状況に応じてオンになったりオフになったりし、その人の行動に影響を及ぼす度合いが随時調節される。

この点は重要である。というのも、適応的な反応には、種々の戦略が必要とされるからだ。たとえば、これから見るように、情報の追求が有利になる場合もあれば、そうでない場合もある。進化によって形成されたモジュールは、特定の問題に特化した戦略を実行すべく設計されている。モジュールが実装する戦略の詳細は、目的に依存するので、各モジュールは、その目的に合った問題に直面したときにのみ活性化され、そうでないときは、たいがい非活動の状態に置かれる。

クマの例でもよくわかるように、モジュールは、身のまわりのできごとによって活性化される場合がある。近くに獰猛《どうもう》な肉食動物がいれば、その状況に関係のないすべてのモジュールをオフにして、緊急事態に備えたほうがよいに決まっている。よく知られた「闘争・逃走」反応は、実際には対応する一連のモジュールや、生理的なシステムがオンになることで引き起こされる。

身のまわりで起こっているできごとの効果は、ごくわずかな場合もある。また、つねに意識的な気づきの対象になるとは限らない。というより、おそらくは意識にのぼることのほうがまれであろう。私は、大学院生だった頃、研究のために被験者に経済ゲームをさせたことがある。被験者に一定の金額を与えてから、それを「グループアカウント」に投資するか否かを決めさせた。投資した場合、それは増額されたうえで、グループのメンバーのあいだで分配された。「公共財ゲーム」と呼ばれるこの研究手段は、基本的に、利己的に振る舞うか、協力的に振る舞うかを被験者に選択させる。あるケースでは、互いに横目で顔を見合うよう被験者に求めるという条件を追加した。本来それによって経済的なインセンティブに変化は生じないはずだが、この条件を追加したケースでは、そうしなかったケースに比べ、被験者はより協力的に振る舞った。[15] どうやら、互いを見合うことで、より向社会的なモジュールが活性化されたか、もしくはより利己的なモジュールが抑制されたらしい。

人々は、身のまわりのできごとが、自分の意思決定に影響を及ぼすことに気づいていない場合が多い。たとえば、男性は、会ったばかりの女性に電話してデートに誘うべきか否かを、どうやって決めるのだろうか？　恋愛相手としての女性の魅力を評価し、それを興奮度によって出力するモジュールが存在するという可能性が考えられる。ここで、誰かをデートに誘うかどうかを決定するモジュールは、その女性に会ったとき、どのくらいの興奮を経験したかという基準に基づいて機能すると仮定しよう。もしそうなら、興奮を引き起こす状況に置くことで男性を「トリックにかけ」、興奮によって決定が影響を受けるかどうかを確かめられるだろう。ある古典的な心理学の研究では、男性の被験者に、魅力的な女性のアシスタントと橋の上で出会わせるという実験を行なっている。[16] 実験に用いられた橋は二つあり、一方は高くてグラグラする橋で、もう一方はより堅固で安全な橋だ。その結果、前者の条件では、およそ半分の被験者が、あとで女性アシスタントに電話したのに対し、後者の条件では、はるかに少ない被験者しか電話しなかった。

マーケッターは、さまざまな手段を駆使して、消費者の心のモジュールを操作しようとする。確かに彼らはそういう言い方はしないだろう。しかし、私がディズニー・ワールドで働いていたとき、調理室から出るかぐわしきにおいで順路を満たすよう決定がなされたのを覚えているが、この決定をした人たちは、何が私の「ミートボールを求めるモジュール」を活性化するのかを、確かによく心得ていたのだと思う[*]。

またこのことから、どのモジュールがオン、またはオフになるかは、身のまわりのできごとばかりでなく、そのときの自分の状態にも依存することがわかる。たとえば、空腹になればなるほど、食べ物を求めるモジュールの影響力は強くなる。よって、空腹時に食料品スーパーに行くべきではない。食べ物を求めるモジュールは、あとになって買わなければよかったと思うようなものを買わせるからだ。なお、これについては、第8章で再度取り上げる。

さらに言えば、各モジュールの相対的な影響力は、一生を通じて変化する。だから、一八歳の少年は、一八歳の少女と交流するために設計されたモジュールしか備えていないように見えるのだ。また、初めて親になった人は、それまで心の奥深くに眠っていたモジュールが、新たに心を支配するようになったかのように感じる。要するに、どの適応課題がもっとも重要なのかは、その人の年齢によって変わり、したがって、各モジュールの影響力は、システムの状況に応じて変化する。

このように、モジュールの活性化や非活性化は、その人の年齢、地位、環境などによって動的に変化し、きわめて複雑なものになり得る。では、多数のモジュールが奏でるこの交響楽は、どのように統制されているのか？　端的に言えば、私にはよくわからないし、誰にもわからないだろう。たった一つの答えがあるとも言えない。だが、とても興味深いことに間違いはない。たとえばこの考えは、情動について考察するにあたり、便利な見方を提供してくれる。クマを見たとする。すると、回避のためのモジュールが活性化され、食料調達や繁殖など、それ以外の目的のために設計されたモジュールは、ほぼすべてオフになる。これが「恐れ」の情動であり、それに基づく一連の反応を通して、現状に適合するいくつかのモジュールが、その他のモジュールに対して優位性を獲得する。[17]

モジュール理論は、大勢の賢い人たちの考え方とはまったく異なる、心についての見方を提供する。とりわけ哲学者は、心を統合体として捉えようとする。そのため彼らは、心の内部の矛盾についてあれこれ議論しているのだ。ときには、ひどい混乱に陥ることもある。『自己と欺瞞――異文化間での哲学的探究（*Self and Deception: A Cross-Cultural Philosophical enquiry*）』[18]という本のなかで、何人かの哲学者がこの問題に頭を悩ませているが、それを読むと、彼ら全員が何やら集団で心配性になったかのような印象を受ける。「自己欺瞞の可能性について」と題された章では、人間の脳に二つのサブシステムＳ１、Ｓ２が同時に存在し得るか否かが、次のように論じられている。Ｓ１が一つのことを信じ、Ｓ２がそれとは別のことを信じていたとしたらどうだろう？　いや、そんなことはあり得ない。なぜか？　なぜなら、もちろん、人はＳ１であると同時にＳ２であることはできないからだ。[19]

私はとりわけ、「もちろん」というくだりを気に入っている。そもそも「人はＳ１であると同時にＳ２であることはできない」などと、どうして断言できるのか。人間の脳が、多数のモジュールで構成さ

［＊］　もちろん、進化によって「ミートボール」を求めるモジュール」そのものが形成されたとは思わない。しかし、しばらく何も食べておらず、周囲に食べ物があったときに、それを食べるよう設計されたシステムは存在すると考えている。これを専門用語で、「空腹」と言う。

れ、ラマチャンドランのように「ジョンその人」と言明することに問題があるのなら、「人」は同時に、S1でも、S2でも、あるいはS8571でもあり得る。そして、それらのおのおのが、独自の信念を持ち、互いに矛盾していたとしても何の不思議もない。ミュラー・リヤー錯視では、二本の直線の長さは、脳のある部位にとっては等しく、別の部位にとっては等しくない。

最後にもう一つ指摘しておくと、モジュール理論は、「人はなぜ間違いを犯すのか？」「人はなぜ首尾一貫していないのか？」という問いに新たな光を投げかける。間違うことで、より効率的に機能するモジュールが存在するのなら、人はなぜ、さまざまなものごとに関して、とりわけ自分自身について、かくも誤っている場合が多いのかが理解できる。本章の冒頭の話に戻ると、報道官の役割を果たすモジュールが存在するのなら、また、大統領報道官のごとく、心の報道官は無知で誤っていることで利益を得られるのなら、他のモジュールは、報道官モジュールに情報を渡さないよう、あるいは誤情報を流すよう設計されていてもおかしくはない。なぜなら、報道官の仕事である他人の説得には、真実を知ることが役立たない場合もあるからだ。かくして言葉と行動が、それぞれ別のモジュールに導かれているのなら、矛盾は当然発生し得る。

「信念」を打ち砕く

つまり、あなたの心の内部では、報道官が知らないために語ることのできないさまざまな事象が起こっている。本書の残りの部分では、この見方が何を意味するのかを検討する。しかしその前に、いくつか明確にしておきたいことがある。

モジュール理論は、見かけは謎めいた事象が、実はまったく謎ではないことを明らかにするが、その逆、すなわち直観的に受け入れられやすい見方が、実は問題を孕《はら》んでいることをも示す。人間の心理を理解するためには、誤解を招く恐れのある根深い直観に十分な注意を払い、明快かつ適切な心理学の実践を妨げるような直観は、自ら進んで放棄しなければならない[20]。

最初の留意点は、「ジョンはXを信じている」などの、見かけは単純な文の用法に関するものだ。誰かが何かを信じているという、いかにも直観的にわかりやすい表現は、実際には見かけほど単純ではない[21]。もう一度、ミュラー・リヤー錯視を考えてみよう。異なるモジュールに、二つの対立する表象が存在する点に鑑みれば、観察者が二本の直線に関して何かを「信じている」という言明は、奇妙に思える。もちろん、どちらか一方のモジュールのみに着目することは可能だとしても、そうしたところで、ジョンが全体として何かを信じているという言い方が、有意味になるわけではない。「信じている」などと、括弧書きを私が多用している理由もここにある。モジュールが何を表象しているのかを語ることには意味があるが、「人」が何を信じているのかを語ることには問題がある。

二つ目の留意点は次のようなものだ。「ジョンの信念」を構成するモジュールが、「二本の直線の長さは等しい」などと発言するモジュールと同一だと仮定することはできない。数学の能力を評価する二つの方法を考えてみよう[22]。一つは「あなたは微積分ができますか？」などと直接尋ねることで、もう一つは微積分のテストを実施することである。前者には、あなたがうそをつく可能性と、実際には微積分の授業で習ったすべてを忘れ去っていても、質問に答える心の部位がその事実を知らない可能性の両方がある。心のどこかに「ほんとうに」一連の数学のスキルが保たれているのなら、発話を担当する部位は、数学の試験問題に取り組む部位ほど、その実行に長けてはいないはずだ。この点は、幼い子どもにとりわけはっきりと見て取れる。彼らに記憶テストの成績を予想させると、とてつもなく大きな桁の数値を覚えられるなどと、恐ろしく見当はずれな答えを返すのが普通だ[23]。

「潜在的連合テスト（IAT）」と呼ばれる方法を用いた、心理学の研究が数多くある。名前が示すとおり、このテストは、人の心に潜在する二つの概念のあいだの結びつきの強さを測定する。「潜在的」とあるように、このテストでは、XとYの関連づけの強さを被験者に直接質問するのではない。つまり、明示的な判断を求めるのではなく、被験者の反応時間を用いて、潜在的な結びつきの強さを測定する。これは次のような考えに基づく。二つの概念のあいだに密接な関係があれば、そうでない場合に比べ、それら二つの概念は、より強く「活性化し合う[24]」。

IATは、ことに人種のステレオタイプ化の調査に用いられている。あるテストでは、被験者は、アフリカ系アメリカ人とヨーロッパ系アメリカ人の名前、およびポジティブな意味を持つ単語（「虹」など）とネガティブな意味を持つ単語（「殺す」など）を見せられる。課題はとても単純で、表示された単語が、アフリカ系アメリカ人の名前、もしくはネガティブな意味を持つ語なら、ある特定のキーを押し、ヨーロッパ系アメリカ人の名前、もしくはポジティブな意味を持つ語なら、それとは別のキーを押す〔アフリカ系アメリカ人に多い名前、ヨーロッパ系アメリカ人に多い名前はある。また、このテストのバリエーションには、名前ではなく顔写真を見せるものもある〕。それが済んだら、こんどは逆のパターンでテストが行なわれる。すなわちアフリカ系アメリカ人の名前とポジティブな語が、また、ヨーロッパ系アメリカ人の名前とネガティブな語が、それぞれ同一のキーに割り当てられる。そして、それぞれの組み合わせに対して被験者の反応時間が測定される。読者の予想どおり、「アフリカ系アメリカ人＋ポジティブな語」および「ヨーロッパ系アメリカ人＋ネガティブな語」の組み合わせのケースでは、被験者の反応は遅くなった。このテストは、名前（およびそれに結びついた人種）と、ポジティブ性、またはネガティブ性の潜在的な結びつきを測定するもので、一パターン目と二パターン目のあいだの反応時間の差は、潜在的な結びつきの評価基準として用いることができる。なお、このような方法で測定された結びつきの強さは、「アフリカ系アメリカ人をどの程度ネガティブに考えていますか?」などと直接質問した場合に比べ、被験者の持つ、より「真の」姿勢を示すと考えても特に差し支えなさそうに思われるが、この分野の研究者は非常に慎重な態度をとっており、IATスコアをそのように解釈することを明確に否定している。[25]

IATは、発話を担当するモジュールの持つ情報が、「真の」あるいは「純粋な」信念を表すと考えるべきいかなる理由も存在しないことを示唆するが、このモジュールが入手できない情報が、それを表すと考えるべき理由もない。これは、うそをつくこととはまったく関係がない点に注意されたい。アフリカ系アメリカ人とネガティブ性を結びつける潜在的な傾向(モジュール)を持つ被験者が、「自分にそんな傾向はない」と弁解するとき、彼らは必ずしもうそをついているわけではなく、発話を担当するモジュールが、その事実を知らないだけなのだ。

それにもかかわらず私たちは、誰かがほんとうに何かを信じていると語ることが妥当だと、直観的に感じる。「心の奥底でそう信じている」「直観的にそう思う」「ほんとうにそう考えている」などという言い方をすることがある。だが、これらの直観が妥当ではないと考えるべき正当な理由が存在する。そもそも、人は「ほんとうに」何かを信じているという見方の背後にある直観は、デネットの言うデカルト劇場や、バジーとあまり変わらない。「真の」信念とは、バジーが信じているとあなたが考えるものなのだ。「バジーがいれば、彼はそう考えるはずだ」「それこそが責任者たるバジーの考えだ」などというように。

それだけでも、憂慮するに十分値する理由になる。錯視の例では、二本の直線の長さは等しいと「あなた」が「ほんとうに」信じていると言明することには、何らかの意味がある。しかし思うに、私たちには、発話を担当する脳の部位を優先する傾向があるゆえに、またこのケースでは、まさにこの発話を担当するモジュールが、真実を知っていると考えているために、このような直観が生じるのではないか。かくして、この信念が本物であるかのように思えるのだ。

　では、分離脳患者、盲視、パンティーストッキング選択の例はどう考えればよいのか？　分離脳患者は、鶏小屋の掃除にはシャベルが使われるから、実際にその絵を選択したのだろうか？　そうではないように思われるが、それが彼らのあげる理由であった。パンティーストッキングの例では、被験者は、生地の好みなど、彼らが口にする理由のゆえに、特定のパンティーストッキングを選んだのだろうか？　これについては、ほぼ確実にそうではないと言える。

　これらのことから、心がさまざまなモジュールから構成されているのなら、ある特定のモジュールが、より「本物である」「真である」と信じている何かについて語ることが、いかに無意味かがわかる。次回、どこかの心理学者が、誰かが何かを「ほんとうに」信じているなどと口にするのを聞いたときには、その心理学者は信用しないほうがよいだろう。また、人は「あるレベルでは」何かを信じているなどという、ぼかしつきの表現にも注意すべきだ。

　同様に、「人は自分の脳にあれをしろ、これをしろと言える」ことを示唆するような言い回しを真に受けないよう注意する必要がある。ホーマー・シンプソン〔アメリカのテレビアニメシリーズ『ザ・シンプソンズ』の主要登場人物〕に、「脳よ、おまえはオレが嫌いだし、オレはおまえが嫌いだ。だが、これだけはやってくれ。そうすれば、オレはビールを飲んでおまえをヘロヘロにできる」と言わせるのは作者の勝手だが、この見方はまったく間違っている。少なくとも現実の人間に関して言えば、言葉を話しているのは脳の部位であり、したがってホーマーのこの発言は、「大きな脳のなかの小さな脳」（すなわちバジー）の罠にみごとにはまっていることになる。脳のある部位が他の部位とやり取りをすると言うことには何の問題もない。しかし、「オレは、XXをせよと脳に命令する」と言うことには、大きな問題がある。なぜなら、「オレ」が何を意味するにせよ、それは、脳の全体ではなく、その部位でしかないからである。また、「オレ」のモジュール構成をいかに考えようが、それはモジュールの集まりにすぎない。

このように述べたのは、モジュールの考慮はとても有益であるにもかかわらず、心の研究で生計を立てている専門家、すなわち心理学者を含め、多くの人々が、そのことを無視し間違いを犯している事実を強調したいからだ。心理をめぐる思考には、気づかぬうちに小人《ホムンクルス》が入り込んでくると警告するデネットの言葉を思い出そう。心理学でも、「ある人」「その人」「自己」などの見かけは単純な用語を、意味をよく考えずに使っている者が大勢いる。

私自身、性的な嫉妬をめぐる議論を通して、それに類する実例に出くわした。デイヴィッド・デステノらは、性的な嫉妬の心理を扱った論文で（私は最初ジョークかと思ったが、そうではないらしい）、交通ストのために夜遅く帰宅した夫と、夫の浮気を疑って嫉妬に駆られる妻を論じている。それを読んだ私と同僚は、そのようなケースでは、交通ストが夫を足止めしているという、あるモジュールの持つ情報が、嫉妬の感情を引き起こすモジュールにいかなる効果を与え得るのかを考慮すべきだと提言した。夫の帰宅の遅さには正当な理由があるか否かなどの関連情報に、嫉妬を引き起こすモジュールが影響されるのは、至極当然だ。私たちは、それがごく自然な考え方だと思っていた。

ところがデステノらは、その見解には賛成できないと反論した。その代わりに彼らは、「交通ストに気づくことは」、特定のモジュールから「嫉妬が生じるのを、その人が抑え込むことを可能にする」と示唆した。[26]

「その人が」という言い回しに注意されたい。些細な指摘に思われるかもしれないが、この言い回しは多くのことを意味する。それは、ホーマーが自分の脳に語りかけるのと大差がない。要するに彼らは、脳のある部位が、嫉妬を生むモジュールを抑制すると考える私たちの見解が間違いだと主張し、その代わりに「その人」「自己」「大きな脳のなかの小さな脳」「ホーマー」「バジー」などを持ち込むのだ。

モジュール理論の観点から彼らの見解を検証すれば、心の問題に関して、彼らがいかに混乱しているかがわかる。彼らは、デカルト劇場の存在を信じる人と同じで、そこには、コーラを飲みポップコーンをパクつきながらスクリーンを眺め、(……)嫉妬を抑え込んでいる誰かがいるはずだと考える。「それはモジュールなんかじゃない。小人のバジーなのだ」というわけである。まったく懲りない人たちだ。[27]かくしてモジュール性なしでは、いつのまにか二元論が舞い戻ってくる。

意識を持つモジュール？

「私」や「あなた」の「信念」を語り合うのは楽しいし、日常生活では一般に、それで大きな問題が生じたりはしない。しかし、心の機能の解明には、「X氏はpを信じている」などの、見かけは単純な主張をする場合でさえ、モジュールを考慮に入れることが重要になる。よき心理学を実践したければ、信念について語る際には、その意味をできる限り明確にしておくべきだ。

信念や、その他の表象について考えるときには、それらが何らかのモジュール、もしくは一連のモジュールの「内部に」存在する、あるいは少なくともそれらに結びついていると見なすと有益である。「長さが等しくない二本の直線の表象が、視覚システムのどこかに存在する」「視覚システムは、二本の直線を長さが等しくないものとして表象する」「〈二直線の長さは等しい〉という命題を保持する別のモジュールが存在する」と主張するのはとても簡単だ。心理学が進歩すれば、どのモジュールがどのような表象を保持しているのかを、もっとはっきりと語れるようになるだろう。事実、現在でもかなり多くのことが判明している。認知科学、言語学、神経科学の研究者たちは、脳のさまざまなモジュールに関して多くの知識を蓄積しつつあり（ただし、さまざまな用語で表現しているが）、これらの分野は今や日進月歩の状況にある。

同様に、「ジョンはXを信じている」などのような表現も間違いだと、私は考える。なぜなら、別のモジュールは、非Xを信じている可能性があるからだ。さらには、意識を持つモジュールはいくつかに限られる点に鑑みれば、ジョンは「Yに気づいている」「Yを意識している」「Yをコントロールしている」などの言い回しにも問題がある。それよりももっと厳密な言い方が必要であり、「ジョンのモジュールのいくつかが、Yに気づいている」と言うべきであろう。

ここまでの説明でわかったはずだが、心に保持されている表象には意識に結びつけられたものとそうでないものがある。この点に、議論の余地はない。「私はXを意識している」という言い方は、本書の議論とはまったく嚙み合わない。たった一語にもかかわらず哲学的な思弁にまみれた「私（I）」とは、正確にはいったい何なのか？

このようなものの見方は奇妙に思われるかもしれないが、そのことはモジュール化されたいかなるシステムにもあてはまる。それどころか、次のように考えると、さらに奇妙さが増すはずだ。心のモジュールには、意識を持つものと持たないものがあり、また、心のシステムには、他のシステムと情報を交換し合うものとそうでないものがある。ならば、あなたの心のなかでは、報道官、すなわち発話を担当する「あなた」が知らない事象のみならず、そもそも知り得ない事象が無数に生じていることになる。哲学者のトマス・ネーゲルが論じるとおり[28]、私たち人間が、コウモリであるとはどのようなことかを知り得ないのと同様、経験能力を持つ「あなた」は、心の報道官が処理できるフォーマットで情報を送らない脳の部位で起こっているできごとを知ることはできない。

ここで、報道官とは別の脳の部位も、意識や経験能力を持っていたとしよう。それはたとえば、視覚システムのエッジ検出器であるような経験、あるいは呼吸や心拍数を調節する部位であるような経験であったとする。では、「あなた」は、その経験をどうやって知ることができるのか？　あなたが、コウモリであるとはどのようなことかを知り得ないのと同じく、あるいはその意味では、本書の著者たる私であるとはどのようなことかを知り得ないのと同じく、脳のその他の部位が独自の経験を持っていないなどとは、「あなた」は、そもそも知りようがないのではないか？　そう、私がここで言いたいのは、「経験能力を備えながらも、互いにその内容を伝え合う能力を持たない、複数の脳の部位を持つことは、原理的に不可能ではない」ということだ。

私たちの心には、意識を持ちながら、ものを言わぬモジュールがいくつも存在するとは、ずいぶんと奇妙に思われることだろう。だが、実際はそれほど奇妙ではないのかもしれない。私がかつて教えた大学院生マーク・イージェスは、情報を処理する能力は持っていると想定されながら、反応を示さない人々とコミュニケーションをとる方法を研究している。具体的に言うと次のようなことだ。あなたは、全身が麻痺して一種の昏睡《コーマ》状態に陥っているが、生存に必要なシステムはまだ機能しているとしよう。また、聴覚と経験能力も損なわれていないものとする〔閉じ込め症候群患者などがそれにあたる〕。しかし、それがすべてだ。このような状態に置かれていた場合、自分の経験をどうやって他の人に伝えられるのだろうか？　あなたは、ある種の経験能力を持つモジュールを心に備えていながら、口も利けなければ、筋肉も動かせないとすると、他の人はこの経験を知り得るのだろうか？

これはむずかしい問題であり、イージェスは解決策を模索中だが、彼のこれまでの業績によれば、コミュニケーションを担当する脳の部位に接続されていないモジュールと連絡をとることが、いかに困難かがわかる。

この問題の解決のむずかしさは、ロバート・デ・ニーロとロビン・ウィリアムズが主演する映画『レナードの朝』（米・一九九〇年）に痛切に描かれている。ロビン・ウィリアムズ扮するセイヤー医師は、ウイルス（嗜眠《しみん》性脳炎）に感染してコーマに陥り、しゃべりも動きもせず、何年も無反応の状態が続いている患者について同僚と話し合っている。[29]

セイヤー医師：彼らはどんな経験をしているのだろう？　何を考えているのだろう？
年長の医師：何も。ウイルスによって、彼らの高次の機能は失われている。
セイヤー医師（一抹の希望を抱きながら）：それは事実と考えてもよいのだろうか？
年長の医師：そうだ。
セイヤー医師：それはなぜ？
年長の医師：なぜなら、他の可能性は考えられないからだ。

「自己」を再発明する

これにて、モジュール性の理論的な基盤の考察を締めくくる。モジュール理論は、自己欺瞞、戦略的な無知、偽善など（これらはすべて以後の章で検討する）、心理学のさまざまな問題を解明するのに役立つ。カギとなる考え方は、「人間の心はｉＭｉｎｄのようなものであり、それには多数のキラーアプリケーションが付属している」というものだ。私たちの祖先は、モジュール性が適切な解決手段になる適応課題に直面したのだろうか？　そのとおり。確かにそれに対応する適応が生じたのだ。[30]

この見方のもっともすぐれた要約は、人工知能に関する業績で有名な、恐ろしく頭の切れるコンピューターサイエンティスト、マービン・ミンスキーの著書『心の社会』に見出せる。この著書の未刊行の草稿（一九七六年）のなかで、[31]ミンスキーは次のように述べている。

心は「エージェント」の共同体だと言える。各エージェントは限られた権限を持ち、特定のエージェントとしかやり取りをしない。心の力は、エージェントの相互作用から生じる。というのも、どのエージェントも、単独では十分な知性を備えていないからだ。（……）心に関する私たちの見方は、相互作用する多数の「下位の自己」「内なるエージェント」を想定する。絵画を見る、あるいは絵画を見た経験を思い出すなどの、もっとも単純な課題の遂行でさえ、何十もの、あるいはおそらくそれ以上のエージェントが、さまざまな役割を担いつつ関与しているのかもしれない。有用な知識を持つエージェントも存在すれば、他のエージェントに対処するための戦略を持つエージェントも存在する。あるいは他のエージェントの作業の進捗を促進したり、それに関して警告を発したりするエージェントや、さらには他のエージェントが、禁じられている考えを抱かないよう抑制し「検閲」する、規律の維持を担当するエージェントも存在する。

私には、モジュール性に関してこれ以上適切な表現は思いつかない。『心の社会』は、文章も内容も非常にすばらしく、刊行後二〇年が経過した現在でも、読む価値は大いにある。とりわけバジーの問題が実に簡潔に提起されているのは注目に値する。彼は次のように言う。「たった一つの中心的な自己という概念は、何も説明しない。なぜなら、部分のない全体は、説明に必要なものを何も提供しないからだ」。明らかに彼は、無数の単純な機械によって、一台の大きく賢い機械を構築し得ることを理解している。私には、彼の存在そのものが、史上もっとも賢い機械の一台であるかのように思われる。ところで、エージェント（すなわちモジュール）について考えることは、その機能の考察を要請すると、ミンスキーは考えている。しかし、私の知る限りでは、彼はその次のステップに歩を進めていない。次のステップとは、機能の進化を考えることだ。そしてこの一歩は、「有用な情報を受け取らないように設計されているモジュールが、なぜ存在するのか？」「誤りを系統的に引き起こすべく設計されているモジュールがなぜ存在するのか？」、そしてもちろん「なぜ（自分以外の）誰もが、ひどい偽善者なのか？」などの問いに答える際に、とても重要になる。

第5章

真実の痛み

Why

■生物にとって、何が真実であるかを知ることは、他の条件がすべて同じなら、明らかによきことだ。しかし、進化したシステムに関して言えば、正しい情報を手にすることで機能が損なわれるケースが数多くある。■

著名な哲学者ジェリー・フォーダーは、『心はそのようには機能しない』で、「進化、生物学、科学の観点からすれば、認知の本来の機能が、正しい信念を得ること以外にあると主張すべき根拠は何もない。そう示唆すべき根拠すらない」と述べている。[1] フォーダーを含め一般に哲学者は、よくそういう言い方をする。だがこれは、「脳が秀でるのは、真実の探究をおいて他にない」ということを意味する。要するに、（脳は適応課題を解決するためのモジュールを持つなど）本書における私の主張のほぼすべては、たわごとだと言っているようなものだ。フォーダーの主要な論点は、第一に「進化したメカニズムは相互作用し合う（この見解は正しいが、そう言っただけでは説得力に乏しい）」であり、第二に「信念は行動のためにあり、行動は真実を知ることで促進される」である。彼は、「知識に基づいて行動できなければ、世界のあり方を知ることには、あまり意味がない」と述べる。[2] 本章では、真実を知ることが有益な場合も多々あるという意味では、フォーダーの主張は正しいが、それと同時に、彼の主張には根本的な誤りがあることを明確にする。

誤解しないでほしいが、確かに真実を知るべき理由は山ほどある。真実を知ることは役に立つが生物学では機能がすべてだ。

真実は行動を導くのに役立つばかりでなく、正しい概念の構築にも有用である。「すべての人間は死ぬ」こと、および「ソクラテスは人間である」ことを知っており、推論能力を持っていれば、「ソクラテスは死すべき運命にある」ことを推論できる。

真実は、虚偽に比べて有用であり得る。真実ではないものごとを「知ること」、すなわちその表象を持つことは、有害であり得る。ザルナン・アルグンという人物は、ウズベク族を打ち破る運命を背負って生まれたと信じていた。そのため彼は、「砦の防御を固めず、武器や弾薬の準備も怠った。敵の接近を監視する斥候も配置せず、軍隊を訓練することもなければ、規律を徹底することもなかった」。やがて彼は、五万人からなるウズベク族の攻撃を一五〇〇人で防がねばならなくなったが、結果はあまりにも明らかだった[3]。

とはいえ、可能な限り多くの正しい信念を持つことのみが、つねによい結果をもたらすと考えるのは間違いである。また、心のモジュールは、ただ真実を認識し、識別し、推論し、保持するためだけに設計されていると見なすのも誤りだ。哲学者のパトリシア・チャーチランドは、「神経系の主要な機能は、(……)有機体が生存できるよう、身体の各部位をしかるべき状態に保つことである。真実は、それが何を意味するにせよ、その重要度において間違いなくしんがりに位置する」と述べる[4]。肝心なのは生存ではなく繁殖であることを除けば、私はこの見解にまったく同意する。

情報過多

単純なケースをまず検討してみよう。発見可能なあらゆる真の情報を入手しようとすべきでないこと、すなわち、脳はそのように設計されたモジュールを持つべきでないことは明らかだ。

そもそも入手可能な情報には、無用なものもある。無駄な情報を得ようとして費やされる時間は、もっと有益なことに振り向けたほうがよい。バリー・シュワルツは、この分野でとても興味深い研究を行なっており、無駄な情報でさえも躍起になって手に入れようとする人々がいると論じている。[5] スーパーマーケットで、価格も品質もそれほど変わらないシャンプーがずらりと並んでいるところを見て、ヘッドライトに照らされたシカのように呆然としたことのある人なら、ここで私が何を言いたいのかがよくわかるはずだ。人はときに、最善の選択と次善の選択のあいだの価値の差がわずかしかない場合でも、できるだけ大きな利益を得ようとする。

ピーター・トッドらは、この考えを、恋愛相手の獲得という文脈に応用する。最高の恋愛パートナーが見つかるまで、相手を探し続けていたら、恋愛などいつまでたってもできないだろう。それではとても悲しい。だが、いったいどの時点で、もっとよい相手を探す努力を中止すればよいのか？　まさにこの問いに答えることを目的とした数学モデルがある。[6] このモデルは、次のような推論を前提にする。パートナーを長く探し続ければ続けるほど、それによって得られる、恋愛相手に関する新たな情報は少なくなる。したがって、どこかの時点で、探し続けることで得られる情報の恩恵より、それに伴うコストのほうが大きくなる。人々がどれほどタイミングよく恋愛相手の探求を中止しているのかは、まだよくわかっていない。シュワルツの報告するケースでは、最善の選択肢に執着する人は、探求に多大な時間を費やし、「適度にすぐれた」もので満足する人は、そのやり方でうまくやっている。よさそうな駐車スペースを見つけたけれど、もっと都合のよい場所がどこかにあるのではないかと悩んだときには、このことを思い出そう。

どのみち本人の行動を変えるわけではないがゆえに、入手しても価値のない情報もある。というより、このタイプに属する情報は、巷《ちまた》にあふれている。それゆえ私たちは、情報収集の範囲を、友人や親戚の近況（最近では一四〇文字で構成されることも多い〔ツイッターを指す〕）、自分の仕事に関連する情報、『ピープル』誌のような情報誌に絞るのだ。（『ピープル』誌の読者には会う機会など基本的にないはずの、南カリフォルニアに住むうら若い女優のおなかに、どれくらい脂肪がついたかなどといった情報がなぜ入用なのかは、私にはとんと見当がつかないが……）。

もちろん、世の中には私たちがわざわざ探し求めようとはしない正しい情報がたくさんある。ニュージーランドのリンゴの価格が気になるだろうか？　ニュージーランドに住んでいなければ、どうでもよいと思っているはずだ。だが、自分の健康についてはどうか？　間違いなく、情報を追求する私たちのモジュールは、自分の健康に関する情報を手に入れるよう設計されているはずだ。それともそうではないのか？

真実はあなたを人質にとる

正しい信念を持たないことが有利に働くケースはいくらでもある。ペンシルベニア大学の同僚ジェイソン・ダナは、巧妙な実験によってそれを調査している。[7] 彼は、被験者を実験室に来させて、経済ゲームをさせた。その際、被験者に二つの選択肢を与えた。第一の選択肢では、自分と相手プレイヤーにそれぞれ五ドルずつが、また第二の選択肢では、自分に六ドル、相手に一ドルが与えられる。したがって、被験者は五ドル／五ドルか、六ドル／一ドルの選択をしなければならない。その結果、被験者のおよそ三分の二は、もう一方の選択肢をとれば、自分は一ドル余分にもらえたにもかかわらず、相手が四ドル多く手にできるよう、五ドル／五ドルを選択した。ということは、人は一般に気前がよいのだろうか？

別の被験者グループには、それとは若干異なる経済ゲームをさせている。このバージョンでは、前の実験同様、自分が五ドルか六ドル、相手が一ドルか五ドルをもらえる選択肢が与えられた。ただし前回とは異なり、被験者は、自分の選択によって相手がもらえる金額が一ドルなのか、それとも五ドルなのかがわからなかった。つまり、五ドル／Xドル、六ドル／Yドルの選択肢が与えられ、X、Yが五ドルか一ドルのどちらかは被験者には前もって教えられなかった。この条件下では、被験者は、相手に一ドルではなく五ドルを与える選択肢を特定できず、よって気前よく振る舞うにはどちらを選択すべきかがわからない。

ところで、この実験にはひねりが加えられており、他にも条件があった。被験者は、相手がもらえる額を、その気になれば照会でき、単にボタンをクリックするだけで、最初のバージョンのテストと同じく五ドル／五ドルか六ドル／一ドルの選択なのか、それとも五ドル／一ドルか六ドル／五ドルの選択なのかを知ることができた。被験者の観点から見れば、ボタンをクリックすると、自分に有利な六ドルを選択した場合、相手が四ドル損することが判明する可能性がある。だが、ボタンをクリックしなければ、六ドルを選択したあとで、「自分の選択によって、相手がもらえる額がどう変わるのかを知らなかった」と、うそ偽りなく言い張れる。

事実、ダナの研究に参加した被験者のおよそ半数は、相手プレイヤーのもらえる額を見ようとはしなかった。また、被験者の多くが、五ドル／?より六ドル／?を選択したことは何ら驚きではない。「表示」ボタンをクリックしなかったこれらの被験者は、あとで選択の理由を尋ねられると、「六ドルを選択することで、相手プレイヤーにどんな影響が及ぶかを知らなかった」とうそ偽りなく答えた。この研究にあなたが被験者として参加したとして、実験が終わったあとで相手の目を見ながら、「自分のした六ドルの選択によって、相手が一ドルしかもらえなくなるとは知らなかった」と言える余地を残したければ、あなたも「表示」ボタンをクリックせず、見ようと思えば見られる情報を見ないようにするのではないか。

ダナは、この実験を次のような道徳《モラル》ジレンマにたとえる。見知らぬサイコパスが、土曜日の正午に、あなたの住む町の誰か一人に無作為に電話をかけ、「おまえの左手の小指を切り落とさなければ、家族全員を殺してやる」と宣言するつもりでいることを知ったとする。その場合、土曜日の正午、あなたは電話のそばにいるだろうか？

ダナの研究は、フロッガーとフィラデルフィアでの道路横断の違いを思い起こさせる。後者における選択には、現実世界のできごとに関するさまざまな考慮が反映される。現実世界では、人々は、利益と損失の両方をもたらし得る選択に直面しなければならない。そしてこの選択は、金銭、健康などに関する実体的なものと、社会的なもの（それを選択した場合、もしくはしなかった場合、他人の考えや行動に影響を与えるもの）に分けられる。情報を手にすることは、社会的な損得勘定《ペイオフ》に影響を及ぼし得るのだ。

ときに、情報の入手は、虚偽がもたらす効果を考慮しなければならないがゆえに、社会的なペイオフを変える場合がある。一例をあげると、親友が犯罪に手を染めた事実を知った途端、あなたの社会的なペイオフは変わる。親友の犯罪について質問されたとき、実際に何も知らなければ、うそ偽りなく「私は何も知りません」と答えられ、偽証罪に問われずに友人を弁護できる。しかし、ひとたび友人がクロだとわかると、宣誓証言を強いられれば、困難な決断を下さねばならなくなる。あなたの頭のなかに新たな情報がインプットされたために、それまではコストがかからなかった決定が、あなたがどう振る舞おうとコストのかかるものに変わってしまったのだ。宣誓した以上、偽証するか、友人を捨てるかのどちらかを選択しなければならないのだから。

人質にとられた人は、同様な状況に置かれる。人質が一度でも誘拐犯の顔を見てしまうと、状況はさらに悪化する。誘拐犯は、人質に顔を見られていなければ、あとで逮捕されることを恐れずに、その人質を解放できる。しかし誘拐犯の顔を見た人質は、誘拐犯に不利な証人になり得るので、解放の可能性が低くなる。だから人質は誘拐犯の顔を見ないようにしなければならない。同様なジレンマは誘拐犯にも生じる。誘拐犯は、一度でも顔を見られると、身代金をまんまと手にしても、自分の素性を警察に通報しないという保証が得られなければ人質を解放できない[8]。

些細な知識が私たちを窮地に追い込む

情報を持つと、微妙な社会的問題を引き起こす可能性がある。本節では、遂行を期待される義務という観点から評判の問題を検討する。ただし、この問題に関しては、カントを筆頭に多くの哲学者が論じているので、いくつかの一般的な見解を提示するに留める。

自らの義務を果たしていないと見なされると、その人の評判は落ちる。自分の命を大きな危険にさらさずに、溺れる子どもを救えるのなら、その人にはそうする義務があると見なされる。このように、新たな情報を手にすると、それまでにはなかった義務を背負わねばならなくなるかもしれない。

共感力豊かなあなたは、火事で燃え盛る家の前に立って、家財のすべてを失った人たちの不幸を気の毒に思っているとしよう。そこへ、一人の少年がやって来て、窓越しにかすかに見える、煙に巻かれ、火炎に進路をはばまれているネコを指さしたとする。ネコを救えば一躍近所の評判になるであろうことは別として、ネコについて何も知らなかったときには、ただじっと立ち尽くしていても、あなたの評判に傷がついたりはしなかった。ところが今やこの少年は、ネコが窮地に陥っている事実をあなたが知っているということを知っている。このような状況下では、あなたには二つの選択肢がある。身の危険を冒してでもネコを救う行動を起こすか、ネコを見殺しにして、自分の評判に傷がつくことを耐え忍ぶかだ。[*] ネコを指さすこの少年は、あなたにとっては何の得にもならない。情報を手にすることは、とりわけ自分が情報を持っている事実が他人に知られた場合には、あなたの選択、および行動がどう評価されるかを変える。というのも、あなたには、今やその情報に基づいて行動する義務があると見なされるからだ。

私たちは研究の題材として、「トロッコ問題」と呼ばれる有名な道徳ジレンマを用いることがよくある。[9] これは次のようなものだ。あなたは跨線橋の上に立っている。すると、暴走するトロッコが今まさに、五人の線路工夫をひき殺そうとしているところが見える。もはや彼らに逃げる余裕はない。彼らのいる位置は、声を張り上げて警告するには遠すぎる。ところで、あなたの隣には、大きなリュックサックを背負った男が立っている。この男を跨線橋から突き落とせば、リュックサックの重みでトロッコの暴走を止め、五人の命を救える。さて、あなたなら、五人を救うためにこの男を跨線橋から突き落とすだろうか?

トロッコ問題には数多くのバリエーションがあるが、いずれにしても、被験者は、男を跨線橋から突き落とすのは間違いだと答えるのが普通だ。[10] 私たちの研究では、男を突き落とすことが道徳的に間違っていると思うかという問いに対し、ほとんど誰も（八七パーセント）がイエスと答えた。興味深いことに、男を突き落とさないことが間違っていると思うかどうかを質問すると、過半数（六二パーセント）が同

[*] この少年を亡き者にするという選択肢もあるが、その場合、別の問題が生じる。

じくイエスと答えた。つまり男を突き落とそうが落とすまいが、あなたは何か道徳的に間違ったことをしたと見なされるのだ。かくして、一人を犠牲にして五人を救えるという知識は、あなたを勝ち目のない状況に追い込む。

法や規則を執行する義務を負うと見なされる人々にとっては、この問題はさらに深刻になる[11]。法に違反した者は罰せられるべきだと、人は一般に考える。この点に疑いはない。だが、回避できる場合でも、人は規則を適用したいと考えるかどうかは、それほど明白ではない。HBO〔アメリカのケーブルテレビ放送局〕のすぐれたテレビドラマ『THE WIRE／ザ・ワイヤー』は、規則の執行者が直面しなければならない問題を巧みに描く。このドラマに描かれている麻薬取締法の問題とは次のようなものだ（ドラッグの問題については第9章でも取り上げる）。あなたは警官だったとする。警官たるあなたが麻薬の取引を目撃し、あなたが目撃しているところを誰かが見ていた場合、法を執行しなければ、その場面を見ていた人は、あなたが自分の義務を果たしていない事実を知る。かくしてあなたは、麻薬取引の取り締まりに四六時中追われ、他のもっと重要な任務に身が入らなくなる。登場人物の一人バニー・コルビンは、飲酒の取り締まりを例にとって、この問題を雄弁に語る。論点がうまく表現されているので、少し長くなるが彼の言葉を引用する。コルビンは、ボルチモア警察署の警官を前にして、無知の効用を次のように講釈する。

昔々、この地区で、市民問題に関して大きなジレンマが生まれました。市議会は、公共の場で、つまり街路や街角で酒類を飲むことを禁じたのです。（……）法は法です。警官はどう対処すればよかったのでしょうか？　そこら中にたむろして風紀を乱しているアル中どもを残らず逮捕していたら、他の仕事ができません。（……）しかも、ちょっと油断していると、警官はすぐに叩かれ罵倒されます。私が警官になる前の話ですが、一九五〇年代、六〇年代には、カットレイトブランド〔おもに米東海岸のバイカーが着る衣料ブランド〕の店から出てきて、買ったばかりの一パイントのニワトコ酒を紙袋に忍ばせながら、街路で飲んでいる頭のいいやつらがいました。そこには一種の秘密協定がありました。そいつらはしわしわの紙袋に忍ばせた酒を何の気兼ねもなく飲め、われわれは気づかなかったことにして他の仕事ができたのです。[12]

コルビンは、同じアイデアを担当地区の麻薬の取り締まりに応用し、麻薬売買人を逮捕しない区域を設定する。人々が気兼ねなく麻薬を取引できる区域を設けることで、他の地区の犯罪発生率は減少し、麻薬常用者にとっては、治療を受けたり、清潔な注射針を入手したりすることがたやすくなる。彼のこのやり方は、やがて上司に見つかって撤廃され、麻薬常習者や市民の生活を向上させたコルビンは罰せられる。

このように、警察官には、犯罪に対して無知でいるほうが、都合がよい場合がある。特定の犯罪に無知でいることにより、それに対処する義務から解放され、法の執行に関して、より効率的な決定を下せるようになるからだ。[*] 親も、このことをよく心得ている。私には子どもがいないので、一般に両親は、

◆

[＊] この戦略が機能するには、自分が無知の状態に置かれていることを他の人々が知っていなければならない。肝心なのは、無知そのものではなく、無知だと認識されることなのである。また、自分の無知を誰かに認識してもらえるかどうかがわからない場合には、意思決定の際、純粋に戦略的な問題として正しい情報のみが役立つ、フロッガーの世界に戻らざるを得ない。

いちいち監督するのが面倒な、自分の子どもの小さな過誤をわざと見ないようにしているのかどうかについて確かなことは言えないが、私の両親の振る舞いを思い起こしてみれば、そう言えると思う。[*] あるいは次のようにも言える。教師である私は、講義中に堂々とゲームをしている人よりは、こっそりクロスワードパズルを解いている人を好む。堂々とゲームをしている人を放っておくと、そのたびに私の教師としての権威が地に落ちていくからだ。注意したらしたで、怒りっぽい教師という悪評が立つことは避けられない。だから私は、その手の学生にはまったく気づいていないふりをしている。

要するに、無知から効用が得られる理由は、誰かを罰するべきか無視するべきかという、代価の大きな二つの行為のあいだの選択が迫られる状況へと追いやる情報を、責任者たるあなたが知っている事実に誰かが気づくと、あなたにコストが生じるからだ。私たちは、人々がこの点をよく心得ていることを実験によって見出すことができた。経済ゲームで意地悪く振る舞ったプレイヤーを罰する機会を与えると、被験者は、罰した事実が誰にもわからない条件のもとでは、誰かを罰しようとはあまりしなくなった。つまり、匿名性の覆いのもとでは、被験者は誰かを罰するのを避けようとするのだ。[13]

アメリカ陸軍では、無知が制度化されている。いわゆる「聞くな、言うな」政策は〔本書刊行後の二〇一一年に撤回されている〕、軍に所属する資格をはく奪する結果になる、自分の性的嗜好に関する情報を漏らさないよう勧告する。「聞くな」の部分では、上官が部下の性的傾向を問い、後者を除隊に至らしめる情報を取得することが禁じられている点に留意されたい。

テレビドラマの例では、『となりのサインフェルド』の最終話があげられる。このエピソードでは、四人の主要登場人物が、カージャックを目撃するだけでなく、そのシーンを撮影し、実況さえする。四人はやがて逮捕され、苦難に陥った人を助けなければならないとする「救助する義務」法を侵犯したとして訴えられる。(法的な詳細は述べない。これはときに「善きサマリア人」法として言及されるが、この法は実際には、誰かを助けようとした人を保護するものであることをつけ加えておく〔「善きサマリア人」は新約聖書、ルカの福音書の挿話。強盗に襲われた人が道に倒れていたが、通りかかった祭司やレビ人は助けずに通り過ぎる。しかしサマリア人はその人を助け、介護に必要な費用まで出す〕)。

私たちの持つモジュールが、自分に有利な状況を作るべく設計されているのなら、そのいくつかは、あるいはおそらくその多くは、情報の入手を戦略的に回避するものと考えられる。人類が進化した環境のもとでは、特定のものごとを自分が発見するところを誰かに見られることが、自分の不利になる場合もあるはずであり、したがってモジュールには、ある種の発見をしないよう私たちを導くものもあると見なすべきであろう。

無知や事実の誤認(「家のなかにネコがいたんだって? 知らなかった」)は、正しい情報を持っていたときのほうが持っていなかったときより自分に不利になるケースで、もっともうまく機能する。つまり、自分が正確な知識を持っている事実を他人に知られると不利になる場合において、もっとも効率的に機能する。そう、ここで私が言いたいのは、「私たちは無知たるべく設計されている」ということだ。この設計は、他人の目のゆえに無知が戦略的に有利に働く状況に置かれると露わになる。些細な知識を得ることが、私たちを窮地に追い込むケースはいくらでもある。

[*] 私は子どもの頃、悪いことをしてもうまく言い逃れることが多かった。だからこれは、私の両親に対する不満ではなく謝罪の意を表す。

無知は至福をもたらすか？

戦略的な無知の一つに、否認の見せかけ（plausible deniability）がある。性感染症の検査を考えてみよう。自分が性感染症に罹患しているという情報は、治療を受けるようその人を動機づける。性感染症の治療は健康の維持に重要である点に鑑みれば、罹患の可能性を心配している人は、必ず検査を受けるはずだと思われるかもしれない。しかし、多数のモジュールから構成される脳にとって（前述のとおり、モジュールのなかには、戦略的な無知を装うよう設計されているものもある）、最高の健康状態を保つことが唯一の目標であるとは限らない。

たとえば、次のような選好を持つ人はいるはずだ。[*]

（1）何人ものセックスパートナーを持ちたい。

（2）罹患の事実を知りつつパートナーの命を危険にさらしたと（正当に）非難される可能性を避けたい。[14]

（3）「セックスによってパートナーの命を危険にさらす」と結論づけられるような情報が得られる可能性のある検査を受けなかったことを、（正当に）非難されても構わない。

これらの選好を持つ人は、性感染症の検査を受けようとはしないだろう。というのも、検査の結果が陽性であると判明した場合、それを知りつつ他人の健康を危険にさらしたと非難されないためには、その人はセックスパートナーなしで済ませなければならないからだ。

（3）は奇妙に思えるかもしれない。そのような情報の入手に必要な金銭的、時間的コストは、他人の命を危険にさらすことのコストに比べれば小さなものだからだ。他人の命を危険にさらさずに済む、安価で簡単な予防手段をとらないことを非難されても構わないと思う人がいるのはなぜだろう？　いい質問だが、ここではそれには答えない。[15]

どのモジュールが無知のために設計されているのかを、どうやって突きとめられるのだろうか？　『銀河ヒッチハイク・ガイド』シリーズ（ダグラス・アダムズ著）の「宇宙の果てのレストラン」というエピソードで、主人公は、「ジョー・ジャンタ200危険探知変色スーパーサングラス」なる、危険が迫るとレンズが黒くなるサングラスをかけている。そのため、ほんとうは危機的状況に置かれていても、その事実を知らずに安穏としていられる。このエピソードが滑稽なのは、差し迫る危険の対策として無知はまったく役に立たないからだ。[**] フロッガーと同様、主人公は自然法則を相手にしているのであって、人間はまったく関わっていない。そのような状況下で、無知が有用であるはずはない。自分の義務を履行しようとしない人物の非難に誰もが熱中しようとするのは、それが人間に対する人間の評価だからであり、とりわけ人間には自分の選好に従って他人を評価しようとする傾向があるからである。それに対し、社会的な利害が関わっていない場合には、無知は一般に悪い結果をもたらす。

フロッガーのプレイ中にジョー・ジャンタ200サングラスをかけても、何の役にも立たない。すぐにゲームオーバーになるだけだ。では、それをかけてジェイソン・ダナの実験に参加したらどうだろう？

◆

[＊]　のちの章で、人間は選好を持つと考えるべきではないことを示す。したがって、この言い方は、その主張と矛盾することになる。ただしここでは、選好という概念を用いると論点がわかりやすくなるので、あえてそのような言い方をした。

[＊＊]　砂のなかに頭をうずめるダチョウの話は作り話である。そのはずだ。ライオンが近寄ってくるとき、砂に頭を突っ込むダチョウと、逃げ出すダチョウがいたとする。後者のダチョウは、しばらくは恐ろしくて震えていることだろう。だが、それでも逃げおおせられる可能性はある。それに対し、砂に頭を突っ込むダチョウは、ひとときの平和を感じることはあっても、迫り来る危機を無視していては、同じ行為に及ぶ子孫を多くは残せない。

相手がもらえる金額が表示される前にレンズが黒くなれば、あなたは何の気兼ねもなく六ドルを選択できるだろう。レンズが黒くなるところが皆の目に入りさえすれば、あとで誰もあなたを非難できないのだから。

このように、無知は、その事実が誰の目にも明らかなときにもっとも有用になる。

価値があることの価値

ここまでの議論を振り返ってみよう。人間は、ある種の情報を獲得しないよう設計されたモジュールを持つ。そう考えられる理由は、「情報を入手するのにコストがかかりすぎる」「ある種の情報の入手は、高くつく」「ある種の情報の入手は、当人を、履行しないと社会的評判を落とすような義務を負っていると見なされる立場に置く」からだ。

これらの議論は、比較的単純だ。だが、ここからの議論は、モジュール性の概念と報道官モデルに大きく依存し、いくつかの前提を理解することが必要になる。結論を先取りすると、報道官モジュールは、たとえ他のモジュールが矛盾する情報を持ち、のみならずそちらのほうがより正確であったとしても、特定の目的に役立つ情報を維持するよう設計されている。つまり、モジュールのなかには、他のモジュールが間違いと「知っている」情報をも含め、偏った偽りの情報を系統的に取得するよう設計されているものもあるということだ。『ザ・ホワイトハウス』の例で言えば、これは、C・J・クレッグが、大統領が自分にうそをついてほしいと思っていることに相当する。

このような主張をするからには、よほど説得的な議論が必要なのは確かだ。以下にそれを提示しよう。

次にあげる前提を否定する人は、おそらくあまりいないはずだ。人類は、他のほとんどの生物と比べて、信じられないほど社会的である。ナナフシを例にとると、その適応度は、捕食者の回避に役立つ、棒切れ状の形態の精巧さなどの非社会的な条件に大きく依存する。交尾をして子孫を残さなければならないため、社会的な条件もないわけではないが、ナナフシの設計のほとんどは、非社会的な適応課題を解決するためのものと見なせる。

しかし、人間は違う。人間の成功にも、略奪の回避や、食料の調達などが関係することに間違いはない。しかしそれとともに、人間の成功は、いかにうまく社会生活を営めるかにも強く関係する。実際、（身体との相対的なサイズにおいて）人間の脳がなぜかくも大きいのかをめぐって現在繰り広げられている議論では、そのプロセスを促す主たる要因は、社会的な競争だとされている。[16] 友好関係や協力関係を形成する能力は、人類の進化の歴史において、繁殖の成功に大きな役割を果たしてきたに違いない。

社会生活の重要性を示す興味深い証拠は、苦痛や快《かい》の感覚にも見出せる。端的に言えば、苦痛は、何か悪いことが起こっていると、また快は、自分がなすべきことを行なっていると本人に告知するための、進化の過程で形成された手段なのだ。[*]

そして進化は、社会的に振る舞うよう私たちに要請する。ここ数十年の発見によれば、一人で暮らしている人は身体や心の病気にかかりやすく、[17] 安定した社会関係を結べないと健康にマイナスの影響が及ぶ。[18] またその逆に、有益な社会関係を結ぶことと、満足感などのポジティブな感情のあいだには強い相関関係が存在する。[19]

実験でも、同じ結果が得られている。心理学者のキップ・ウィリアムズは、社会心理学のよき伝統に

[*] 実際は、事情はもっと複雑だが。

従って、すでに実験は始まっているのに、被験者には待機中だと思わせる、巧妙な心理実験を行なっている。被験者の待機する部屋には、二人のサクラ（実際には実験アシスタント）がいて、そのうちの一人が、部屋に置かれているボールを拾い、キャッチボールを始める。被験者は、何度かボールが回されたあとで無視される。（ちなみにのちのバージョンでは、コンピューターが用いられ、被験者はネットワーク上でキャッチボールゲームをプレイし、やがてそれこそほぼ完全《バーチャリー》に無視される）。その結果、このような些細なことでも、無視された被験者は、非常に強い苦痛、怒り、悲しみを感じたと報告している。ウィリアムズはこれらの研究について、「社会的な苦境、とりわけ一種の村八分の状況に置かれた被験者の苦痛のレベルは、（……）慢性的な背中の痛みや、出産にさえ匹敵する」と述べている。[20] ということは、相当な苦痛になるようだ。

この実験からもわかるとおり、人間は極端に社会的な存在であり、また、私たちの生存や「繁殖」は、いかにうまく社会生活を営めるかによってかなりの影響を受ける。ならば、私たちの心は、社会生活で恩恵を得るために、たとえばよき配偶者や友人の獲得を、あるいはエリート集団への帰属を目指して、激しく、あるいはときに巧妙に他人と競い合うべく設計されているものと考えられる。これらの競争は、人類の進化の過程を通して、繁殖成功度に多大な影響を及ぼしてきたことに間違いはない。

場合によっては、競争の意義は比較的簡単に理解できる。たとえば、質の高い配偶者の獲得は、そうでない配偶者の獲得に比べて有益であることは明らかだ。事実、心理学者のジョフリー・ミラーに至っては、よき配偶者を得ることの重要性は非常に大きいので、「進化の過程で、ばかばかしいほど大きな人間の脳の進化を導いたのは、配偶者を求める競争であった」とさえ示唆する。ミラーにとっては、脳は、クジャクの羽のようなもので、よき配偶者を求めて互いに競争する際に役立つ、さまざまな離れ業

（たとえばスポーツ競技で優勝する、すばらしい詩を作る、脳に関する本を書くなど）を演じられるようにする一種の宣伝機関なのだ。[21]

社会生活における競争には、友人の獲得をめぐる競争など、それほど様相が明確ではないものもある。例によって、この件に関しても、もっともすぐれた例は、人間の社会的行動を日夜注意深く調査分析しているはずの科学者の研究にではなく、テレビドラマに見出せる。次のセリフを読んで、状況を推測できるだろうか？

ぼくがきみに与えるもの、つまりきみと共有するものは、他の誰にも与えない。きみもそうであってほしい。

このセリフは、テレビドラマ『ボストン・リーガル』で、ウィリアム・シャトナー扮するデニー・クレインが、別の男と親密な（とはいえプラトニックな）会話を交わす親友のアラン・ショア（ジェームズ・スペイダー）を「つかまえて」発する言葉だ。デニーは以下のように続ける。

きみには滑稽《こっけい》に聞こえるかもしれない。だが、ぼくにとって滑稽なのは、誠実さや嫉妬が恋愛にしかあてはまらないという考えだ。ぼくはいつも、きみとあの男のあいだには何かつながりがあるのではないかと思っていた。きみは、ぼくからは得られない何かをあの男から得ているんだとね。

するとアラン・ショアは、「デニー、ぼくはきみが好きだよ。きみはぼくの親友だ。きみなしで生きていくことなど想像もできない」と言ってデニーを安心させようとする。それに対してデニーは、「ぼくの家のバルコニーで、（……）いやどんなバルコニーであろうと、きみはあの男と二人でいてほしくはない」と答える（バルコニーとは、各エピソードの結末で、デニーとアランが二人の絆を確認し合う特別な場所のことである）。

思うに、友人間の嫉妬の重要性は、一般に過小評価されている。発達心理学の分野に、それに関するいくつかの研究があるが、それらはいずれも、大人とは違って、友だちに、自分にとってその子が何番目の仲よしかを、通常は喜んで教えようとする幼い子どもを対象に行なわれたものだ。それに対して、大人はより用心深く、普通はその種の情報を誰かに喜んで教えたりはしない。[22]

とはいえ、一般的な見方はとても単純だ。それは次のようなものである。無二の親友はただ一人しかいない。したがって、親友は貴重な資源だ。誰かの親友であることにも価値がある。親友は、差し迫った必要が生じたときに私を助けてくれる。より重要なことに、私が誰かの親友なら、その誰かは、社会生活を送るうえで必然的に生じるあらゆる対立の場面で、必ずや私の肩を持ってくれるはずだ。[23]

多くの人々が自分を親友の一人と見なしているのなら、そのことは、私たちのような社会的な動物にとって、もっとも貴重な資源の一つになる。ならば、自分をとりわけ貴重な存在に見せるべく設計された種々のモジュールを人間が備えていないとしたら、それこそ奇妙だ。人は友人の手助けをしたことや、もちろん新たな友人ができたことに満足を感じる。

また、人はグループの一員になりたがる。グループのなかには、大学の男子学生社交クラブ《フラタニティ》や女子学生社交クラブ《ソロリティ》など、注意深くメンバーを選んで、あからさまに排他的な活動を行なうものもある。確固とした組織構造を持たないにもかかわらず、重要な機能を果たすグループもある。ティーンエイジャーが排他的なグループに所属しようとして奮闘するところを描いた映画はたくさんあるが、それらを見ていると、社会生活ではエリート集団の一員たることがいかに重要になり得るかがわかる。

より一般的には次のように言える。私たちの行動の多くは、仲間として自分が貴重な存在である点が強調されるよう調整されている。また、知識、技術、資源の獲得を目指す私たちの努力の少なくとも一部は、社会的な価値の獲得に向けられている。そして社会生活のあらゆる側面で、自分と同じくらい、他人に好かれ、愛され、称賛され、必要とされたいと思っている人々と競わねばならない。

自分が貴重な存在であると他人を説得することはきわめて重要であり、決定的に重要な人間の適応課題であるとすら言える。[*] したがって、私たちの脳は、自分が他人にとって貴重な存在になるべく、また、それと同時に自分の価値を他人にはっきりと示すべく設計されていると考えることは、理にかなう。[24] 他人にとっての自分の価値は、富、技術、能力、社会的なコネ、知性など、さまざまな要素から成り立つが、とりわけ重要なのは健康だ。

人間の一生は長い。実際、身体の大きさに比して、私たちは驚くほど長く生きられる。ここで私が言いたいのは、配偶者、友人、協力者としての自分の価値は、生きて他人に何らかの恩恵を与えられるという、もっとも基本的な条件に少なからず依存するということである。

人間同士の関係のほとんどにおいては、程度は別として、長期にわたり互いのあいだでモノやサービ

[*] 伝説のトナカイにとっても事情は同じだ。哀れなルドルフは、彼の輝く赤鼻が何かの役に立つことが判明するまで、誰にも好かれなかった。遊び仲間にさえ、入れてもらえなかった。すべてのトナカイが彼を愛するようになるのは、ソリを引くサンタがやってきてからのことだ。

スが交換される。私が旅行に出かけているあいだ、あなたはわが家の庭に水を撒き、私は、旅行から帰ってきたら、あなたの家のベビーシッターを務める。人々が恩恵を与え合うこの種の交換は、現在に至る人類の形成の過程で中心的な役割を果たしてきたと考える人もいる。

交換の恩恵を得るにあたって重要なのは、当事者が生きていることだ。私が旅行に出かけているあいだ、あなたはわが家の庭に水を撒いてくれたのに、旅行から帰ってきた直後に私が死んでしまえば、あなたの投資は無駄になる。このため、他の条件が同じなら、私には見込みがあると他人によって信じられることは重要なのだ。ここまでの議論の流れから十分に予想されるように、その際、実際に私に見込みがあるか否かは関係ない。このことは、今後の議論においても、基本的なポイントになる。

ここまで私は、「人間にとっては社会性が重要である」「社会は競争で満ちている」「社会における個人の価値は、さまざまな要素によって決まる」「そのなかでも重要な要素の一つは、いかに長く有用な活動が続けられるかである」と述べた。

とはいえ、もっとも基本的なレベルでも、社会は複雑であり、さまざまな問題が生じる。どうやってよき配偶者を探せばよいのか？　誰が忠実で、思いやりがあり、寛大なのかをいかに判断すればよいのか？　他人の知性をいかに測れるのか？　そもそも知性とは何か？　それは博士号を持っていることなのか、それともキャブレターを調整できることなのか？（キャブレターが調整できるものなのかどうかは、私にはよくわからない。ただ言ってみただけである）

したがって、配偶者、友人、グループメンバーになる際には、激しい競争が待ち受けている一方、誰がよき配偶者、友人、グループメンバーになり得るのかを判断することは、非常にむずかしい。各人は各様であり、どんな特徴が重要かを知ることは容易ではない。また、個々の特徴に関して人を評価することも困難だ。大学進学適性試験（ＳＡＴ）のスコアや、「忠誠指数」が顔に書かれていたりはしない。

とはいえ、人の評価は不可能だと言いたいのではない。明らかに私たちは、言動や行動から、その人の性格について多くを知ることができる。もちろん、グーグルの時代である現在では、客観的な情報や、第三者の提供する情報を、いくらでも入手できる。しかし、人類の進化の過程では、他人を評価する際に動員できる情報の大部分は、人々が何を言い、何をしたかに関する情報によって占められていた。[25]

事実、私たちは驚くほど短い時間で、他人について多くを学ぶ。「シン・スライシング」と呼ばれる心理学の用語は、通常は三〇秒から五分程度の短時間の観察によって得られた、わずかな情報から他人を判断する人間の能力を指す。外向性、パーソナリティー、知性など、さまざまな人間の特徴に関する判断が調査されているが、その結果、人は一般に、それらの判断に非常に長けており、三〇秒でも五分でも同程度に適切な判断を下せることが判明している。基本的に、情報が少ないほうが結果はよいらしい。このテーマに関する論文で、二人の著名な研究者は、「調査の結果は、情報量が多ければ多いほど判断が正確になると見なす常識を支持しない。余分な情報は、不必要か、または逆効果にさえなり得る」と述べている。[26] この結論は、マルコム・グラッドウェルの著書『第1感──「最初の2秒」の「なんとなく」が正しい』の論点のいくつかを先取りする。

人は他人について短時間で多くを学べるという点に関連して言うと、私は、かつてカップリングパーティー［結婚や交際を希望する男女が一堂に会してカップル成立を目指すパーティー］の研究を行なったときに、この手のパーティーでは、誰がもっとも望ましいパートナーかに関して参加者の見解が一致しているらしいことを知った。特に驚くべきことではないが、それは外見による判断に基づくようだ。[27]

心の内を暴露する

人々は他人を言葉や行動で評価し、言葉や行動は種々のモジュールによって生み出される。これが本節の要点である。また、種々のモジュールによって生み出される私たちの行動は、自分に向けられた他人の判断に影響を及ぼす。これらの考えは、「他人に影響を及ぼす言葉や行動を生み出すモジュールは、自分の特徴や能力をできるだけよく見せるよう設計されている」ことを示唆する。私たちの話し方や、行動様式は、「心の内を暴露する」ものと見なし得る。一連の表象によって生み出された行動は、まさにそれらの表象に関する判断を可能にする。この意味で、言葉と行動は、私たちの脳で何が起こっているかに関して、外的な証拠を提供する。

この点をうまく敷衍《ふえん》した映画を紹介しよう。『キャッチ・ミー・イフ・ユー・キャン』(米・二〇〇二年)で、主人公の詐欺師フランク・アバグネイル・ジュニアは、さまざまな詐欺を働くが、その成功は、特定の役割を演ずる際の自らの演技力への自信に基づく。たとえば、医師に扮する際には、自分が実際に医師であるかのように振る舞う。一般には、また今日より過去の時代により適切にあてはまることだが、ある人物に関する最良の情報源は、その人自身だ。うまくドクターのごとく振る舞えれば、それが何を意味するにせよ〔著者は、「doctor」を医師と博士号取得者の両方の意味にかけている〕、ドクターのようだと、あるいはまさにドクターだとさえ他人に見なされるだろう。(医師の資格を必要とするドクターの場合には[*]、ことはそれほど単純ではない。だからアバグネイルの事例がとても興味深いのだ)。

だが、他の特徴はどうだろう？　たとえば、もっと抽象的な例として、よき友人、よき恋人について考えてみよう。友人や恋人としての価値を測定する「真の」基準などない。医師であれば、医学の学位がそれに該当するが、人々が社会生活のなかで演じる一般的な役割に関しては、そのような資格は存在しない。社会生活の競争的な性格からすると、報道官モジュールは、本人の価値、履歴、将来に関して、いっともポジティブかつ妥当と見なし得るメッセージを発する行動をとらせるよう設計されているはずだ。

もっともポジティブで妥当と見なし得るメッセージ、と私は言った。ライオンと一緒に檻《おり》に放り込まれたときに、偉大なライオン使いのごとく振る舞っても、何の得もない。心理学者のロイ・バウマイスターが指摘するとおり、「自己の提示は、(……)好ましさともっともらしさのあいだの妥協の産物である[28]」。

したがって、自分には数多くの長所があると他人を説得するためには、それらの長所の表象を心に抱いていたほうがよい。というのも、自分はほんとうにすぐれているかのように振る舞うことで、実際にそうであると他人に思い込ませることができるからだ。そのため人は、できるだけ自分をよく見せるよう振る舞うのである。

もちろん、心の働きによっては引き起こせないものごともある。背の低い人が、「自分の身長は、一八〇センチメートルはある」と思い込んだところで、実際の身長が一五〇センチメートルである事実に、他人が気づきにくくなったりはしない。しかし、議論の余地のある、あるいは少なくとも測定が困難な特徴は多々ある。心に表象を持つことは、たとえそれが「正確」ではなかったとしても、他人の行動を変えられる。あたかもXは真であるかのごとく振る舞えば、それを見た人も「Xは真だ」と信じるようになるかもしれない。

[＊] ここでは、博士号を取得しながら薬剤を処方する能力を持たない、私のような「ドクター」を除外している。

要は、こういうことだ。報道官のごとく機能し、他人に語りかける役割を持つモジュールが存在するという考えに戻ろう。また、社会的なやり取りのなかで、とりわけ中心的な役割を果たすモジュールがあるとする。さらには、他人によるあなたの評価は、あなたがとる行動に基づいてなされ、あなたの行動は、これらのモジュールが保持する信念によって引き起こされるものとする。ならば、これらのモジュールが持っていれば有利に働くような、ある種の信念が存在するはずだ。ことに、社会から得られるはずの恩恵の入手を妨げる事象については、間違って表象するか、おそらくはまったく知らないほうが、自分にとって有利になる。

一例をあげよう。前述のとおり、あなたはすぐには死なないと他の人たちが考えることには大きな意味がある。死に瀕している人に時間とエネルギーを注ぎ込めば、それは無駄な投資になる。死んだ人間は、お返しをしてくれないからだ。心のモジュールには、このことが反映されていると考えてもよいのではないか。実は、そう言える証拠がある。私たちは、致命的な病気や、不治の病気にかかっているか否かを判定する精密検査を受けたがらない。[29] クロだと判明すればふさぎ込むしかないような、何の利益もない情報を、どうして知りたいと思うのか。[30]

さらに言えば、自身を貴重な社会的パートナー（配偶者、友人、グループメンバー）に変えてくれる信念を持つことは、たとえそれが間違っていたとしても有益である。[31] 自然選択は、（繁殖に関して）利益をもたらす特徴を優先することを思い出そう。真の表象は、もちろん利益をもたらす場合も多々あるが、つねにではない。システムにとって間違っていることが有益であり得るのなら、系統的に偏向したモジュールが形成されても、何らおかしくはない。[32]

この考えは、社会学者のロバート・K・マートンが、『社会理論と社会構造』で提起している自己充足的予言（self-fulfilling prophecy）という概念とそれほど変わらない。[33] 彼のあげる例を紹介しよう。破産の恐れがあるとうわさされる銀行があったとする。そのうわさを聞いた預金者は、当然ながら自分の預金を引き出そうとし、それによって取り付け騒ぎが起こる。それを知った他の預金者も同じことをしようとする。こうして、場合によっては、その銀行はほんとうにつぶれてしまう。このように、ちょっとした経営不振のうわさだけでも、銀行が倒産する可能性はある。

心理学のあまたの概念に言えることだが、最初に自己充足的予言について考えたのは、どうやらウィリアム・ジェイムズらしい。[34] 彼は『信ずる意志』で次のように書いている。

いったい何人の女性が、「私を愛さねばならない」と執拗に迫る、自信にあふれた男性に征服されたことだろう。「あなたは愛するに値しない」などと言ったところで、その手合いの男は耳を傾けないだろう。ここでは、ある種の真実に対する欲望が、特定の真実を生んでいるのだ。同じことは、他のさまざまなケースにもあてはまる。昇進、利益、任命を手にするまでは、自分の力は必ずや及ぶと信じ、他の一切合財を犠牲にし、いかなるリスクも負う覚悟でいる人、そして生涯を費やしてそれらを実現することが重要な目標だと信じている人以外に、誰が実際にそれらを手にできるというのか？　彼の信念は、一つの主張として彼の上司に働きかけ、自らを証明するものとして機能するのだ。[35]

つまり愛は、銀行の取り付け騒ぎと同様、自己充足的予言なのだ。[36]

もちろん、真実を知ることが最善の方策であるような問題も数多く存在する。空腹のときに、「数キロメートル先には熟した木の実がなっているはずだ」などと妄想したところで、何の役にも立たない。また、客観的な真実が存在しない問題や、社会的な影響のゆえに、真実を知っても無益な問題もある。

もっとも興味深いのは、「真実」と「真実」ではない情報の両方を知っていると有益なケースがあることだ。すぐれたライオン使いに見られると、自分にとって都合がよい状況があったとしよう。そのようなケースでは、「自分はすぐれたライオン使いである」という表象を心に抱いていれば、たとえそれが事実ではなくても、それに伴う何らかの恩恵を受けられる可能性がある。なお、私はそう述べることで、うそをつくことを奨励しているわけではない。うそは、それとは別の問題だ。[37] とはいえ次のようにも言える。飼いならすべきライオンがどこにもいないにもかかわらず、「自分はすぐれたライオン使いである」という表象を、いかなる状況のもとでも保持し続けるモジュールがあったとする。その場合あなたは、何かが起こるたびに、「真の」表象を持つモジュールに「取って代わって」もらいたいと思うことだろう。

クリストファー・コロンブスは、この考えをうまく活用していたらしい。異論はあるようだが、彼は新世界に向けての最初の航海で、ヨーロッパからの航海距離の見積もりに関して二つの数値を使っていた。一つは部下に示すための数値で、彼らの不安を和らげるためにわざと過小に見積もられていた。もう一つは最善の見積もりで、彼はこちらの数値を航海に用いていた。

要するに、自分の特徴や能力に関して、一連の「宣伝用」の表象を、言い換えると妥当と見なし得る範囲でもっとも自分に有利に作用する情報を保ち、不利な状況をもたらし得る表象については、必要なとき以外には「隔離しておく」ことができるのなら、それは、可能な解決方法のなかでも、もっともすぐれたものだと言える。[38]

私の考えでは、私たちはまさしくこのような解決方法が有効な世界で生きている。これについては次章で詳しく検討する。

間違ったままうまくやっていく

最初に少し寄り道をしよう。人々が抱くもっともみごとな誤謬《ごびゅう》の一つは、超自然的なものへの信念である。これについてはこれまでさんざん論じられてきたこともあり、誤解を招かないよう、最初にいくつかお断わりを述べておく。

第一に私は、宗教や超自然的なものへの信念〔以下超自然信仰と訳す〕を科学の対象として考えている。したがって、自分にとって重要な信念を誰かが否定することに我慢がならない読者は、この節を読み飛ばしても構わない。

第二に、ここで私が論じているのは、超自然信仰についてであり、組織宗教、とりわけ特定の組織宗教についてではない。なお、ここで言う「超自然的なもの」とは、自然法則によっては説明できないすべての事象を指す。

第三に、ここでは前提として、いかなる超自然信仰も誤りだと考える。読者の怒りを買う前につけ加えておくと、リチャード・ドーキンスが指摘するように[39]、特定の宗教的な信念とは独立したものとしてこの前提を捉えるようにしてほしい。超自然信仰は古今東西あまたあるが、ほとんどの人は、そのなかのいくつか、すなわちごくわずかな部分を信じているにすぎない。その多さは、ギリシャの神々、さまざまな動物や植物に宿る霊魂、雨乞いのダンスの効果など、これまで信じられてきた超自然的な存在や現象を数え上げてみればよくわかる。

あなたは、自分がどんな超自然信仰を抱いていようが、それらのほとんどすべてが、とりわけ互いに矛盾するがゆえに、誤りだと思っているはずだ[40]。たとえば、人は一神教徒であると同時に多神教徒であることはできない。おそらくあなたは、異国でいかなる超自然信仰に遭遇しても、たいがいそれを誤りとして否定するだろう。

つまり、私がここで提起する議論は、きわめて常識的なものだ。私たちは、他の誰もが間違っていると考え、自分のものを除くほとんどあらゆる超自然信仰を否定する。私の見解がそれと異なるのは、「あらゆる事象は自然法則によって説明可能なので、超自然信仰は誤りだ」と考えている点においてである。超自然信仰は誤りであるとする見方と、私たちの心は自分に役立つ信念を獲得すべく進化したとする見方を考え合わせると、なぜ人間の脳は、確実に誤っている信念を形成しようとするシステムを持つのかという問いに行き着く。この意味でも、超自然信仰は奇妙だ。それらはまったく誤りであるばかりでなく、貴重な時間を儀式に費やす、所有物を破壊する、珍妙な帽子をかぶるなど、第三者の立場からは奇妙に見えるあらゆる種類の行動を、これまで人類にとらせてきたのだから。

多くの人々がこの謎に答えようとしてきた。それについて関心がある人は、パスカル・ボイヤー著『神はなぜいるのか?』を推薦する[41]。いずれにしても、ここでこの問いに答えることはしないが[42]、超自然信仰ということになると、誤った信念より正しい信念を抱くほうが、とりわけ大きなコストがかかる場合があり得るという点を指摘しておきたい。周囲の人々、それもとりわけ権力者が持つものとは異なる超自然信仰を抱くことは、非常に危険であり得る。また、広く浸透していない超自然信仰を抱くことは、種々の不快な結果を招き得る。スティーブン・ピンカーが指摘するように、「人は、その人が抱く信念によって支持されもすれば非難されもする。したがって、心の機能の一つは、真である可能性がもっとも高い信念より、もっとも多くの協力者、保護者、信奉者をもたらしてくれる信念を形成することだと考えられる」[43]。

異端審問などのもっとも極端なケースでは、誤った（すなわち、そのときその場所で正当と見なされていない）超自然信仰を抱くことは死に直結した。ジョルダーノ・ブルーノは、異端審問の時代におけるもっともよく知られた犠牲者の一人だ。少なくともいくつかの資料では、彼は、全質変化〔パンとぶどう酒がキリストの体に変化すること〕の教義に関して、当時のローマカトリック教会の権威者に異を唱えたために、火刑に処されたとされている[44]。この例は、いかに特別な場所であろうが、日曜日にパンが人の肉に変化したりはしないという正しい考えが、時代と場所によっては危険なものになり得ることを示している。

類似の例は、歴史の本をひもとけばいくらでも見つかる。たとえば、どの超自然信仰が誰に支持されているのかが、何百年ものあいだヨーロッパにおける戦争の主要な原因になっていた。また、発生の原因の一端を、当事者間での超自然信仰の相違に帰せられる戦争は、現代でも起こっている。

個人に関して言えば、誤った超自然信仰を抱くことには、あるいは超自然信仰をまったく抱かないことには大きなコストが伴う。たとえば、どうやら私は大統領に立候補してもまったく無駄のようだ。というのも、調査によれば、アメリカ人のおよそ六〇パーセントは、無神論者には投票しないからである[45]。

政治的な野心を抱いていない人にとっても、適切な超自然信仰を持っているか否かは、自分の将来を左右し得る。すべてではないとしても多くの社会は、超自然信仰を核として成り立っている。そのため、そのすべてを、あるいは一部でも否定しようとする人には、何らかの形態の社会的な排除や迫害を受ける危険がつきまとう。詳細は時代と場所によって大きく異なり得るが、概して、超自然信仰を受け入れることによって得られる社会的な利益は、きわめて大きい。

これが、機能的な観点から見て、間違うことが非常に有利な結果をもたらす、一つのあり方である。

次章では、それ以外のあり方を検討する。

第6章

心理的なプロパガンダ

Why

■二タイプの「自己欺瞞」のうちの一方を検討する。「戦略的誤認」はときに有効な手段になる。戦略的誤認とは、自分の不正確な信念を他人も信じれば、自分に戦略的な恩恵がもたらされるような様態でものごとを誤認することをいう。戦略的誤認は、ものごとをコントロールする自分の能力に対する過信から、科学の営みに至るまで人間社会にあまねく浸透している。科学においては、他人の考えを戦略的に誤認することは、自分の考えが実際より新しいものだと説得的に主張できるようにする。■

モジュール性の概念は、「ただ一つの統合化された〈自己〉は存在しない」「どこかに〈真のあなた〉が存在するわけではない」ことを示唆する。「いや存在するはずだ」という直観は、さまざまな目的にとって都合がよいのかもしれないが、モジュール理論の観点からすれば間違っている。[1]

だから？

だから、モジュール性の概念は、それがなければ謎に思える現象を理解しやすくする。いくつかの例をあげるが、本章ではまず、心理学や哲学ではおなじみの「自己欺瞞」を取り上げる。シェリー・テイラーが指摘するとおり、この問題は、「いつのときにも、〈人はいかにして、情報を知ると同時に知らないでいられるのか？〉という逆説《パラドックス》によって、哲学者の頭を悩ませてきた[2]」。

そう、人はいかにして、情報を知ると同時に知らないでいられるのだろうか？[3]

モジュール性の概念なくして、この問いに答えることはできない。誰もがときに、「人は自分を欺くことがある」と考えるはずだが、それはいったい何を意味するのか？　欺瞞は、だます何か（通常は誰か）と、だまされる何かを必要とする。そう誰もが感じているはずだ。要するに、誇り高き他動詞の一員たる「だます」は、主語と目的語を必要とする。ならば自己欺瞞とは、いったい何が何をだますことなのかが問われねばならない。心が心をだますのか？　そんなことがどうして可能なのか？　まさに逆説だ。

実を言えば、「自己欺瞞」とは、二つの異なる現象を合わせたものであり、私たちは、それを一つのものとして見ている。これから、それらを一つずつ検討する。本章ではその一つを取り上げる。こちらの現象は説明しにくいところがあるが、内容自体はごく単純なものだ。まず私自身を例にとろう。この種の自己欺瞞は、個人であろうが、グループであろうが、当事者を愚かに見せる。またそれは、いかに人それぞれが自分の特徴や能力を過大評価しているかを示す格好の例であり、自戒を込めて私自身をダシにすることにした。

私は自分がすぐれた教師だと信じている。少なくとも平均以下だとは思っていない。どうやら私の同僚の多くも、教師としての技量に関して同様な思いを抱いているらしい。K・パトリシア・クロスは、よく引用される論文で、「大学教授は、独善的な自己満足とも呼べる態度を示す。驚くべきことに、その九四パーセントが、自己を平均以上の教師であると、また六八パーセントが、教師としての優秀さにおいて自分が上位四分の一以内にランクされると考えている」と述べる。[4]

明らかに九四パーセントの教師が平均以上であるはずはないので、彼らの多く（たぶん私もそれに含まれるのだろう）は、誤った信念を抱いていることになる。

この種の効果は、一般には「レイク・ウォビゴン効果」と呼ばれており、教師のうぬぼれはその一例だ。ちなみに、レイク・ウォビゴンとは、ギャリソン・ケイラーの小説に登場する架空の町の名で、この町では「すべての女性が強く、すべての男性がハンサムで、すべての子どもが平均以上である」とされている。類似の効果は、公正さなどの性格特徴や、運転などの能力に関しても見出されている。[5]「すぐれたドライバー」「すぐれた教師」という自己評価に関して、各人が各様の基準を適用しているのなら、レイク・ウォビゴン効果はさほど奇妙なものではない。[6]すぐれたドライバーとは安全運転を心がけている人を指すのだろうか？　それともスタントマンのように、高度で危険な運転ができる人のことなのか？　すぐれた教師とは、情報をうまく伝えられる教師のことなのか？　それとも学生の評価が高い教師のことを指すのか？[7]　一般には、基準があいまいなほど、本人にとっては都合がよい。たとえば実験では、レイク・ウォビゴン効果は、「数学能力」などの客観的な特徴より、「実際的でない」などの、解釈の余地が広い特徴に関して顕著に認められる。[8]同様に、勝敗が誰の目にも明らかなスポーツ能力の自己評価より、社交スキルなどの社会的能力の自己評価のほうが、実際の成績との差がはるかに大きい。[9]

正解がある場合はどうだろう？　被験者に顔の写真を何枚か見せ、自分のものを特定させる実験がある。提示される写真には、自分自身の顔を写したものに加え、それをより魅力的に（もしくは醜く）見えるよう加工したものも含まれる。その結果、被験者は、魅力的に見えるよう加工された写真を、自分のものとして特定することが多かった。[10]

このようなケースがしばしば「自己欺瞞」と呼ばれるのは、被験者が本来信じるべきではない何かを信じているように見え、その何かが、被験者にとって何らかの意味で「都合のよい」ものだからである。この見方には、私たちは、毎日自分の顔を、（デジタル画像ではなく）鏡で見ているのだから、それがどう見えるかを確かに知っているはずだという前提が存在する。「あなたは自分の顔がどう見えるかくらい知っているはずじゃないか」と感じる、まさにこの直観が、「私たちは自分をだましている」と、言い換えると「私たちは、自分の顔がどう見えるかをほんとうは知っているのに、自分が実際より魅力的だと自分に言い聞かせているのだ」と思わせるのだ。

前段落の最後の文章に傍点を振ったのは、私にはその意味がまったくわからないことを強調したかったからだ。「ほんとうに」何かを知っているとはいったいどういう意味なのだろうか？　誰が誰に何を言い聞かせているのか？　実際のところ、バジー、もしくは類似の存在を想定しない限り、「私たちは私たちに（何かを）言い聞かせている」などという表現は、まったく意味をなさない。このような言い回しを平気で使うのなら、それはえせ心理学と言わざるを得ない。というのも、それは、「ほんとうの」考えを持つ小人《こびと》のバジーが、特定しようのない何者かと連絡を取り合っていると仮定するからだ。

しかし、モジュール性という概念を導入すれば、すべてが明確になる。ここには欺瞞などなく、私の言葉を用いれば、このケースでは、特定のモジュールが持つ表象が、戦略的に誤っているのだ。[11]

実際より魅力的な自分の顔の表象を持つことが戦略的な誤りであるとは、いったいどういう意味だろうか？　社会的な利点が得られるようなあり方で、表象が不正確である場合、その表象は戦略的に誤っていると言う（「戦略的な誤り」は「strategically wrong」の訳。以後、意図的であるかないかを問わず戦略的にものごとを誤認することを指す場合は「戦略的誤認」と、また「strategically wrong representation」など、それによって生じた表象を指す場合は「戦略的謬見」と訳す）。戦略的誤認は、他人を説得する場面で有利に働き得る。誰もが一様に、あなたの特徴、能力、将来に関して（過剰にポジティブな）表象を抱いていれば、あなたの状況はよりよくなるだろう。[12] このような利点をもたらすよう自分を振る舞わせる戦略的誤認は、進化の過程で生じた効果によって、システムの設計に組み込まれたものなのである。

ここで私が提起する考えは、報道官の役割に関して前章で述べたことや、「表象は行動に影響を及ぼす。したがって、心にポジティブな表象を持つことは、戦略的謬見たるその表象が真であると他人に思わせるよう自らの行動を導くことで、自分に都合のよい状況を作り出せる」という前提に基づいている。どんなことであろうが他人に信じ込ませられるようなあり方で振る舞えば、あなたの置かれた状況は、他人が信じる程度に応じて自分に都合がよくなるだろう。要するに、人を戦略的誤認へと導くシステムは、進化の過程を通じて獲得された宣伝機関《プロパガンダマシン》なのだ。[13]

動物の例をあげよう。鳥の巣に、飢えたヒナが何羽かいるところを想像してみよう。そして、親鳥が与えてくれるエサを食べようと、兄弟姉妹同士が競い合っているとする。また、一片のエサの価値は、空腹な個体に与えられた場合に最大化するという事実に基づき、親鳥の適応的な関心は、もっとも飢えたヒナにエサを与えることだとする。しかし親鳥とは異なり、ヒナの関心は、たとえ自分は飢えていなくても、できるだけ多くのエサを食べることにある。

親鳥の抱える問題は、ヒナの数に見合うエサが得られないことだ。また、ヒナの飢餓の程度に関して親鳥が持つ情報は、彼らが口を大きく開けて発するやかましい鳴き声に限られる。したがって、ほんとうに空腹であるかのごとく振る舞うヒナは、兄弟姉妹のなかにあって有利な立場を確保できる。かくして進化における個体の生存競争を通じて、より空腹に見える個体が、選択され続ける。[14]

もちろん、ヒナの頭のなかで「飢え」がどのように表象されているのかは、私たちには知るよしもない。とはいえ、一つの可能性として次のようなものが考えられる。ヒナは、消化系から得た情報に基づき、自らの飢えの程度がもっとも正確に見積もられた、「真の」情報を保持するモジュールを備えている。そして、その情報をもとにして、実際より飢えているかのように振る舞うことで、親鳥に「うそをつく」。

もしくは、次のような可能性も考えられる。ヒナは、報道官モジュールなどの特定のモジュールに、「ひどく飢えている」という表象を保持し、それに従って行動する。これら二つの可能性をどう評価するかはさておき、ここで私が言いたいのは、「基本的に、戦略的誤認は自分に有利な状況をもたらす場合がある」ということだ。そして、それを駆り立てているのは社会的な力であり、鳥の例で言えば、ヒナが親鳥を説得することである。つけ加えておくと、自力でエサを調達できるのなら、それに費やす時間を捕食の危険などのコストに照らして調節しなければならないとはいえ、飢餓レベルを自分で可能な限り正しく調節できるので、その個体にとってはそうするに越したことはない。要するに、だます相手がいなければ、正直が一番なのである。

したがって、他の個体とのやり取りにおいて戦略的謬見を持つことは、説得の可能性のゆえに有益であり得る[15]。たとえば、ヒナにとっては、カロリーの取得のために有益である。人間に関して言えば、私たちは多くの情報を他の人々から得ていることに鑑みれば、進化は、さまざまなものごとに関して、他人の説得に役立つよう間違うべく設計されたシステムを築きあげてきたと考えられる。

ところで、戦略的誤認を繰り返す機械に出くわすことがたまにある。わが家の近くにある食料品店には、つねに表示価格より高い金額で計算するという奇妙な特徴を備えたキャッシュレジスターが置かれている。意図的なのかどうかはよくわからないが、明らかにこのケースでは、誤っていることが戦略的に有利に働き、店のオーナーに文字通り利益をもたらしている[*]。

---

[*] 明らかにキャッシュレジスター自体に、利益はないが。

ポジティブ・イリュージョン

おそらく、シェリー・テイラーらの「ポジティブ・イリュージョン」に関する一連の研究ほど、戦略的誤認の理解を深めた研究はない。一九八〇年代後半に発表された論文で、テイラーとジョナサン・ブラウンは、「世間一般の通念とは異なるが、正確性は必ずしも有用であるとは限らない」と論じている。そして、以下のことを示唆する証拠を提示する。

（1）人々は、自分が実際よりもすぐれた特徴を持っていると考える。

（2）人々は、状況をコントロールする自己の能力を過大評価する。

（3）人々は、将来について、現実より楽観的に考える。

なお、二人の研究の焦点は、不正確ながら自分に都合のよい信念がメンタルヘルスに与える効果に置かれている。私の関心はメンタルヘルスにあるのではなく、系統的にエラーを生むシステムの、適応的な価値にある。要するに私の考えでは、これらの現象の究極的な説明は、メンタルヘルスに対するポジティブな思考の効果ではなく、誤認の戦略的な効果に求められる。

人は一般に、実際より自分がすぐれていると考える。およそ一〇〇万人の大学進学適性試験（SAT）受験者を対象に、統率力、運動能力、協調能力など、自分の性格や特徴について質問する調査が行なわれている。明らかに、これらの質問は主観的なもので、大幅な解釈の余地を許す。事実、被験者の解釈の幅はきわめて広く、たとえば協調能力に関する質問に対して、回答者の四分の一は、自分がトップ一パーセントに入ると答えている。[16]

この分野における私の好きな研究の一つは、一九六五年に行なわれたものだ。この研究では、おのおのが五〇人で構成される二つのグループの被験者に、自分の運転能力を評価させているが、予想されるように、どちらのグループの被験者も、それに高い評価を与えており、各グループの平均値は、「ほぼ同じ」であった。[17] 運転能力の評価は主観的な判断である点を考えれば、これはさほど驚くべき結果ではない。しかし、実は次のような事実がある。一方のグループは、入院を余儀なくされるほど大きな交通事故に遭った経験のある五〇人から構成され、そのうちの三四人は、警察の取調べで事故の責任を問われている。また、二二件の事故は、「固定設置物との衝突」「道路上での横転転覆」に分類されている。どうやらこれらの人々は、事故を起こしたという現実をもってしても、自己の運転能力の現実に目覚めなかったようだ。また、より最近の研究では、他人を入院させるほどひどい事故を起こした人が、運転能力と安全性についての自己報告で、対照群の被験者とほぼ同程度の評価を下している。[18]

このような効果は広範に見出せる。マーク・アレッキらによる大規模な研究では、学生に、ポジティブな特徴と、ネガティブな特徴について二〇項目ずつ自己評価させている。その際、あるグループの被験者には、平均的な学生と比較するよう、また別のグループの被験者には、調査にたまたま同席している他の見知らぬ被験者と比較するよう求めた。その結果、前者のグループでは四〇人中三八人の被験者が、後者のグループでは四〇人中三一人の被験者が、ポジティブな特徴については平均（比較対象者）以上として、またネガティブな特徴については平均（比較対象者）以下として自己を評価した。平均的な学生と比較して自分を相当に低く評価した特徴の一つは、「虚言癖」であった。[19]

最近、エリノア・ウィリアムズとトム・ギロビッチ（ちなみに後者は、コーネル大学に通っていたときの私の統計学の指導教官で、現在では友人でもある）は、この調査を拡張し、自分がすぐれているとほんとうに考えているかを被験者に尋ねている。二人は、次のような巧妙な方法を用いている。コーネル大学の学生に、知能などのいくつかの特徴について、他のコーネル大生との比較によって自己評価させ、それが終わってから次のいずれかの賭けを選択させた。一方の賭けは、単にカップの中からくじを引くもので、こちらを選択した場合、被験者はXパーセントの確率で一ドルを稼ぐことができた。なおXは、他のコーネル大生と比較して自己評価した、自身の能力のランキング値に相当する。たとえば、「自分は、全コーネル大生の六〇パーセントより賢いと思う」と自己評価した被験者は、六〇パーセントの確率で一ドルをもらえるくじを引けた〔賭けの選択は、自己評価のあとで行なわれているので、賭けを想定しながら自己評価を行なうことはできない点に注意されたい〕。もう一方の賭けは、無作為にコーネル大生を選び、その学生が実際に自分より知能が低ければ（これは、テストの結果によって判定する）一ドルをもらえるというものだった。要するに、一ドルがもらえるかどうかを、カップからくじを引くことで決めるか、無作為に選ばれたコーネル大生の成績と比較することで決めるかを選択させたのだ。

自己評価を正確に行なっていたら、どちらの賭けを選択しようと同じことだ。したがって被験者は、どちらを選ぶかに関して選り好みをしないだろう。しかし、自己の能力を過大評価していた場合はどうだろう。六〇パーセントのコーネル大生より賢いと自己評価しながら、実際には一〇パーセントより賢いにすぎず、なおかつその事実を知っていたら、賭けに勝つ確率を上げるためには、無作為に選ばれたコーネル大生との成績比較より、カップからのくじ引きを選択しようとするだろう。

この実験の結果は次のようになった。コーネル大生は平均すると、望ましい特徴〈知能、創造性、成熟度、積極性〉に関しては、自身を平均以上の六一パーセントに位置づけた。また、さらに重要なことに、彼らは自分の推測に確信を持っているようで、カップからくじを引く者はそれほど多くはいなかった。この事実は、自分のランキングに関する推測を、彼らがほんとうに信じていることを示唆する。[20]無条件にこの結果を信じてもよいのだろうか？　経済的な選択によって、人がほんとうに望んでいることを評価する実験をあとで取り上げるが、ここでは二点ほど指摘しておく。一点目は次のとおり。仮に、すべてのコーネル大生が、一〇パーセント分自分を過大評価していたとしよう（データからは、その見積もりはほぼ正しいと考えられる）。この場合、「間違った」賭けを選択すると、つまりくじ引きを選択しないと、その人は期待値として一〇セント分、損をすることになる。裏を返せば、二〇セント分の損失を覚悟すれば、その人は自己評価したとおりに自分が賢いと「ほんとうに」信じていることを印象づけられる。[21]（実を言えば損失はもっと小さい。というのも、被験者は、実験に関して誤情報を与えられており、賭けの結果に応じて賞金がもらえたわけではなかったからだ。その代わり、実験終了時に参加者全員がカップからくじを引き、〇〜四ドルが支払われた。したがって実際には、実験中に金銭が賭けられていたのではない）。

二点目は次のとおり。誰かが「ほんとうに」何かを信じているとはどういう意味かという問題に戻ると、賭けに関与するモジュールは、自分の特徴に関して不正確で誇張された表象を持っているのかもしれないが、正しい表象を持つモジュールもどこかに存在するはずだ。誇張された自己のイメージを維持するために、被験者が進んで金銭を犠牲にすることがわかったとしても、だからと言って、脳のどこか他の部位に、より正確な表象を持つモジュールが存在しないとは言えない。言い換えると、コーネル大生は、正しい信念と、誇張された信念という二つの表象を、それぞれ別のモジュールに保持しているのなら、そしてたまたまこのケースでは、誇張された信念が被験者の行動を支配していたのだとしても、この不正確な信念を持つモジュールのほうがより重要だとは言いがたい。

この種のエラーは、選択記憶などのメカニズムによって引き起こされる。自分にすぐれた特徴があることを示唆するできごとは思い出しやすいが、暗いできごとは、記憶から消去されやすいか、少なくとも思い出しにくい。[22]自己や他者に関する判断や予測をする際に、あいまいさや不確実性が伴うために生じる誤りもあるが[23]、ネガティブなできごとよりポジティブなできごとを思い出しやすい事実は、それでは説明できない。これに対する私の答えは、「私たちの持つプロパガンダモジュールは、戦略的誤認を射程に入れて設計されている」というものだ。

最後にもう一つおもしろい指摘をしておくと、この種の研究によって得られた発見は非常に再帰的だ。たとえば「私たちは、自分が平均以上にすぐれた能力を持っているという偏向《バイアス》を持っていない点で、平均以上にすぐれていると考える」などといった具合に。学生にこの手のバイアスについて説明し、自分がどれくらいそれに影響されているかを尋ねると、彼らはきまって、平均的なアメリカ人より影響を受けにくいと答える[24]。彼らの言によれば、「他の人は皆、偏見を持っている。でも自分は、冷静で現実的だ。そう、自分はそれほどすぐれているのだ」。

うそと自己認識

私たちには、社会に対する自らの影響についても戦略的に誤認する傾向がある。そして、結果がネガティブなときよりポジティブなときのほうが、その結果を引き起こしたのは自分だと考えたがる[25]。現実世界では、誰が何を引き起こしたのかを特定するのは一般に困難なので、これに関する研究の多くは、実験室で行なわれている。典型的な実験は次のようなものだ。被験者（通常は学生）は、実験室に来て、知能などの能力を測定するという触れ込みの課題を実行する。それから学生は、偽りのフィードバックを戻され、結果の説明を求められる。この種の実験でわかったことをかいつまんで言うと、被験者は、結果がよければ、それを自分の能力のおかげと考え、悪ければ、自分にはコントロールの及ばない外的要因のせいにしようとする[26]。もちろん実験者は、真の要因を知っている。偶然だ。被験者に与えられたフィードバックは、乱数発生装置などを使って、ランダムに決定されていた。

ここで言いたいのは、成功や失敗の理由を推測するメカニズムが、システムの設計の一部として組み込まれているということだ。その意味では、これらの実験で確認されたバイアスは、被験者が結果の原因や責任についてうそをついていることに（必ずしも）起因するのではない。そうではなく、それに関与するモジュールは、ランダムに条件が設定される実験室とは違って、何が何を引き起こしたのかを特定することが困難な現実世界で機能するよう設計されているので、その種のバイアスが生じるのである。自分にはよい結果をもたらす能力があると宣伝するためにあいまいさを利用する設計は、その宣伝がまことしやかに見える限りで、うまく機能する。

専門家が「記述的な歪曲（descriptive distortion）」と呼び、それ以外の人々が「うそ」と呼ぶ行為に人が走る可能性を調査したある研究では、「偽りのパイプライン《ボーガス》」という方法が用いられている。この実験では、「筋電図描画装置」と呼ばれる機械に接続された電極が被験者に装着される。実験開始時にこっそりと記録しておいた、質問票への回答をもとに、この（実際には何もしない）装置はうそを発見できると、被験者は言いくるめられる。実験者は単純に、自分が回答をすでに知っている質問をし、被験者に真の答えと偽りの答えを返すよう求める。そしてそれを通じて、どんな偽りの回答をしても、機械がうそを「検出」できると被験者に思い込ませる。こうして、（ずる賢い）心理学者は、その機械をうそ発見器であるかのように見せかけたのだ。[*]

◆

［＊］ それと同じことは、HBOのテレビシリーズ『THE WIRE／ザ・ワイヤー』にも見られる。あるエピソードで、警官が、同様な手続きを用いて、コピー機を使ってうそが発見できると容疑者に信じ込ませる。

この実験では、被験者は「社会的知能」のテストを受け、低すぎる、または高すぎる（偽りの）結果を返される。それから、筋電図描画装置につながれた状態で、そのような成績が得られた理由が、運なのか能力なのかを尋ねられる。さて、高得点を受け取った被験者は、「記述的な歪曲」をすればその事実が検知されると信じている機械に接続された状態でも、「自分の能力によって高成績が収められた」と答えるだろうか？

結果は、「イエス」であった。被験者は、筋電図描画装置に接続されているか否かにかかわらず、高得点を返されたときには自己の能力によって、また低い得点を返された場合には、運やテストのやり方などのために、そのような結果が得られたと答えた。この研究の結論によれば、「自己に都合のよい原因説明は、単に、自分をよく見せるために被験者が意図的に用いる偽りの記述なのではない。そうではなく、この不整合は、客観的因果関係の認知における現実のバイアスの存在を反映しているようだ[27]」。（「現実のバイアス」という言い方は、プロパガンダモジュールの持つ表象ではなく、「現実的な真の」信念がどこかに存在すると、著者が考えていることを示唆する[*]）。

先に進む前に、ここにあげた研究には、ご多分に漏れず、さまざまな議論があることをつけ加えておく[28]。世界中の誰にも、自己高揚（自己にとってポジティブな意味を持つようにできごとを解釈し、そのような情報を収集しようとすること）の傾向があるのか、それとも文化間で差があるのかについては、白熱した論争が繰り広げられている[29]。加えて、人は自分の能力を過小評価する場合もある[30]。

いずれにせよ、実験室ではなく現実の社会生活においても、悪い結果に対しては、自分の過ちであっても責任逃れをし、よい結果に対しては、自力で手にしたわけではないのに、自分の手柄と考える人はよくいる[31]。私は、昨今流行している「ファンタジーフットボール」リーグを結成して、九人の友人と遊んでいる。これは次のような遊びだ。何人かのプロのアメフト選手を選んで自分のチームを作り、フットボールシーズン中は毎週、自分が選んだ選手の公式スタッツ（獲得ヤード数、タッチダウン数など）をもとにして得点を計算する。選手の選択にはコツがあるのは確かだが、週ごとの〔計算した得点を比較し勝敗を決めるための〕対戦組み合わせは、ランダムに決められる。したがって、ある週の自チームの成績が悪かったとしても、相手チームの成績がそれ以上に悪ければ勝てる。ある年、リーグに参加している友人の一人は、とりわけ成績の悪いチームと対戦したため、自チームの得点の少なさにもかかわらず、何週か連続してリーグの首位に立てた。この件がリーグの掲示板で話題になり、「幸運が続いたからあいつは首位に立てた」と指摘されたこの友人は、ショックを受けたふりをしながら「幸運だって？まさか。私が選んだ選手のディフェンス能力が高かったんだ」と答えた。

議員も例外ではない。二〇〇八年八月、国際市場の原油価格は、数年来の急上昇のあと、下がり始めた。この変化には、近い将来に予測される需要、供給の量を始めとして、さまざまな原因がある。また、下降の原因は、「アメリカ経済の停滞は、原油に対する将来の需要を低下させるだろう」という見通しにあると考える人も多かった。だが、アリゾナ州第三選挙区選出の下院議員ジョン・シャデッグの見解は異なるようだ。「市場価格は、私たちがここで議論している事実に応じて変動しているのだ[32]（……）」。

[＊]　被験者は、実験終了後にデブリーフィングを受け、筋電図描画装置に関する実験者の欺瞞について教えられている。興味深いことに、それから一週間後に、彼らはもう一度実験室にやってきて、再びうそをつかれ、これから記入する質問票は前回の実験とは、実際には関係があるにもかかわらず、無関係だと言われる。どうやら、心理学者が被験者のうそを心配するより、被験者が心理学者のうそに気をつけたほうがよさそうだ。

友人関係における比較優位性

戦略的誤認が、自分が社会的に貴重な存在であることを他人に説得するために設計された、自己宣伝用の策略の一つなら、人はそれによって、ただすぐれているというだけではなく、他人と比較して自分がすぐれていることを示そうとするはずだ。これまで見てきたように、人は、知能、協調性、あるいは運転能力のようなスキルなどに関して、他人との比較で自分を過大評価しようとする。友人、配偶者、協力者などの選択で、もっとも重要になる考慮事項の一つは、自分が他の人々よりすぐれた存在でいられることである。誰もが優秀なドライバーであったなら、「運転がうまい」くらいでは、他の人々に対して優位を保てない。

この見方は、ジョン・トゥービーとレダ・コスミデスによって提起された「銀行家のパラドックス」と呼ばれる概念に関連する。この名称は、「金を借りようとする人には、貯蓄がほとんどない（さもなければ借りる必要はない）。一般に、貯蓄のない人は、ある人に比べ返済能力に劣る」という金貸し業の問題に由来する。要するに、社会生活においては、（ロマンティックとはとても言えないが）将来困ったときに助けてもらうための投資の対象として友人を扱うことは、それほど不可解ではないということだ。[33] だから、たった今手助けが必要な人は、友人を必要としているが、将来を見越した投資のよい対象にはならない。

トゥービーとコスミデスによれば、この問題の解決方法の一つは、自分に独自の価値を付与するスキルを身につけ、自分を友人としてかけがえのない存在にすることだ。では、社会のなかで貴重な存在になれるよう導く心のモジュールとは、いったいどのようなものなのか？　一芸に秀でるという手が、一つ考えられる。それがどんなものであろうが、自分以上には誰もうまくやってのけられない何かを身につければ、その限りにおいてその人は、換えがきかなくなる。

これらの議論を考え合わせると、人は、自分が独自のスキルを持つことを宣伝しようとするはずだ。おそらくは報道官モジュールが利用できる適切な表象を維持することで、自分には貴重なスキルが、しかも誰よりもすぐれたスキルが備わっていると、他人を説得しようとする。つまりこの見方によれば、人は、一般に価値があると認められ、優劣の比較がとりわけ人の目にとまる領域の専門家になろうとし、自分が比較優位を持つ領域を強調しようとする。とりわけ、その領域が、社会ネットワークのなかで、一緒にいる機会が多くなる人々、つまり友人にとっても重要である場合には。

これについて最初に考えたのは、またしてもウィリアム・ジェイムズのようだ[34]。

心理学者たることにすべてを賭けてきた私は、誰かが自分より心理学をよく知っていると聞いたら非常に悔しい思いをするだろう。だが、ギリシャ語について何も知らなくても、私はまったく何も気にしない。そのことは、私に何の恥辱も感じさせないからだ。しかし、言語学者を「自認」したければ、事態はまったく逆になるだろう[35]。

のみならず、ジェイムズは人間の特異さを指摘する。人間にとっては、たった一人にどうしても歯が立たないことと、全員に秀でることのあいだには、雲泥の差がある。

つまり、世界で二番目に強いボクサー、あるいは二番目にすぐれたこぎ手であるという理由で、死ぬほど恥辱を感じるのが人間だ。ただ一人を除いて地球上のすべての人間に勝てたところで、何の意味もない。この一人を倒すために立ち上がらなければならない。それがかなわなければ、他のどんな成功も無意味なのだ。

ジェイムズは、人が社会的な比較に大いに配慮することに注目した。世界で二番目に強いボクサーが、とても強いボクサーであることに間違いはない。だが重要なのは、他人と比べたときの自己の能力なのである。その理由は、自分に対する需要が大きな意味を持つ現実社会では、社会において自らが占める相対的な位置が、絶対的に重要になるからだ。

これに関連するここ数十年の研究は、非常に興味深い。心理学者レオン・フェスティンガーの社会的比較理論によれば、人は、周囲の人々との比較によって自分の特徴や見解を評価する。[36] フェスティンガーの見方は、非常に大きな影響を与えてきたが、ここではその代わり、「自己評価維持（self-evaluation maintenance）」と呼ばれる理論に関する、心理学者エイブラハム・テッサーの業績から、いくつかの考えを紹介しよう。

テッサーは、「人は〈自己〉に関して、ポジティブな見方を維持しようとする動機を持つ」という前提から出発する。テッサーが行なった実験に、次のようなものがある。友人とペアで参加した被験者に、審美的判断や「社会的な感受性」を備えていることが、どれくらい重要だと思うかを尋ねる。次に、これらの項目に関する能力を評価するという名目でテストを実施し、その結果として、被験者にでっちあげられたフィードバックを戻す。さらに、ペアで参加している友人と、まったく見知らぬ参加者の成績を推測するよう被験者に促す。テッサーの予測は、自分にとって重要な項目については、友人の成績は悪く評価し、赤の他人の成績は悪く評価しないというものであったが、この予測は基本的にあたっていた。人は、よい成績をとることが自分にとって重要な意味を持つことに関しては、友人が好成績を収められるはずはないと考えるのだ（赤の他人についてはそうは考えない）。

人は単に、友人の成績を悪く評価するだけではない。実際に、友人に悪い成績をとらせる。それとは別の（ジョナサン・スミスと共同で行なった）古典的な実験で、テッサーは、被験者に次のような連想ゲームをさせている。このゲームの課題は、ヒントとなる一連の言葉をもとに、ある特定の言葉をあてるというものだ。課題は、ある被験者には、「重要な言語能力を測定する」ためとして、また別の被験者には、「言語スキルにはまったく関係がない単なるゲーム」として提示された[37]。

友人と一緒に実験室を訪れた被験者は、友人、および見知らぬ参加者と、この連想ゲームをするよう求められる。次に、パートナーに特定の言葉をあてさせるためのヒントとして使う一連の言葉を与えられる。ヒントのなかにはわかりやすいもの（たとえば「穀物」のヒントとして「小麦」「コーン」など）もあれば、あいまいなもの（たとえば「穀物」に対する「ブルクコーン[*]（brookcorn）」など）もある。被験者は、パートナーにこれらのヒントを与える。その結果、次のことがわかった。被験者は、課題が重要なものとして提示されたケースでは、パートナーが友人のときよりも、見知らぬ参加者のときのほうが、よりわかりやすいヒントを与えた。それに対し、課題が単にゲームとして提示されたケースでは、よりわかりやすいヒントを友人に与えた。おもしろいことに、どのくらいの難度のヒントをパートナーに提示し

[＊] この実験はジョージア大学で行なわれている。私はブルクコーンが何かを知らないが、ジョージア大学の学生は知っていたのかもしれない。あるいは、これは論文の誤植で、実際には「ホウキモロコシ（broom corn）」であった可能性もある。いずれにしても、あいまいであることに変わりはないが。

たかを尋ねると、被験者は、友人にも見知らぬ参加者にも、同程度のものを提示したと答えている。つまり課題を重要なものとして認識している場合には、被験者の報道官モジュールは公平さを装う一方、それ以外のモジュールは、なるべく友人が正解を出せないよう仕向けたのだ。

私の見るところ、テッサーらの研究は、決定的なものではない。しかし、類似の研究や理論によって、社会的な関係は有益であり得る一方、友人関係には競争がつきまとうことが示されている。[38] 社会的な動物たる人間にとって、最良の友人や協力者の獲得は重大事であり、友人の目に自分が貴重な存在として映るよう、宣伝モジュールが懸命に働くと考えても、それほど非現実的ではない。ならば、折に触れて友人を困った状況に陥れ、それによって自分のスキルを（相対的に）貴重なものに見せかけられれば、それは一つの戦略として機能するはずだ。

何でもコントロールしたがる人

テイラーとブラウンが論じている三つのテーマの二つ目は、自分には実際よりも大きなコントロール能力があると見なす幻想である。実際には自分のコントロールが及ばないことが明らかにわかるはずのケースでも（そしてそれが客観的な事実でも）、結果をコントロールできると信じている人がいる。

現実世界で起こるほとんどのできごとは、非常に複雑なので、どの原因がどの結果を引き起こしたのかを特定することは、ほとんど不可能だと言ってよい。そのため、そのようなできごとに対する認識の正誤の評価は困難なゆえに、因果関係の認識を対象にする実験は簡単には実施できない。評価がむずかしい理由は、結果に対する正確な原因を特定できなければ、原因について被験者が下した判断の正確さを評価できないからだ。しかし、原因を正しく特定できる領域が一つある。ギャンブルだ。この領域では、サイコロ、運命の輪《ホイール》、カード、あるいは特殊な装置など、に、ランダムな結果を生み出す手段の開発に多くの努力が注がれてきた。イカサマはないとすると、二個のサイコロを振ってゾロ目が出る「原因」ただ一つしかない。そう、偶然だ。

そのギャンブルにおいてさえ、人は、結果をコントロールできると考える。このことは、いくつかの古典的研究によって示されている。社会学者のジェームズ・ヘンズリンは、クラップス〔二個のサイコロ使った賭博ゲーム〕をプレイするタクシー運転手を対象に、説得的な研究を行なっている。彼の報告によれば、彼らは、大きな目を出したければ強く、小さな目を出したければ「やさしく」、すなわち弱くサイコロを振る。[39] また、「参与観察者」としてプレイに加わっていた彼に、ゆっくり時間をかけ、話しかけながらサイコロを投げるよう助言した（明らかに効果はなかったようだ）。結果を自力でコントロールできると考えているのはギャンブラーだけではなく、カジノのディーラーも、「負け続けると（もちろんオーナーの観点からだが）」職を失いかねない。[40]

心理学者エレン・ランガーのこの分野での初期の研究は、心理学の古典として知られている。あるグループの被験者は、自分でくじを引き、別のグループの被験者には、無作為にくじが割り当てられた。なお、両グループの全員が、くじに一ドルを支払っている。（補足しておくと、「くじ」はフットボールカードで、券面には選手の名前と写真が印刷されていた。それが大きな違いをもたらしたとは思わないが、少しは影響があったかもしれない）。実験者はあたりくじを決める日の午前、被験者を集め、いくらなら手元のくじを売るかを彼らに尋ねた。実験者の予測では、くじを自分で選択した被験者は、あたる確率が高いと考え、[*] 無

[＊] あたる確率が高くなるはずはない。

作為に選択されたくじを与えられた被験者より、高い値段で売ろうとするはずであった。この予測は的中した。後者が平均一・九六ドルで売ろうとしたのに対し、前者は平均八・六七ドルで売ろうとしたのだ。[41]

ランガーの行なった、それとは別の研究では、被験者は、きちんとした服装をし、自信に満ちたサクラか、小さすぎるスポーツシャツを着た内気そうなサクラのどちらかとペアを組まされた（ランガーは前者を「いきな（dapper）」条件、後者を「だまされ（schnook）」条件と呼んでいる）。被験者はサクラと一〇分間話し、（研究の真の目的を隠すために）にせの電極を手に装着されたあと、サクラと二人でトランプゲームをプレイした。このゲームは、山札から各プレイヤーが無作為に一枚のカードを引き、数字が大きかったほうが勝つという単純なものだ。被験者は、ラウンドごとに二五セントまで賭けられた（この実験は、一九七〇年代初期に行なわれている）。その結果、「だまされ」条件の被験者は、「いきな」条件の被験者より、ほぼ五〇パーセント多めに賭けた。

この現象には、多くの説明がある。ありふれた説明の一つは次のようなものだ。「自分は何かよいことを引き起こせる」と、自己のコントロール能力を過大評価している人は、そのような能力はないと感じている人に比べ、何かをしようとする強い動機を持つ。彼らにとって、何かよいできごとを起こそうとすることは、まさしくよいことだ。この見解は、高名な心理学者アルバート・バンデューラによって支持されている。「可能な範囲から極端にははずれていない楽観的な自己の能力評価は、その人に優位性を与え得る。それに対し、正しい判断は、ときに自己を制限する結果につながる」という彼の言葉は、引用されることが多い。[42]

この著名な心理学者に敬意を表しつつも、この考えはまったくのナンセンスだと言いたい。自己のコントロール能力に対する、ひいては自分の行為の結果に対する過大評価は、実際によいことが起こる可能性を変えるわけではない。それは、その人が何かを実行する可能性を高めるだけである。自己の能力を過大評価する人と、正しく見積もる人を想像してみよう。後者は自らの努力をバランスよく配分するのに対し、前者は間違ったことに無駄な努力を傾けることになる。二人が賭けをしたとする。後者は適度に楽観的で、勝率五〇パーセントの賭けに一ドルを使い、二ドルの獲得を目指すだろう。それに対し、前者に属する、おそらくはバンデューラ主義者は、「自己を制限する」ことを嫌って、同じ勝率五〇パーセントの賭けに、一・五ドルを費やそうとするであろう。こうして前者の状況は悪化するが、「正しい判断」を心がける後者はそのような事態に陥りにくい。

何をすべきかの選択は、選択によって他人に情報が伝わるという社会的な効果を除けば、フロッガーをプレイするようなものだ。フロッガーでは、「大型トラックにひかれないようカエルに道路を渡らせられる」と考えただけでは何の恩恵も得られない。実際にそうできなければまったく意味はない。与えられた情報をもとに最善の推測をし、もっとも期待値の高いオプションを選択する「事実に基づく判断」は、ゲームの世界で自然法則を相手にとれる最善の手段なのである。したがって、非社会的な意思決定に関しては、人間にせよ動物にせよ、それを行なうメカニズムは、期待値を最大化するよう設計されていると考えるべきだ。[43]

ロイ・バウマイスターらは、ビデオゲームという変わった手段を用いて、この点を確認する実験を行なっている。[44] この実験では、障害物を縫って複葉機を飛行させるビデオゲームを被験者にプレイさせている。背景が川ではなく空であるという点を除けば、このゲームはフロッガーに似ている。[*] 二〇分ほど

[＊] フロッガーについて書くまで、この論文の存在を知らなかった。奇妙な偶然の一致である。

プレイしたあとで、被験者は、指定の時間内にゲームを終わらせられたら、賞金がもらえると言われる。ただし、次のような二つのオプションのどちらかを選ばなければならない。

（1）実験者によって設定された時間制限を破る。それに成功した場合、二ドルがもらえる。

（2）より短い時間制限を自分で設定する（したがってゲームはよりむずかしくなる）。それに成功した場合、設定した時間に応じて二ドル以上がもらえる。

このとき、ある被験者は、「プレッシャーに弱い人や、そもそも自分の能力に自信のない人は、安全なオプションを選択して、確実に二ドルを手にしたほうがお得だろうね」とプレッシャーをかけられる。その結果、自己評価の高い被験者は、より難度の高いオプション（2）を選ぶことが多く[45]、平均賞金獲得額は二五セントだった。これは、自己評価の低い被験者の平均賞金獲得額二・八〇ドルよりかなり低かった〔自己評価の低い人の平均賞金獲得額が二・八〇ドルというのは、奇妙に思われるかもしれないが、もちろん、自己評価の低い被験者のすべてがより安全なオプション（1）を選んだわけではない。当該論文によれば、オプション（2）では、目標を一秒短縮するごとに、一ドルずつ多額の成功報酬がもらえる。したがって、同じオプション（2）を選んだ場合でも、自己評価の高い人は、無理な時間設定をしがちだったのに対し、自己評価の低い人は、無理な時間設定をしようとはしなかったと考えられる〕。同様な第二の実験では、自己評価の高い被験者は、「ハイリスクハイリターンの賭けをして、負けることが多かった[46]」。

この実験のポイントは、例によって意思決定の社会的な効果を除けば、厳しい現実の前では、自己の能力の過大評価は、正しい評価より状況を悪化させるということだ。このように、正しい自己評価には恩恵がある。したがって、何らかの行動へと過剰に動機づけられていることの利点を強調したいのなら、そもそもなぜ人は低く動機づけられているのかをまず説明する必要がある。この説明がなければ、動機を持ち出すのは非論理的であり、過度に楽観的であることがよい考えだとは言えないと見なすべきだろう。[47]

のみならず、そもそもその考えは間違っている。ロンドンの投資金融業者《トレーダー》一〇七人を対象に行なわれた研究がある。[48] この研究では、「指数」という見出しがつけられたグラフに、一本の線が上がったり下がったりする様子が表示される単純なゲームを用いて、トレーダー間の自己評価の相違が測定されている。課題は、「指数」をできるだけ高く上昇させることだ。被験者は、三つのキーを押すことで指数に影響を及ぼせる「かもしれない」と告げられる。実際には、これらのキーが「指数」に影響を及ぼすことはなく、「指数」の動きは、ランダムに変化するようプログラムされていた。[*] それから、どれくらいうまく課題を達成できるかを被験者に自己評価させ、それを基準に、その被験者がどの程度、課題を自分でコントロールできると（誤って）考えているのかを測定した。

こうして得られた測定値を、トレーダー個人の実際の業務成績と比較した。その結果、自己のコントロール能力を過信しているトレーダーは、収益が少なく、職場では仕事の効率が悪いと評価されていた。ギャンブラーのケースと同様、自己のコントロール能力に幻想を抱いている人ほど、仕事の成績は悪かったのだ。

では、自己のコントロール能力に対する幻想をどう説明すればよいのだろうか？　これから述べる二つの回答が考えられるが、私は二つ目の回答をとる。というのも、一つ目は、ここでの私の主張と直接

[＊]　被験者をだますことの倫理的な問題について、論文の隅のほうに記載されており、「かもしれない」という言い方をしたのであって、キーが実際に影響を及ぼすかどうかは明言していない点を、著者は強調している。

関係がなく、また、そもそも私の考えではないからだ。[49]

一つ目の回答というのは、次のようなものだ。真にランダムなものを生成することがいかに困難かを考えてみればよい。これは、乱数の生成に苦心してきた人たちや、もちろんカジノオーナーの頭をつねに悩ませてきた難題である。おそらく人類の進化の歴史のなかで、真にランダムな結果をもたらすいかなる道具も製作されたためしはないだろう。製作するには、あまりにもむずかしすぎるのだ。したがって、人間は、完璧にランダムな山札やサイコロやドミノへの対応が求められるような適応課題に直面したことはないはずである。かくして私たちの心は、乱数発生器のごとく機能する道具に満ちた世界のために設計されていないことになり、サイコロやトランプやジョイスティックなどの、ちょっとした道具を実際にコントロールできると仮定するのがデフォルトの心構えだということになる。なぜなら、その仮定は通常は正しいからだ。この見方によれば、コントロールの幻想は、この仮定が表面化したものなのである。[50]

私は、そのような説明より、二つ目のプロパガンダ説をとる。ある結果が生じるにあたり、能力ではなく偶然がどれほど大きな役割を果たしたのかを知ることには、事前であろうが事後であろうが、ある程度のあいまいさが伴う。カジノや、ある種の心理実験での例外を除けば、ほとんどのケースでは、その点を明確にすることは、不可能、もしくは困難である。あのフィールドゴールが決まったのは、選手の卓越したスキルのためなのか、それともたまたま吹いていた風に助けられたのか？　好機は、あいまいさのなかにこそ存在するのだ。

信じられる範囲で、自分にはものごとをコントロールする能力が実際以上にあると他人を説得することには、利点がある。文学から一例をあげると、マーク・トウェインの小説『アーサー王宮廷のコネチカット・ヤンキー』の主人公ハンク・モーガンは、日食を利用して王を説得し、地位と権力を手に入れる。

このように、自分には状況をコントロールする能力があるという表象を保つことで、人々を説得できるケースがある。説得によって得られる利益のほうが、間違っている事実から生じるコストより大きければ（不運なトレーダーはこの条件を満たせなかった）、自分には状況をコントロールする能力があると信じることは、とても都合がよい。

最大限に楽観的

ポジティブ・イリュージョンの三つ目の、そして最後のカテゴリーは、正当化が不可能な楽観主義である。人は自分には、仕事での成功などのよいことは平均以上に起こりやすく、事故などの悪いことは起こりにくいと考えたがる。統計的に言って、そんなことはあり得ない。

楽観主義は、日常のちょっとしたことから、命に関わることに至るまで、広く浸透している。前者については、一〇〇〇人のイスラエルのサッカーファンを対象に行なわれた次のような研究がある。この研究では、被験者に、二つのサッカーの試合を見せ、開始前とハーフタイム時に、どちらのチームが勝つかを予想させた[51]。その際、被験者の半分には、自分の感情を抜きにして「客観的に」判断するよう指示し、もう半分にはそのような指示は出さなかった。自分が応援しているチームが負けるとゲーム開始時に予想したのは、指示を与えられなかった被験者については一パーセントであったのに対し、指示を与えられた被験者に関しては、その倍の二パーセントにはね上がった。また指示を与えられた被験者に関しては、ハーフタイムの時点で自分が応援するチームが二対〇あるいは三対〇で負けていた場合（サッカーではこの点差は大きい[*]）、一七パーセントが、自チームが負けるであろうと（正しく）予想した。[52]賭けをするなら、残りの八三パーセントの人々としたいものだ。

自チームが勝つという予想は、何もスポーツに限らない。グランバーグとブレントは、自分が支持する候補者と、選挙の勝者予想の関係を調査している。[53]大統領選の勝者予想と、誰に投票するかを尋ねた調査データを用いたこの研究では、一九五二年から一九八〇年まで一貫して、およそ八〇パーセントの人々が、自分の支持する候補者が勝つと予想していることがわかった。（スティーブンソン、一九六〇年のニクソン、ゴールドウォーター、ハンフリー、マクガヴァン、フォード、一九八〇年のカーターを勝者として予測した人は間違っていた。カーターがレーガンに勝つと予想して前者に投票するつもりだと答えた、八七パーセントの民主党支持者は、大きく間違っていた）。

また、楽観主義に関する初期の古典的な研究では、二五八人の学生に、ポジティブ、またはネガティブな未来のできごとが、同級生に比べて自分にどの程度起こりやすい、もしくは起こりにくいと思うかを尋ねている。その結果学生は、ポジティブなできごとに関しては、平均すると、同級生より自分のほうが、卒業後に自分の気に入った職が得られる確率が五〇パーセント、一万ドル以上の初任給をもらう見込みが四一パーセント（ちなみにこの調査は一九八〇年に実施されている）、ヨーロッパ旅行をする可能性が三五パーセントほど高いと予測した。ネガティブなできごとに関しては、同級生と比べて、将来アルコール問題を抱える確率を五八パーセント、自殺を試みる可能性を五六パーセント、離婚する確率を四九パーセントほど低く見積もった。[54]

もう一つ、過度の楽観主義に関して、よりシリアスな問題を扱った、オランダでの大規模な研究を紹介しよう。この研究では、エイズウイルスに感染する可能性の推測に関して類似の効果が見出されている。[53] 四グループの被験者が集められているが、どのグループの被験者も、自分よりも無作為に選ばれた他人のほうが、二年以内にエイズにかかる可能性が高いという判断を下した。ここまで述べてきたことを考慮すれば、この結果は特に驚くべきものではないが、四グループのうちの、あるグループの構成を知れば、結果はより興味深く感じられるはずだ。このグループは、性感染症（ＳＴＤ）クリニックから募った、直前の六か月以内に「売春婦との接触」を持った経験のある被験者から構成されていた。このグループに属する男性被験者には、その期間に、平均すると二一人のセックスパートナー（七人が「私人」で、一四人が売春婦）が、また、女性被験者には五〇〇人以上のパートナーがいた。つまり、多数のセックスパートナーのいる被験者が、自分と、無作為に選ばれた同性同年齢の誰かとのあいだで、エイズにかかる危険性がそれほど変わらないと考えていたのである。

魅力的な社会的パートナーという観点からすれば、楽観主義はよいことであろう。自分にポジティブなできごとが起こりそうであれば、というより、そうなると自分が考えていることを他人に説得できれば、私は、友人、協力者、配偶者としてよい投資対象になるからだ。のみならず、都合のよいことに、将来の予測は将来を対象にするだけに、少なくとも現在の時点では間違っていない。だから、戦略的な楽観主義は、とても割のよい戦略であるように思える。ウィリアムズとギロビッチが指摘するとおり、「人々

[＊] この論文の著者は、「二、三点の差くらい後半に逆転できるはずだ」と思っているアメリカの野球ファンの研究者を対象に、「サッカーではそんなことはまず起こらない」という、少しばかりおせっかいなコメントを加えている。私もコメントを加えておくと、彼らがそのように書いたのは、アメリカが二〇〇九年のコンフェデレーションズカップ〔国際サッカー連盟（ＦＩＦＡ）主催のサッカーの国際大会で、ワールドカップの前年に行なわれる〕の決勝で、ブラジルを相手にハーフタイムには二対〇で勝っていたのに、結局逆転負けを喫するという悲しいできごとが起こる前のことだった。

は、自分の成功に関して、真実から大きくかけ離れた見込みを、そうとわかっていながら気ままに膨らませる。しかもその予想がただちに反証される可能性はない[56]」。

そればかりでなく、悲観主義にはマイナスの効果がある。トランシルヴァニア大学（でっちあげたわけではない〔アメリカのケンタッキー州にある私立大学〕）の研究者は、「悲観的に考えがちな人は、社会的に受け入れられにくい」と結論する[57]。加えて、二倍狼男に、そして三倍吸血鬼になりやすい（とは、もちろん冗談だ）。

繰り返すと、過度の楽観主義に社会的な恩恵がない以上、人は適度に楽観的であるべきだという点は、あえて強調するまでもない。楽観主義が人々の努力を促すとしても、これから起こるできごとの予測に長け、それに基づいて適切に行動する人は、他のあらゆる条件が等しければ、フロッガーをプレイするにしろ、ゲームで複葉機を飛ばすにしろ、他の何をするにせよ、過度に楽観的な人より、よい成績を残せるだろう。これまで見てきたように、利益もリスクも大きい何かを行なうよう動機づけるには、過度に楽観的になる必要があるとする主張は、ナンセンスである。適度に楽観的であっても、同じ結果が、というより、実際にはもっとよい結果が得られるはずだ[58]。

いくつか補足しておこう。過度の楽観主義は、どんな場合でも間違いであると言いたいわけではない。人々が、悲観主義に陥りやすい領域も存在する[59]。また、ネガティブなできごとが自分には起こりにくいと見なす予測が、悪いできごとが自分に起こる可能性が低いという考えに基づくのか、それとも他人に起こる可能性が高いという考えに基づくのかについては、議論の余地がある[60]。いずれにしても、これらの問題は、ここでは検討しない。

最後にもう一つつけ加えておくと、過度の楽観主義は、これまでにあげてきた問題を別にしても、思わぬところで現実的な影響を及ぼし得る。たとえば、望まぬ妊娠をする確率が他人よりも低いと考えている女性には、避妊の手段をとらない傾向がある。[61]

将来の希望を支える足

二〇分も凝視していればたいていの人には見えてくるはずのステレオ画像が、どうしても見えてこない人もいるように、これらの幻想を抱きやすいか否かは人によって異なる。

たとえば、抑うつの症状を呈する人が、健常者より現実的に振る舞う可能性に関して、さまざまな議論がある。これは「抑うつ者のリアリズム（depressive realism）」と呼ばれるが、本章で取り上げる議論の多くは、一九八〇～九〇年代にテイラーとブラウンによって行なわれた、おもにメンタルヘルスに関する研究に、その起源があるとだけ述べておく。というのも、本章のアプローチは、彼らが提起する「ポジティブ・イリュージョンは、いかにメンタルヘルスに寄与するのか？」という問いを、「ポジティブ・イリュージョンを生むモジュールは、いかに適応課題の達成に寄与する（した）のか？」という問いに置き換えたものだとも言えるからだ。

つけ加えておくと、テイラーとブラウンは、ポジティブ・イリュージョンが、「私的な信念」というより「公的な姿勢」なのではないかと考えている。「私的な信念」という言い回しを使っているところからすると、二人は、真と見なし得る誰かが、心のどこかに存在するという言い方に意味があると考えているようだが、これまで述べてきたように、私はその手の見方を疑っている。いずれにせよ、これらのポジティブ・イリュージョンが、実際には広報に関わるものだという考えは、「人は、自らの能力に関して、妥当と見なし得る最大限の価値を外部に示そうとする」ことを示す数々の発見によって支持される。心理学者のコンスタンティン・セディキディス[*]の示すところでは、自分が書いた小論を評価する課題を与えられた被験者は、採点についてあとで誰かに説明しなければならないとわかっていると、低い点数をつけようとする。[62]セディキディスとグレッグが指摘するとおり、「自己高揚は、合理性と現実によって課される制限のもとで生じる」。[63]なお、「現実」とは実際のところ、他人がどう考えるかに関するものである点に注意されたい。この見方は、「広報《プロパガンダ》」による説明とも一致する。ポジティブ・イリュージョンが、自己満足のためだけにあると考えるのなら、他人の見解がなぜそれほど重要になるのかは説明できない。

一つ指摘しておくと、「合理性と現実によって課される制限」とは、思ったほど強力ではないかもしれない。機能の異なる複数の足を持つ男として第2章で取り上げたポール・マーティンは、この上ない楽観主義者だ。彼は足を切断したあと退院する際に、「あの瞬間、私の未来は、これまでにはとても考えられなかったほど明るくなったと思ったんだ」と語っている。[64]彼の楽観主義は、そこに留まらない。彼は、自分の思い出を文章に綴りたかったから、そのための時間をたっぷり「手にできる」のなら、「独房に放り込まれても構わない！（強調、感嘆符は原文）」と思っていた、と書くことで自伝を開始している。[65]さらに彼は、「私の経験を書くのに、これ以上よい機会があるだろうか？」と問う。私なら、「潮の満ち引きと、ロブスター漁船を窓から眺められ、立ち込める濃い霧のなかで文学的な発想がこんこんと湧き出てくるような、メーン州の海岸沿いの小屋に無料で招待されること」などと答えたいところだが、まあ、独房もまんざらではないのかも……。

戦略的誤認――間奏とケーススタディ

戦略的誤認は、至るところに見出せる。科学者も、その例外ではない。事実、科学者が戦略的誤認に対する強いインセンティブを持つことは、ある程度理解可能だ。彼らの報道官モジュールは、情報を選択的に検索、取捨選択、解釈する仕事を巧みにこなし、誤認のさまざまな恩恵を受けているように思われる。

振り返ってみると、私は大学院生だった頃、科学の営みに関して過度に楽観的な見方を抱いていたと思う。科学者は、他の科学者の論文をよく読み、論理と証拠を客観的に評価し、さらには実験を行なって自分の考えと他者の考えのどちらが正しいかを検証したうえで、その結果を論文に発表し、それをもとに議論し決着をつけるものだと確信していた。

もちろん、多くの科学者はそうしていると現在でも考えている。しかし、すべての科学者が、ではない。問題は、とりわけ科学においては戦略的誤認によって大きな恩恵が得られる点にある。科学者は、それまで誰も知らなかったことを発見したり、解明したりすることで、有名になれる。提起したアイデアが新しければ新しいほど、科学者は注目を浴び、著書も売れる。

新しさとは、主観的なものだ。ある人にとっては古びた考えが、その分野に詳しくはない人には、まったく新しいものに見える場合がある。名声を馳せるためには、たとえ既知であったとしても自分の考えが新しいものだと、他人を説得できなければならない。それには、心の報道官が、戦略的謬見を抱い

[＊] セディキディス（Sedikides）は、私のもっとも好きな名前の一つだ。というのも、前から読んでもうしろから読んでも同じだからである。

ていると都合がよい。自分の考えこそ新しいと「信じ」、それに従って意見を開帳するのだ。そうすれば、それを聞いた他の科学者や編集者や聴衆を、そのとおりだと思わせられる。こう言ったからといって、彼らはうそをついているのだと主張したいわけではない。私が言いたいのは、「報道官モジュールは、ものごとを誤認すべく設計されている」ということだ。[*]

次のジョークについて考えてみよう。

内気な男が、バーに立ち寄り、一杯注文する。そのとき、魅力的な女性が一人で飲んでいるのが目に入る。ここぞとばかりに勇気を振り絞った彼は、立ち上がって彼女のそばまで行く。そして尋ねる。「一杯おごりたいんだけど」。すると彼女は、大きな声で、「今晩、あんたと寝るつもりなんかないわよ!」と答える。居合わせたバーの客全員が振り向いて、二人を凝視する。赤っ恥をかいた男は、こそこそともとの席に戻る。数分後に、彼女は男の席までやってきて、謝りながらこう言う。「さっきはごめんなさい。私は社会心理学を専攻している大学院生で、きまりの悪い状況に人がどう反応するかを研究しているの」。すると男は、大きな声で「二〇〇ドルだって。いったいどういうこと?」と答えた。

科学でも、この手のはったりをかませることで、論争相手が、実際には言っていないことを言ったかのように、第三者に思わせられる。バー同様、科学においても、声の大きな人が、得をする場合があるのだ。

それに類することが、多くの分野で起こっているはずだが、ここでは私のよく知る分野からいくつか例をあげる。内輪話のように聞こえるかもしれないが、私自身がよく知る分野であることと、この分野、すなわち進化心理学は、とりわけこの手の攻撃を受けやすいのであえて取り上げた[66]。

進化心理学者を批判するために誰かが（ここでは「デイヴィッド・ブラー氏」と呼ぶことにする）、戸外に出れば誰にでもすぐにわかるようなことを言ったとしよう。たとえば、「生存のためには、生物ごとに独自の問題を解決しなければならない。だからフィンチは、生息する島ごとにくちばしの形状が異なるのだ」と言ったとする。この人物が続けて、「ある生物種が直面する適応課題は、その種が持つ特徴や生存様式から独立したものではない[67]」と述べたとすると、進化心理学者は生物学の基礎の基礎を知らないと、あなたは思い込むだろう。「何だって？　進化心理学者は、鳥が飛び、魚が泳ぐことを知らないのか？　そこまで生物学を知らないとは、あきれ果てたものだ」と思いたくなるはずである。

ブラー氏は、オオカミ少年に似ている。自分が注目を浴びたい人は、オオカミ少年のように、嘆き、叫び、かんしゃくを起こす。そして、騒ぎが起きても、実際にオオカミがいたのかどうかははっきりしない。つまり、彼の言うことがそもそも正しいかどうかを、誰がチェックするのだろうか？「どうやら彼は、そう信じているらしい。まともな科学者として見られたいと少しでも考えている研究者が、自分が批判の対象にしている分野に関して、ありもしないことをまくし立てて読者に誤解を与えるような本や論文を書くはずはない」と思うのではないだろうか。そう思い込んでしまうと、彼の言うオオカミ

[＊]　私も、同じような誤りを犯しているかもしれない。本書を通じて私は、自分の考えに沿った、他の研究者の見解を取り上げ、彼らの著書から自分の都合に合った文章を引用してきた。ミンスキー、デネット、トリヴァース……。ここで、私がこのタイプの誤りを犯している可能性があることをおわびする。

がほんとうにいるのかどうかを、わざわざ確認しようとはしなくなる。

しかし実を言えば、「生存のためには、生物ごとに独自の問題を解決しなければならない」という考えは、そもそも最初から進化心理学の中心主題だった。[68] トゥービーとコスミデスは、ブラーの「矯正」の一〇年以上前に、この点を次のように明確にしている。[69]

「適切な」という用語は、生物によって意味が異なる。（……）糞《ふん》を例にとると、フンバエのメスの適切な行動とは、その方向に飛んで行き、それに止まり、卵を生むことだ。（……）しかし人間にとっては、糞は伝染病のもとになる。食料にもならなければ、子どもを育てるための場所でもない。（……）人間にとって適切な行動とは、糞のにおいがする方向から遠ざかることだ。

進化心理学者は、このことを、あるいはブラー氏が言わんとしているその他のさまざまなことを、わざわざ他の人から教えられるまでもない。というのも、それらは進化心理学者がはなから主張していることなのだから。ブラー氏のような批評家の言うことが正しいのなら、それに耳を傾ける価値はある。しかし、オオカミはどこにもいないし、かつていたこともない。

繰り返すと、進化心理学は、奇妙にもこの手の学問的不正行為の対象になってきた。マーティン・デイリーとマーゴ・ウィルソンは、「学者」が、進化心理学に関して誤った引用をしているケースばかりでなく、実際とはまったく正反対の見解を進化心理学が主張しているかのごとく見せかけているケースを列挙している。[70]

スティーヴン・ジェイ・グールドは、この種の手管《てくだ》を得意にしていた。グールドの読者に、彼の知性を疑う者はいないだろう。繊細かつ優雅な文体で、巧みに織り上げられた彼の文章を読んでいると、他の著者は、ただただ称賛するしかなく、絶望して自分の文才のなさを嘆かざるを得ない。疑いもなく、グールドの頭脳は非常に鋭く、彼の業績を思い浮かべるときはいつでも、美辞麗句をつらねたくなる。

しかし彼は、驚くべき戦略的誤認を犯している。彼は、一九七九年に書かれた、引用回数の非常に多いリチャード・ルウォンティンとの共著論文で、「自然選択は、適応（生物の複雑に組織化された機能的部位）のみならず、それによる副産物も生んできた」と論じている。彼らに従えば、たとえば、機能を持たないへそは適応ではなく、機能を持つへその緒の副産物だということになる。また二人は、建築のたとえを用いて、副産物を「スパンドレル」と呼ぶ。建築では、この用語は、アーチが天井に接合する部分の両脇にできる三角形の空間を指す（私には、アーチの脇の下のように見える）。二人が言いたいのは、機能を有するものには、機能のない部分が伴われるということだ。

グールドは、この考えを何十年も主張し続けた。生物学者は、進化が適応のみならず副産物をも生むということを認識すべきだと、ことあるごとに述べたのだ。また、進化心理学の存在に気づいたグールドは、進化心理学者も副産物の概念を認識すべきだと主張し、私たちが抱えている問題の一つは、「純然たる自然選択のもっとも厳密な作用でさえ、数多くの非適応的な部位や行動様式を持つ生物を生むという事実を認めないことだ」と述べる[71]。

この指摘は妥当だ。ただし、進化心理学者は、ここでグールドが「説得」せんとしている当の考えをすでに認識していたという事実を除けばだが。それを示す証拠はたくさんあるが、格好の例は、グールドの攻撃の主たる標的であった二人、ジョン・トゥービーとレダ・コスミデスの手になるものだ。彼らは、グールドの批判が書かれる八年前に、次のように述べている。「進化のプロセスは一般に、生物の設計において、適応の他にも次のような二つの結果をもたらす。（1）適応の副産物、これには〈スパンドレル〉というニックネームが最近つけられた（Gould & Lewontin 1979）、（2）ランダムな効果[72]」。つまり、二人は、副産物の存在を認識しているばかりか、グールドとルウォンティンの論文を引用し、彼らが建築にたとえてつけた呼び名すら用いていたのである[73]。

おそらくグールドは、多忙な御仁であっただけに、批判の対象にした当の著者たちの論文を徹底的に読み込んでいたわけではないのかもしれない。そして、彼の脳内の報道官は、論争相手に関する無知という表象を維持し続け、彼がとる態度は、報道官が受け取る限られた情報によって「正当化」されていたのだろう。つまり彼は、戦略的謬見を抱きながらも、なおかつ自らの名声を保つことができた。

なぜか？

グールドが、生物学界のプリンスとしての地位を保ち続けられたのは、彼の言うことが間違っているか否かが問題にはならなかったからだ。奇妙にも、有名になることとは、その人の見解が正しいかどうかが、それほど問題にはならなくなることでもある。科学者の小さなコミュニティだけを相手に論文を書いているあいだは、戦略的誤認はそう簡単には犯せない。というのも、読者のほとんどが、誤りを訂正しようとするからだ。そして実際、訂正されることが多い。

しかし、大勢の一般読者を対象に本を書くようになると状況は一変し、報道官モジュールは、その事実を都合よく利用しようとし始める。グールドは、一般読者向けの本を書いていた。おそらく一般読者の多くは、グールドが「あの著者はこう書いた」としたためれば、その記述をそのまま鵜呑みにしてもおかしくはない。誰も事実をチェックしない限り、彼は、ばれる心配をせずに、また説明も求められずに、自由にストーリーをつむぎ出すことができた。彼には、なぜなぜ物語〔ラドヤード・キップリングの童話で、ゾウの鼻はなぜ長いかなどの問いを空想の物語によって説明する〕をつむぎ出しているとして他の著者を非難する傾向があったことを考えると、これはまさに皮肉としか言いようがない。

きわめて重要な進化生物学者なのに、一般にはあまり知られていないジョン・メイナード＝スミスとエルンスト・マイヤー[*]は、グールドに対してきわめて批判的だ。前者は一九九五年に、「グールドは一般読者に、進化論の現状に関して大きく誤った考えを植えつけた」と述べているが[74]、そのような批判もほとんど功は奏さなかった。誰も提起していない見解に反対する、とても賢明な見方の擁護者として振る舞うグールドの戦略的誤認は、それほど効果的だったのだ。彼は、有名で富裕、かつ間違ったまま亡くなった。

一人の科学者が、自分の専攻する分野に関して、一般読者に「誤った考えを植えつける」という事態は、奇妙に思われるかもしれない。だが、私たちの祖先が進化してきた、文字もインターネットも存在しない世界では、グールドがやったような目にあまる誤りは、記録に残りようがなかった点を考えてみればよい。話し言葉しか存在せず、言語がつかの間のものでしかなかったときには、誰が何を言ったかを確かめるのは困難、もしくは不可能であった。戦略的誤認を駆使するマキャベリ主義者たる報道官に説明責任が求められるようになったのは、近代以降のことにすぎない。

しかも、現代ですらそのことは問題にならないようだ。何しろグールドは、うまくやったのだから。

[＊] グーグルでは、「グールド（Gould）」は「メイナード＝スミス（Maynard Smith）」の一〇倍の件数が検索される。マイヤーはそれより多いが、それでもグールドとは大きな差がある。

さらに言えば、類似の戦略を駆使して成功を収めた者は他にもいる。私はかつて、スティーヴン＆ヒラリー・ローズによって編集されたある本について、かなりのスペースを費やして論じた。[75] ここでそれを繰り返すつもりはないが、この本の寄稿者たちは、人々があらゆる種類の愚かなことを信じている、神話に満ちた世界にひどく腹を立てているようだとだけ述べておく〔参考文献によれば『Alas, poor Darwin: arguments against evolutionary psychology』と題する本のことで、米アマゾンの概説によれば進化心理学の根拠の薄弱さを批判する〕。

もう一人、ゲアリー・マーカスを例にとろう。なお私は、彼の考えに基本的に同意するし、彼のファンであると言ってもよい。また彼は、私が大きな影響を受けたスティーブン・ピンカーに師事していた。マーカスは、近年の著書『脳はあり合わせの材料から生まれた──それでもヒトの「アタマ」がうまく機能するわけ』で、あらゆる適応が最適に機能すると考えているとして進化心理学者を非難し、そうではなく「進化は、経路依存性（つまり歴史）、トレードオフ、制限のために、適切と言えるに十分な程度の結果を生む」と主張する。[76] ここでのポイントは、十分と言える程度の適切さで設計された何かと、最適に設計された何かの違いにある。マーカスは、心が最適に設計されていなければならない理由はないと主張しているのだ。

マーカスは自分の主張を裏書きするために、ジョン・トゥービーとレダ・コスミデスの論考から次のような一文を引用している。「自然選択には、非常にうまく（superlatively well）設計された機能の蓄積をもたらす傾向がある」。[*][77]

マーカスのこの戦略的な解釈を、ディナーパーティーにたとえてみよう。

スミス夫人：あら、ジョーンズさん。きょうのスープは、たいへんけっこうな（superlative）お味ですね。

ジョーンズ氏：ありがとうございます。

ゲアリー氏：何を言うか⁉ 確かにこのスープは実にうまい。とりわけレンズマメはすばらしい。だが、これまでにこの世に存在したあらゆるスープのなかでも、このスープがもっともうまいなどとは誰にも証明できないはずだ。〔「superlative」には「最高の」という意味があるが、一般には「非常にすぐれた」程度の意味で使われる〕

スミス氏：おいおい。いったいどこの誰がゲアリー・マーカスを招待したんだ？

マーカスによるトゥービーとコスミデスの引用、批判は、言葉尻を捉えたものだ。マーカスは、二人が「superlative」という言葉を、「完璧（perfect）」「最適の（optimal）」という意味で使っているように、読者に思わせようとしている。しかし、トゥービーとコスミデスはその意味では使っていない。以下に証拠を二つあげよう。

トゥービーとコスミデスの論文の、マーカスが引用した箇所の二段落あとに、「適応が最適以下（suboptimal）であることは確かだ（……）」とある。また、マーカスが引用している、まさにその段落中で、

［＊］強調はマーカスによるもので、トゥービーとコスミデスのものではない。おそらく人間の記憶システムは、最適に設計されておらず、あり合わせの材料からできているために、マーカスは自分が原文に手を加えた事実を忘れてしまったに違いない。

「自然選択が完全な最適性に達することを妨げる数多くのプロセスが存在することを示す詳細な議論として」、リチャード・ドーキンスの『延長された表現型――自然淘汰の単位としての遺伝子』を参照するよう読者に求めている。[78]

とはいえ、グールドもマーカスも、進化心理学に対する新参の批判者デイヴィッド・ブラーに比べれば、まだましである。二〇〇八年の後半、ブラーは『サイエンティフィック・アメリカン』誌に、進化心理学に対するいつもの批判記事を寄稿している。あまりにも誤りが多く、どこから指摘してよいやらわからないほどだ。だが、きわめつけは次の一節である。「人間の心理メカニズムには、更新世に形成されたものもあることは確かだ。しかし、それ以前の進化の歴史のなかで形成された遺物も存在する（……）」。要するに、進化心理学者は、人間が更新世にどこからともなく出現したと考え、最新の進化に先立って形成されたモジュールが存在するとは一秒たりとも考えたことはないと、ブラーは言いたいのだ。まったくばかげた話だが、進化心理学者は、人間の心の進化に関してまともな考えを持っていないと示唆するには、これは効果的な戦術だと言えよう。

コストが小さく、利点が多ければ、そしてとりわけ自分の謬見を他人に説得できれば、戦略的誤認は、効果的であり得る（「道徳的」とは言えないが）。

真実を知ることには、恩恵より面倒が伴う場合が多いので、悲しいことに、戦略的誤認は、きわめて効果的になり得るのである。

とはいえ私は、グールド、ブラー、ローズや、彼らの仲間たちが、（必ずや）うそをついていると言いたいのではない。その可能性はなきにしもあらずだが、少なくともいくつかのケースでは、彼らは、自分たちが勝手にあげつらう見解を、批判の対象者が確かに抱いていると示唆したいがために、それらの人々が書いた著書や論文を都合よく誤読し（あるいは思い出し）、その誤情報に基づいて読者を説得しようと試みているものと見なせる。要するに彼らは、自分が批判の対象にしている著者の真意に戦略的に無知になることで、あるいはそれを戦略的に忘却することで、うそをつかずに自分たちの批判が正当であることを示しているのだ。あなたが地球は丸いと言ったことを私が忘れていれば、私はあなたを、地球が平らだと考えているとして公然と非難できる、というわけである。

戦略的誤認には、すぐれた記憶力が求められる。というのも、自分が支持したい見方を裏づける事実を思い出し、都合の悪い事実を忘れるためのメカニズムが必要になるからだ。そのような記憶メカニズムが存在する証拠はある。そしてそれは、モジュールが戦略的誤認の恩恵を受けるべく実装される、そのあり方の一つを示すものでもある。[79]

それはすべてモジュールに実装されている

本章は、誤認の恩恵に関連して、誰もが経験し得る現象、偽薬《プラシーボ》を取り上げることで締めくくる。これは次のような効果だ。患者は、何の効き目もない薬を服用したにもかかわらず、有効な薬を与えられたものと信じて、病状が改善したかのように感じる。これはある意味で、何を受け取ったかに関して患者が「誤認」しているとも言える。そもそも研究が困難なこともあり、プラシーボ効果をめぐっては、多くの論争がある。典型的なプラシーボ対照群を用いた比較研究では、実薬を服用した被験者のグループと、偽薬を受け取った被験者のグループの回復率を比較し、実薬が偽薬より効果的か否かを検証する。プラシーボ対照群に属する、一定の割合の被験者にも改善が認められた場合、その研究のみから、プラシーボ効果なしでも病状の回復が得られると結論することはできない。

他のさまざまな学問領域同様、辛らつな議論が展開されているこの論争に、あまり深く首を突っ込みたくはないところだが、本書との関連において、プラシーボ効果をどう捉えればよいかを簡単に述べておきたい。

第一に指摘しておきたいのは、誰かがあなたに何かを言っただけでも（「この薬には、苦痛を和らげる効果があります」など）、あなたの体調や（苦痛などの）経験が変わり得るという事実を、驚くべきことだと見なすべきではないという点だ。当然、それらは変わり得る。人間の生理的な反応は、他人の言葉によってつねに深い影響を受けている。身内の死を告げられたとき、あるいは宝くじにあたったと知らされたとき、その情報によってあなたの感覚が深い影響を受けなかったとしたら、そのほうが驚きであろう。

しかし、それにはもっと基本的な事実が存在する。あなたが耳にすることは何であれ、あなたの脳に影響を及ぼす。二元論を回避したいのであれば、情報処理の意味は、何らかの様態で脳が変化することだと見なさねばならない。ならば、偽薬を服用する際に、医師などの特定の人物が発した言葉が、脳に影響を及ぼすことが驚きだという発言は、まったく解せない。では、特定の人物が発した、たとえば身内の死を知らせる言葉が、いかにして脳に影響を及ぼすのか？　同じようにして、である。話し言葉は、どんな場合にも脳や生理メカニズムに影響を与えているのであり、それが、話し言葉がすることの、そしてできることのすべてだとも言える。

よって、問われるべきは、プラシーボ効果がなぜ生じ得るのかではなく、その詳細にある。正解ではあり得ない答えを一つ指摘しておこう。それは、「進化の歴史を通じて、プラシーボ効果の影響を受けやすい人は、そうでない人に比べて治癒が早かったので、その効果を受けやすいという特徴が選択された」というものだ。この説明では、何かが「タダで」得られることになる。つまり、偽薬の投与であろうが、神様の信仰であろうが、それ以外の何であろうが、病気から、より完全に、あるいはより素早く治癒が得られる手段があるのなら、自然選択は、プラシーボ効果が得られるか否かにかかわらず、より完全に、もしくはより素早く治癒が得られる手段を単純に選択するだけのことだ〔要するに、そのような説明では、治癒の効果を高める手段として、ほかのどんな手段をさしおいても、プラシーボ効果が特に選択されるべきいかなる根拠も示されていないということ〕。回答は、それよりももっと精巧なものでなければならない。私の回答が正しいかどうかは何とも言えないところだが、一つの考え方であることに変わりはないと前置きしたうえで、その説明にはトレードオフという要因が含まれねばならないと指摘しておく[80]。

痛覚システムは、少なくとも一部は、さらなる損傷を避ける行動へとその人を導くよう設計されていると考えられる。足首をねんざしたとき、動こうとすると痛みを感じるのはそのためだ。いわば、進化によって発せられた、じっとしているよう指示する命令だとも言える[81]。もちろん、それによって食べ物を調達したり、社会関係を築いたり、足のフェティシズムにふけったりする能力が損なわれることは確かだが、損傷が悪化する可能性は小さくなる。また、このシステムは、生死がかかった局面で、すでに負った傷の痛みをこらえながら危険な事態に対処するときなど、一時的にシャットダウンされる場合がある。たとえば、一人の兵士が、石に蹶躓《けつまず》いて痛めたつま先を立ち止まってさすっていたとする。そのとき味方の兵士が、彼に向かって「背後に敵がいるぞ！」と叫んだら、その兵士の感じる痛みがどう変化するかを考えてみればよい。このように、言葉は経験に深い影響を及ぼし得る。かくして痛覚システムは、すぐれたエンジニアリングだと見なせる。

ということは、痛みとは、トレードオフのメカニズムなのだ。今休息すれば、身体の資源を、他の活動に振り向けずに、治癒のために使える。このように、治癒の意義の大きな部分は、トレードオフに求められる。免疫系を完全な形態で維持するには、莫大なエネルギーを要する。事実、人間を含め多くの生物では、ストレスを受けると免疫系の働きが抑制される。[82]これはまさにトレードオフの存在を示し、ストレスを受けた生物は、資源の割り当てを免疫系から他のシステムへと転換しなければならない。

したがって痛みは、治癒と他の活動のバランスをどうとるべきかを示す、ある種の情報として捉えられる。バランスのとり方は、さまざまな条件によって異なり得るが、とりわけ人間にとって重要な要因の一つに、社会関係がある。身体の具合が悪くても、まわりの人々が援助してくれれば、治癒を最優先させる必要はなく、それに費やさねばならないエネルギーを、別の有益な活動に振り向けられる。[83]特定の状況下では、身体の持つあらゆる資源をただちに治癒に割り当てる必要がないことを確信できれば、痛みを「無効化」することには意味がある。この見方に従えば、プラシーボ効果とは、痛みを鎮静して、他の仕事に取りかかるために、痛みのトレードオフを「無効化」へと設定し直すことなのだ。

患者と医師の関係から生じるものとして、プラシーボ効果を説明する人も多い。[84]その可能性はある。誰かが私をケアしてくれ、その誰かが、自分のすることは何であれ有益だと信じているのなら、私は、自分の身体が備える、高くつく治癒システムの働きを緩和したほうがよいのではないだろうか。どんな助言にも言えるが、信頼できる医師や友人の言葉が、このようなあり方で自分の体調に影響を及ぼさないはずはない。このように、「プラシーボ効果は〈特別な〉治癒効果をもたらす」などといった主張ではなく、生理的なトレードオフに焦点を置く主張であれば、プラシーボ効果の妥当な説明はいくらでも思いつく。

まとめ

本章では、さまざまなことを述べた。よって、次章に移る前に、簡単なまとめをしておこう。ここまで私は、他の著者なら別の概念や用語を使って表現するはずの一連の現象を指すのに、「戦略的誤認」という言葉を用いてきた。「ポジティブ・イリュージョン」などの用語は、これらの現象の一部を表現するのには適切だと思うが、個人的には「戦略的誤認」という言葉を使いたい。というのも、この言葉は、自分に都合のよい状況をもたらす何事かを他人に説得するという、人間が持つシステムの機能をうまく表現するからだ。私は「イリュージョン」という用語を、ある特定の環境で機能すべく設計されたメカニズムが、本来とは異なる環境のもとで機能することで生み出された副産物を指すものとして捉えている。それに対し、「戦略的誤認」は、脳のさまざまな部位が持つ本来の機能のあり方だというのが、私の考えである。

また、本章で「戦略的誤認」として取り上げた現象を、「自己欺瞞」の例として捉える人もいる。次のように考えているからであろう。「これらの例に該当する人々は、同じ情報を持っていても偏見のない人なら、決して信じたりはしない何かを信じているのだ。たとえば、〈私のひいきのサッカーチームは、ハーフタイムの時点で二対〇のスコアで負けていても最後には絶対に勝つ〉〈たった今電柱に衝突したばかりでも、自分が優秀なドライバーであることに変わりはない〉〈念じてサイコロを振れば、思いどおりの目が出せる〉などのように」。要するに、脳全体は、何が正しいかを知るべき、あるいはおそらくすでに知っているはずにもかかわらず、何か別のことが信じられるよう自分をだましているのだと考えているのだ。

モジュール理論なくしては、これらの現象が謎に思えるのも無理はない。心の部位（モジュール）のなかには、戦略的な利点のゆえに、ものごとを誤認するよう設計されているものもある。これらのモジュールはプロパガンダを生産する。そしてこの情報は、政治的なプロパガンダと同様、つねに正しいとは限らない。

このように考えると、私には「自己欺瞞」と呼べるような何かが起こっているとは思えない。この種の呼び方は、「自己」の概念に固執し、モジュールの集まりではなく統合された「自己」として心を捉える、問題を多分に孕《はら》んだ心理学の見方から生じる。以下の二章で見るように、「自己」(self)という用語を含む理論に遭遇したときには、用心を怠るべきではない。システムの一様態としての誤認が、「自己」の欺瞞を意味すべき理由は、私にはまったく思いつかない。おそらくは、何らかの意味で欺瞞は起こっているのかもしれないが、それは、あるモジュールが別のモジュールをだましているといったたぐいのものではない。

社会生活においては、説得に大きな効果があるために、真実を正確に知らないほうがうまく解決できる問題があるのなら、多くのモジュールは、自分の特徴、能力、将来に関して、戦略的謬見を持つよう設計されていると考えるべきだろう。

ときには、あるいはもしかすると多くのケースでは、真実は有益である。したがって、真実の発見のために設計されたモジュールがあっても不思議はない。

ならば、他人の説得のために戦略的謬見を持つよう設計されたモジュールと、できるだけ正しい表象を持つよう設計されたモジュールの両方を備えている場合、いったい何が起こるのか? カーチェイスで、追っ手にブートレッガーをかますべきか否かの決定を迫られるまでは［ブートレッガー(bootlegger)とは本来酒類密売人を意味するが、ここでは、車を瞬時に反転させる運転テクニックを指す。ちなみに、米映画でよく見かけるように、酒類密売人は警察の追跡を振り切るために、高速が出せるよう改造した車に乗って無茶な運転をすることで知られる」、自分が優秀なドライバーであるという表象を抱いていても、それほど大きな問題はないだろう。一般には、広報モジュールは戦略的謬見を、また、意思決定を下すモジュールは正しい表象を持つことが理想であろう。ということは、奇妙にも、一つの心が、互いに矛盾する二つの表象を持たねばならないことになる。

本書の冒頭でそれに類するケースを取り上げたが、この見方は次章で役に立つ。

第7章

自己欺瞞

Why

■二タイプの「自己欺瞞」のうちのもう一方を検討する。それは、互いに矛盾する複数の信念を同じ脳内に同時に持つことであり、それらの信念の一つは第6章で検討した戦略的謬見である。このような見方をとることで、自己欺瞞の問題は回避し得る。■

不運なことに、フレッドは末期のがんだった。彼の命は、およそ六か月、長くて九か月と宣告された。それればかりか、六か月生きるためにも、毎週一回、苦痛に満ちた治療を受けなければならなかった。フレッドは、がん患者にとって大切なのは前向き《ポジティブ》に思考することだと信じていた。誰かが具合を尋ねると、彼は、全快して医師を驚かせるつもりだと答えた。事実、全快への信念はとても強かったので、週に一度の治療さえ無用だと言った。だが実際には、治療は受けるつもりだった。というのも、かわいい妹にそうすると約束していたからだ。「妹と私はとても仲がいい。彼女のためなら何でもする。それで彼女の気分が晴れるのなら（……）」とは彼の言である。

約束どおりフレッドは治療を受け、明るく振る舞い、船旅に出るために五〇ドルを貯金し、そしてがんを診断されてから七か月後に亡くなった。

さて、フレッドは自分をだましていたのだろうか？

これを「自己欺瞞」の一例と見なす人もいる。というのも、フレッドは、「自分は必ず回復する」という、事実に反する信念を抱いていたからだ。加えて、治療をわざわざ実際に受けたということは、彼は自分の言ったことをほんとうには信じていなかったとも考えられる。したがって、「フレッドは自分をだましていた」という言い方は、間違っていないように思われる。事実、このようなケースは、自己欺瞞の例として引き合いに出されることが多い。

ところで、前章のポジティブ・イリュージョンのケースでは、たった一つの（正当化されないポジティブな）信念が関与しているのに対し、フレッドの例では、互いに矛盾する二つの信念が関わっている。これまで見てきたように、「互いに矛盾する二つの信念」という言い方は、見方によって、逆説《パラドックス》に聞こえもすれば、心のモジュール性の必然的な帰結だとも見なせる。

心の統一性を強調するモデルに従えば、互いに矛盾する二つのものごとを信じるという考えは、理解しがたい。このモデルでは、入力されたさまざまな情報を集めれば、それらの結合によって、何らかの統一的な結論が導かれるはずだと考えられているのだから。統一された心が存在するのなら、その心は、何らかの妥協を見出すか、どれか一つの信念を優先して、その他すべてを排除するしかない。それゆえ心理学者たちは、「同一人物が、同じものごとを知っていると同時に知っていないように見える」とき、「自己欺瞞」についてうんぬんするのだ。[1]

私は、誰もが心の機能をそのように捉えていると言いたいわけではない（ちなみに、私はほぼ誰もがそう捉えているのではないかと実際には思っているが、そのことは、ここでの議論には関係がないので、あえて「誰もが」とは主張しない）。ここで私が言いたいのは、「心の機能を、合理的に情報を処理し、何が正しいかに関して最善の推測をすることだと捉えるのであれば、矛盾は、もっともあり得そうな推測を選択することで解決されると考えざるを得ない」ということである。

しかし私の見るところ、その見方はそもそも混乱している。

自己欺瞞に関して自己をだましているのだろうか？

私は、哲学や心理学における自己欺瞞への執着を理解するのに困難を覚える。本書を読んでモジュール性の考えを理解した読者にも、事態は同様に思えるはずだ。そこで、この分野の歴史的な経緯を振り返り、統一された心という概念が、いかに私たちの思考を導いてきたかを検討してみよう[2]。

この分野におけるもっとも重要なできごとの一つは、心理学者ルーベン・ガーとハロルド・サッカイムの手になる論文の発表である[3]。二人は、被験者に自分の声を録音させ、他の被験者の録音から自分のものを判別させた。その際、被験者には、ガルヴァニック皮膚反応（ＧＳＲ）を測定するための電極が取りつけられた。ＧＳＲを用いて興奮の度合いを測定することで、被験者が声を誤認したケースを特定しようとしたのだ。二人は、それまでの研究に基づいて、自分の声を他人のものと判別したときには、ＧＳＲの測定値が高くなると予想した[*][4]。この実験の意義は次の点に求められる。被験者が声を誤認したときにＧＳＲの測定値が高くなるのは、その声が自分のものではないと口では言ったとしても、声が自分のものだと（どうにかして）知っているから、すなわち被験者の心のどこかにそのような表象が存在するからであるとしか考えようがない。二人は、被験者が単にうそをついているにすぎないという状況が起こらないよう、さまざまな手段を講じている。ここでは、彼らはそれには成功したと仮定する。

実を言えば、ガーとサッカイムのおもな関心は、単に自己欺瞞の存在を実証することにあり、その点で実験は成功だったとしている。彼らは、「被験者が自分と他人の声を取り違えたとき、あるレベルでは、正しい判別がなされていたことが示された」「被験者は互いに矛盾する複数の信念を同時に抱いていたが、自分が声を取り違えている事実には気づいていなかった」と述べ[5]、自己欺瞞の証拠が実際に得られたと結論する（「気づく」という用語の問題についてはあとで検討する）。

もっと最近の研究として、アンソニー・グリーンウォルドによるものがあげられる。彼は、フレッドの例にも似た、「不治の徴候が認められながらも回復を期待するがん患者」の話から論考を開始し、「おそらくこの患者は、無意識のうちに自分の病気が不治であることを知っているが、その知識が意識にのぼらないようにしているのであろう」と述べる。[6]

そして、以下の三つの問いを提起する。

人はいかにしてpを知ると同時に知らないことが可能なのか？

意識によってpを捉えないことにどんな利点があるのか？

より素早く正確なシステムが無意識的であるのはなぜか？

これらの問いは、心の問題がこれまでどう捉えられてきたかを如実に示す。グリーンウォルドは、「人」が何かを知るあり方について問い、彼が言う「劇的なステップ」を通じて、[7]「人の持つ知識は、統合化された単一のシステムに組織化されるとする前提」を捨て去る可能性を示唆する。

グリーンウォルドが例にあげるがん患者の振る舞いに対する一般的な説明は、動機によるものだ。[8]すなわち、自分がもうすぐ死ぬとは信じたくないから、フレッドは「自分は死なない」と信じるよう動機づけられていると見なすのである。「患者は自己を守るべく動機づけられている」などといった表現を、読者もどこかで読んだことがあるのではないか。

［＊］ 私なら、「口はノーと言ったが、皮膚はイエスと言った」と考える。

このような見方の問題は、はっきり言えば、私には何を言っているのかがさっぱりわからないことだ。そもそも私は、守るべき「自己」が存在するとは思わない。事実、私の知る限り、正確に何が何を保護しているのかを首尾一貫して説明した記述は見たことがない。この分野の研究者が一般に忌避しているモジュール理論の助けなしには、彼らが何を言っているのかを明確にすることは不可能であろう。また、情報処理が心の機能のすべてなら、「動機」という用語は、ある種の情報処理を意味しなければならない。[9] さもなければ、バジーの世界に戻ってしまうだろう。自己欺瞞とは、バジー流の、あるいは「自己」流の安心感だという主張は、私には受け入れられない。それはいったいどういう意味なのか？

啓蒙化された時代に生きている私たちにとって都合のよいことに、物理世界を記述する用語で、この点を説明する方法が一つある。次のように考えてみよう。サーモスタットは、わが家の室温を一定に保つよう「動機づけられている」のだろうか？　ある意味では、そのように振る舞うと言えるだろう。たとえば、温度がある範囲を超えて下がったときには、ヒーターをオンにする。サーモスタットに感情と話す能力が備わっていれば、温度を一定に保ちたいという特異な衝動、室温が低すぎる際に下すヒーターをオンにする決断、室温が適正なときに覚える満足感などを語ってくれるかもしれない。

サーモスタットは、室温をある一定の範囲に保つよう設計されているという言い方には、間違いなく意味がある。それと同様に、心のメカニズムは、ある一定の状態を引き起こすよう設計されているという言い方にも、おそらくは意味があるはずだ。具体的なものであろうが、抽象的なものであろうが、特定の目標を達成するための設計という見方は、「動機」の意味を理解するよい方法だと言える。

だから、「動機」というやっかいな概念は忘れて、「設計」という物理主義的な概念に注目しよう。動機の概念を完全に捨て去れば、「フレッド（の脳全体）が〈動機づけられている〉ことを語る意味は何か」

などといった難題を回避できる。かくして動機の概念を、何らかの目標を達成するための設計として捉え直したとする。ならば次に問われるべきは、「はたして〈自己の保護〉は、モジュールを設計するにあたって妥当な目標になり得るのか」だ。言い換えると、心、もしくはその一部は、満足感を得たり、不快感を避けたりするよう設計されているのだろうか?

進化は、人間の幸福に配慮したりはしない

「自己欺瞞は、〈自己を守る〉ために存在する」と主張する議論は、次のような考えだと見なせる。人間の脳には、苦痛を回避するために設計されたシステムと、未来を考えるためのシステムが備わっている。そして、これら二つのシステムが同時に機能したとする。その場合、自分の死が間近に迫っているという信念を採用すれば、他のモジュールによって悲しみの感覚が生み出されると「知っている」モジュールは、そのような信念の採用を回避しようとするだろう。言い換えると、あるモジュールが、自分はまもなく死ぬという信念を採用すれば、他のモジュールが悲しみを感じると知っており、なおかつそのような事態を回避「したい」のなら、このモジュールは、万事順調であることを示す表象を持てばよい。そう考えるのだ。[*]

この手の思考様式は、がん患者の差し迫った死の例ばかりでなく、前章で取り上げたものを含めさま

[*] これに関する通常の議論では、このような言い方はされていないが、私にはどう記述すればよいやらわからず、そういう言い方をするほかはなかった［「そもそも「モジュール」は、著者らモジュール理論を支持する人々が使う用語であって、一般に誰もが用いているわけではない」］。実際の議論は、「自己」をデカルト的な心と見なす二元論の、物理主義バージョンである。

ざまな事例に見出せる。自分が他の人々より賢くないと考えねばならないのなら、それはとても悲しい。だから、さまざまなものごとに対する信念の効果を予見できるモジュールは、それを斟酌《しんしゃく》したうえで、自分がとても賢く友好的で正直だと、あるいはたった今電柱に衝突して入院したばかりでも、優秀なドライバーだと考える頑《かたく》なな信念を生み出すのであろう。

心理学雑誌の記事によく見受けられる、心理現象に関する直観に訴える説明と同じく、このような見解は、もう少しじっくりと検討されてしかるべきである。

これらの説明が解決しなければならない、きわめて基本的な事項が少なくとも二つある。一つは、フロッガーの例と、正しい表象を持つことの価値に関係する。他の条件が等しいなら、そしてとりわけ、これまでの何章かで検討してきた社会的な戦略に関する議論を除けば、適切な意思決定を下す際には、間違った表象を持つより正しい表象を持つほうが、つねに有利な状況をもたらす。誤認の恩恵は、他人に何かを説得したい場合などの特定の状況のもとで得られる。

しかし、誤認の恩恵は、それによってより幸福になれることにあるのではない。その理由は、とても単純だ。

「進化は、人間の幸福に配慮したりはしない」[10]

自然選択は、繁殖の結果を通して作用する。よってモジュールは、繁殖成功度を高めるよう設計されていると見なすべきであり、個体の幸福度の向上それ自体とは何の関係もない。モジュールが何らかの結果をもたらすと、人は快《かい》を感じる場合が多いのは確かだ。それは、「これはよいことだぞ」「もう一度それをやってみないか?」というメッセージを伝える、進化流の言い方だとも見なせる。[11] だがシステムは、快それ自体が得られるよう進化したのではない。そのために特定のシステムが設計されたとは考えにくい。

概して心理学者は、この点をよく考えてみようとしない。事実、心理学者は自己評価の研究で、とりわけ自己満足を得ようとする欲望に人間が突き動かされていることを、ほとんど執拗とも言えるくらい強調する。では、経験的な問題として、自己評価の高さを保とうとする動機はどれほど重要なのか?

二〇〇四年、トーマス・シェフとデイヴィッド・フィアロンは、自己評価に関する研究を調査した論文を発表した。彼らは次のように述べる。「現在までに、それに関して少なくとも一万五〇〇〇の研究が発表されている。これはおそらく、社会科学の歴史のなかでも、一つの主題に関してなされた最大規模の研究だと言える[12]」。

何と! 社会科学における最大規模の研究体系なのだそうだ。もし、そのほとんどが時間の浪費にすぎなかったとしたら、何と悲惨なことか!

だから彼らは、「この努力はどんな恩恵を生んだのだろうか?」と問わざるを得ないのだ。

これはよい質問である。おそらく私たちは、社会科学者の勤勉さと、研究助成金や研究に費やされた貴い時間が、納税者にとって価値のある成果を生んだかどうかを知っておくべきだろう。では、日常生活において自己評価が果たしている中心的な役割について、どの程度解明されているのだろうか? その点を調査したシェフとフィアロンは、自己評価といくつかの要因の関係について得られた研究成果を要約している。それによると、たとえば、社会階級と自己評価の関係の報告は、「互いに競合し、非決定的で、一貫性がない」。自己評価の低さは犯罪を予示するのだろうか? この領域における発見は、「矛盾に満ちているか、根拠が薄弱である」。

比較的信頼できる発見が一つある。男性は女性より自己評価がわずかに高いのだそうだ。二人の言葉を借りると、あまりにもわずかなので「危険なほどゼロに近い」とのこと。[13]

シェフとフィアロンは、ロイ・バウマイスターらによる当時の最新の論文を引用している。バウマイスターらの報告によれば、「自己評価は、ほとんどどんなことに関しても、主原因や予測因子にはならない。（……）自己評価の高い人は、自分が他の人より賢い、ものごとに精通している、人気がある、好ましい、魅力的であるなどと心底から信じているが、これらの見かけの長所には、幻想にすぎないものもある」。[14] 繰り返すと、彼らの発見によれば、自己評価は、ほとんどどんなことに関しても、主原因にはならない。これは、自己評価を強調する見方にはとても都合が悪い。自己評価がほとんど何も引き起こさないのなら、それだけを追求したところで、何かよい結果が得られるとは思えない。要は、自己評価の概念は一種の袋小路なのだ。それ以上でも以下でもない。

シェフとフィアロンは、基本的に無益だという事実を無視してまで、心理学者が、幻想を追いかけているのはばかげていると指摘しているのだ。ロビン・ドーズは、著書『トランプの家（*House of Cards*）』で、自己評価の論文を編纂した本から次のような文句を引用している。「（少なくとも上に記した正しいモデルに従う人にとっては）本書のあらゆる章に見受けられる残念な側面の一つは、これまでの研究を通じて見出されてきた、自己評価とその影響の関係が、いかに弱いかがわかることだ」。[15] つまり引用元の本の著者は、次のように言っているのも同然である。「自己評価にはわれわれが考えているほどの効果はないという証拠が何度も得られているが、気にすることはない。何となれば、自己評価に重要な効果があることは、直観的に言って間違いはなく、われわれは、そこらの科学者とは違って、どんなデータが得られるべきかをすでに知っているからだ。不利な結果が何度も得られたからといって、ここでやめるわけにはいかない」。

もう一度よく考えてみよう。自己評価は、心理学において、経験的な問題に関して有意義な予測をするための理論的な概念として、ほとんど役に立たない。このことは、これまで長く知られてきた。ならば、心理学者は、証拠とデータを重視する科学者として、そのような考えはとうの昔に捨てたのではないのか?[16]

この分野での一種のゴールドスタンダードになっている、『自己とアイデンティティに関するハンドブック（*The Handbook of Self and Identity*）』の自己評価に関する章は、次の言葉で始まる。「人々は自己評価を高め、保ち、守ろうとするという見方は、社会心理学ではほとんど公理だと言ってもよい[17]」。「公理」という用語の使用は興味深い。つまりそれは、当然のこととして捉えられるべき前提だと、言い換えれば疑問を差し挟む余地のないものだと、さらに言えば人々が科学の営みに期待する反証可能性とは無縁のものだと主張しているのだ。

私自身も心理学者なので、自分の専攻する分野を、石頭の集まりだとか、証拠を無視する愚か者集団だとか、あまり悪くは言いたくないのだが……。

私の知る限りでは、一九九四年にドーズの著書が刊行されてから、事態はそれほど変わっていない。というより、心理学は、自己評価にさらに頑なに執着するようになった。心理学の主要なデータベースを、キーワード「自己評価（self-esteem）」で検索すると、二〇〇八年については、二四五〇件の論文が見つかった。それに対し、一九九八年には、八三六件にすぎなかった。どうやら、自己評価を扱った論文の増加はとどまるところを知らないようだ。

自己評価へのフェティシズムは、より一般的な幸福に対するよく似た執着を伴う。一般書店では、幸福に関する本が店頭を飾り、学会誌には幸福を主題とする論文が次々に発表される状況にある。[18]

もちろん、人々が幸福になるのはすばらしいことだ。誰もが幸福になってほしい。その点に異論があるわけではない。

しかし、本書で取り上げてきた興味深い発見を説明する段になると、その根拠を自己評価や幸福に求めてもおそらく無駄である。この認識は非常に重要になり得る。というのも、人はなぜ間違い、一貫性がないのかに関して、社会心理学者のあいだでもっとも広く通用している説明は、「自己の保護」「ポジティブな自己イメージの維持」、あるいはより一般的には「自己評価を高く保つこと」の必要性という考えに結びついているからだ。

シェフとフィアロンの調査結果を考えると、心理学者が、自己評価の必要性によってポジティブ・イリュージョンや自己欺瞞を説明できると考えている理由が見えてくる。要するに心理学者は、自己評価の必要性が基本的にすべてを説明すると考えているのだ。証拠によれば、ほとんど何も説明しないにもかかわらず。

脳は機能を果たすために進化したことを少しでも考慮に入れれば、自己評価が何も説明しないことはすぐにわかるはずだ。心は、自己評価のために設計されている（つまり自己評価を高めるよう「動機づけられている」）のではなく、心のシステムは、腹一杯食べること、評判、セックスなどの、適応に関連する状況を改善するために進化したのである。

クマに食べられる脳

では、進化は何に「配慮」するのか？

脳は、さまざまな感情を生み出すよう設計され、本書でこれまで見てきた数々の機能を実現できるよう配線されている。そして現代の私たちは、私たちの祖先を適応へと導いてきたものとほぼ同じ脳を備えている。

とはいえ、それとはまったく異なる配線がなされた脳を、少なくとも想像してみることは可能だ。たとえば、周囲で何が起こっていようが、幸福を感じる脳を考えてみよう。

そんな脳を持っていれば、きっと楽しいに違いない。つねに幸せを感じている脳を持つのは、何とすばらしいことか！　私も、そんな脳がほしい。

だが、そのような脳には根本的な問題がある。進化のプロセスにおいては、その種の脳はほとんど役に立たないのだ。

明らかに進化は、何を感じるかではなく、何をしたかに対して作用する。進化は、行動の効果を「見る」ことができる。つまり、行動によって、おのおのの遺伝子が子孫に受け渡される率が変わる。それに対し、幸福の効果を直接的に「見る」ことはできない。なぜなら、幸福や悲しみなどの経験それ自体は、遺伝子が子孫に受け渡される率に影響を及ぼさないからである。その人に幸福を感じさせる一方、（繁殖という側面で）何も有益なことをしない脳を形成する遺伝子は、みじめさを感じさせても、（繁殖という側面で）有益なことをする脳を形成する遺伝子に、例外なく敗れ去るはずだ。

それは苦痛の何たるかを説明する。苦痛は、状況を正すために適切な行動をとらせようとする、進化流の警告なのだ。「火に突っ込んだ手を引っ込めろ」「腐った肉を吐き出せ」「鼻に突っ込んだ鉛筆を抜け」などといったように。進化が幸福に関与するのは、純粋に手段としてそれを用いる場合に限られる。要するに進化は、人を幸福にすること自体には、何の関心もない。その人が幸福になるかみじめになるかなどにはまったく関係なく、状況に適応したあり方で行動させ、鼻に鉛筆を突っ込むなどの適応性のない行動を回避するよう動機づけるシステムが発達する方向へと作用するのだ。

端的に言えば、社会科学における適切な説明は、究極的には外界への効果に言及する必要がある。モジュールが機能するには、最終的には外界に変化が引き起こされねばならない。視覚システムの設計は、木にぶつかったり崖から落ちたりしないようにしながら、歩き回れるようにすることに関係する。人が果物を食べる理由を「果物はおいしい」からだとして、あるいは人が戦略的誤認を犯す理由を「自己を守る」ためだとして説明することはできない。モジュールが機能するあり方に快や苦が結びついていたにせよ、快や苦はそれ自体が説明されねばならない対象なのであって、モジュールの機能が存在することの最終的な理由にはならない。

私たちがこの種の「行動の説明」を適用するのは、人間に対してだけである。誰かが、「母ブタが子ブタを育てるのは、ブタの母親としての価値観を満たすためだ」と言ったなら、あなたはどう思うだろうか？　「母ブタにとってはそう感じられるのかもしれない」と答える人もいるかもしれないが、それでは、ブタの行動の科学的な説明にはならない。母ブタが子ブタを育てるのは、子ブタに栄養を分け与えるためであり、また母ブタの持つ器官や神経系がそのように行動すべく形成されているからである。

残念ながら、幸福の体験ということになると、進化はどん欲で意地が悪い。「快楽の踏み車（hedonic treadmill）」を考えてみればよい。実現を目指してこれまで長く努力してきたとても重要な目標が、たった今達成されたとしよう。たとえば、一五年間同じ職場に勤めたあと、やっと昇進した、あるいは私のような大学教員であれば、終身在職権を得たとする。その場合、目標を達成したのだから、以後の人生はとても幸福なものになるはずだと、読者は思うのではないか。生活していくのに、もはやたいした努力をする必要はないし、幸せに満ちた毎日が送れるに違いない。そう思うのだ。

ところが、そうは問屋が卸さないのである。目標を達成したことで、しばらくは幸福感に浸っていたとしても、人は比較的早くもとの幸福度に戻ってしまい、次の大きな目標の達成を渇望し始める。この分野の古典的な発見によれば、対麻痺《ついまひ》患者と宝くじの当選者は、不運もしくは幸運なできごとが起こってからしばらく経つと、ほぼ同程度の幸福度を報告する。[19]

この例や、類似の発見に対する私の解釈では、これは、ニンジンをわずかに手の届かないところにぶらさげて、私たちにより有益で適応的な行動をとらせる、進化の流儀なのだと考えられる。進化の歴史を通じて形成され得る、二つの心の設計を考えてみよう。一方は、ひとたび目標が達成されたら、それで満足して、毎日を愉快に暮らそうとする心であり、他方は、決して満足することがなく、一つの目標を達成するごとにさらなる高みを目指そうとする心だ。この場合、後者の心のほうが、たとえおもしろく感じられなくても、より有益なことをしようとするだろう。

既知の世界のすべてを征服したにもかかわらず、「私は悲しい。なぜなら、もはや征服すべき世界が存在しないからだ」という主旨のことをアレクサンダー大王が言ったのは、そのためであろう。[20]

これには、身に不幸が降りかかった人でも、いつまでも悲しまずに済むという利点がある。[21] 理由は単純だ。[*]

[＊] 悪いできごとが起きたとき、あきらめるよりベストを尽くしたほうが、進化はよりよい方向に作用する。あきらめる人は、平均してより少ない子孫しか残せない。

私たちの経験は、それを生み出すモジュールが、適応的行動へと導くことで得られる。紙による切り傷が「痛い」と感じられるべき理由は特にない。それを快く感じる心を想定することは可能だ。もちろん、そのような心を持つ者に、何か特別な恩恵が得られるとは考えられないが。

好きなときに快楽中枢を活性化させる能力を持つ脳を想像することも可能である。原理的には、あるモジュールが、快の経験に関わる他のモジュールを活性化することなどあり得ないと考えるべき理由はない。そもそも人は、麻薬を使ってその手のことを間接的に行なっている。麻薬とは言わずとも、うわさによれば、とりわけ昨今では、インターネットからダウンロードした視聴覚データの助けを借りながら、脳の快楽中枢につながる身体の特定の部位を刺激することで行なっているのだそうだ。

実際、あるモジュールが、他のモジュールの生む快感情に間接的に影響を及ぼす方法は、無知によるものを含めいくつもある。それがどういう意味かは、家に帰ってから録画を見るまで、スポーツの試合結果を何としてでも知らないよう苦心した経験がある人ならよくわかるはずだ。

とはいえ、私たちの心は、あるモジュールが、快の経験を引き起こすモジュールを、直接的に活性化できるような形態で設計されているとは思えない。これに関するマービン・ミンスキーの見解は参考になる。彼は、次のような簡潔ながら深い洞察を示して、みごとに問題の核心をつく。「快感情を生むシステムを直接コントロールできたら、実際に成功しようがしまいが、成功報酬として快を生み出せる。そうなれば、すべては終わるだろう[22]」。

すべてが終わるかどうかは私にはよくわからないが、言いたいことはよくわかる。SF作家のラリー・ニーヴンも、同じようなことを考えているらしい。ただし、他人の快楽システムを操れたらというSFストーリーによってだが。彼のSFシリーズ『ノウンスペース』では、ミンスキーが恐れている、まさにその状況を実現する武器「タスプ」を持った人物が登場する。つまりこの武器は、他人の快楽中枢を活性化して強烈な体験を覚えさせ、その人物を無力にできるのだ。

「自己を守る」「高い自己評価を築く」などといった動機を持ち出す説明は、完全にずれている。他の一連のモジュールに快を感じさせる役割を担うモジュールを備えた心を設計することには、意味はない。自然選択は快などの経験を「見る」ことができないのだから、どう見積もっても、そのようなモジュールが有益だとは考えられない。悪くすれば、そのモジュールが、特に客観的な理由もないにもかかわらず「快を感じさせている」、まさにそのモジュールが持つ機能が損なわれることにさえなりかねない。

つまるところ、心理学のあらゆる理論がいずれ直面しなければならない基本的な事実は、「脳は何かをするのに役立つ」ということだ。脳は行動を導く器官であり、持ち主に（進化的な意味で）有益なことをさせない脳は、繁殖の成功を導いてはくれない。心は、私たちが幸福になるためにではなく、何かをなし遂げられるように設計されているという点を考慮すれば、「私たちは〈自己を守る〉ために、誤った信念を系統的に用いる」などという見方は、まったく非論理的であることがわかる。

クマに出くわしたとき、恐怖ではなく至福を感じる脳があったとしよう。「向こうからクマがやってくる。（……）私は今悦びを体験している。私と、そしてクマ。（……）クマとのすばらしき合一。（……）ああああああ。（……）ぎゃあああ」。これでは、ダグラス・アダムズの、危険が迫ると黒くなるサングラスとたいして変わらない。クマが襲ってきたというのに至福を感じるような脳は、商売の世界では「カモ」と呼ばれている人の脳にも近い。

このような脳は、「自己を守ってくれる」から、あるいは「幸福感をもたらしてくれる」から何かを真実であると信じる脳（がんでは絶対に死なないと考えるフレッドの信念など）と同様、実際にはあり得ない。進化の観点から言えば、幸福感で満たすことそれ自体が機能の目的であるようなメカニズムを想定することには、何の意味もない。なぜなら、人間の感情それ自体は、自然選択には不可視だからだ。

ここで明確にしておくと、他の理由で間違っていること（これについてはこれまで詳細に論じてきた）の副産物として、幸福感を感じる可能性はまったくないと主張したいのではない。あるモジュールが戦略的誤認のために設計されており、それが抱く戦略的謬見が、たまたま他のモジュールにポジティブな感情を味わわせるという事態は、当然考えられる。

ましてや、人は自己評価を気にしないなどと主張したいわけではない。自己評価が低ければみじめに感じるし、高ければ気分が高揚する。では、人々の努力の目標ではないのなら、自己評価とはいったい何だろう？

マーク・リアリーとデボラ・ダウンズは、その答えを見出したようだ。[23] 彼らは「ソシオメーター理論」を提起し、自己評価を燃料メーターなどの測定装置にたとえる。燃料タンクが空《から》になったとき、人は、指でメーターをつかんで、ゼロから満タンの位置へと動かすことによって、問題を解決するのではない。[*] そうではなく、タンクに燃料を満たす。そうすれば残量を示すメーターは、満タンの位置に向かって動く。

彼らによれば、自己評価はそれと同じようなもので、自分が社会的にどれだけうまく振る舞っているかを示すバロメーターなのだ。「自分はみんなに好かれているだろうか？」「自分は重要な人物だと認められているのだろうか？」「さまざまな社会的なグループで活動しているか？」「あのグループに加わりたいのか？」「フェイスブックで友人が大勢できるだろうか？」「自分のメッセージにコメントしてくれるだろうか？」などの問いに答える際の指針になる。リアリーとダウンズによれば、自己評価は、人間関係がうまくいっているかどうかをモニターする測定装置であり、他人による自分の評価が低ければ針が落ちてみじめに感じ、高ければ上昇して高揚感を感じる。

この見方によれば、人々が、自己評価を高めようとしているかのように見える理由は、とりわけ成功すれば結果的に自分が他人にとって貴重な存在になれるような別の何か（自分の心ではなく外界に働きかける何か）を実行しようとしているからだ。モジュール理論とも共通点がある最新の考え方によれば、メーターは一つではなくたくさんあり、そのそれぞれが社会生活の各領域で、自分がどれほどうまく振る舞っているかをモニターする。[24]（この見方の別の意味合いとして、「人為的に自己評価を高めても、おそらく期待した効果は得られない」「メーターを〈満タン〉にすることは、エンジンを始動させることではない」があげられる）。

戦略的誤認は、とりわけ社会的な事象に関して言えば、他人に与える（間違った）信念の効果のゆえに適応課題の解決に役立ち得るが、幸福感を覚えるためだけに真実ではない何かを信じることは、クマの例が示すように、進化論に照らして無意味だと言える。もちろんそのことは、クマの例ほど極端ではないケースにもあてはまる。進化における生存競争では、次々に間違いを犯し、不適切な決断を下しながら、大きな自己満足を感じる人は、みじめに感じながらも正しい判断を下す人に、つねに敗北するであろう。

人々の感情に焦点を置かずに、脳の働きを説明するためには、機能によって生み出された結果を重視

［＊］デジタル表示以前の時代を知らない読者のために補足しておくと、かつてメーターは目盛りとそれを指す針から構成されていた。奇妙なことに。

する必要がある。というのも、進化にとって重要なのは結果だからだ。誤謬は一般に、社会的な効果を除けば悪い結果を生む。したがって、人々は自分自身について正しくないことを信じるよう動機づけられていると主張する人は、「不正確な信念は、いかにしてそのコストを埋められるのか？」という難題に答えなければならない。

のみならず、議論そのものが奇妙であることはすぐにわかる。「人々は自分自身について真実を知っても、みじめに感じない」と示唆するのではなく、「人々は自己を高く評価したいがために間違ったことを信じようとする」と主張するのはなぜか？「みんなはぼくのことが好きなんだ。（……）そうさ、そうに決まっている。（……）でも、みんな忙しくて電話する暇がないんだ。そ、そ、そうさ。ぼくは、とても満足だ」などといった屈折した信念を抱くのではなく、「みんながぼくのことを嫌っている。万歳！何通もクリスマスカードを送らずに済む」とどうして感じないのか？

「人は、自己を高く評価したいがために誤った信念を抱く」と主張することは、ある意味でたやすい。この見方は直観的に理解しやすく、実際に心理学者は、この一般的な見解を長く唱え続けてきた。だが、「すぐれた直観＝すぐれた心理学」という等式は成り立たない。機能面に焦点を絞って検討すれば、自己評価のような動機に基づく説明は、理論として怪しいことがわかる。進化の観点から見て、自己を高く評価するために間違った信念を抱くことに、いったいどんな利点があるのだろうか？　これまで見てきたように、現在得られているデータは、自己評価による説明に不利な証拠を突きつける。

自己評価の概念を適用しても多くを説明できないことがわかったからには、次にしなければならないのは、新たな概念を探究することだ。

自分にうそをつく

ならば、フレッドにはいったい何が起こっているのだろうか？

自己欺瞞をめぐるすべての混乱は、基本的に同一の誤りに起因する。これらのケースのすべてにおいて、議論は、信念を持ち得る唯一の単位である心の部位ではなく、あれやこれやの信念を持つ人をめぐってなされている。その様子はあたかも、人がすることは何であれ、実際には脳が実行しているのだという事実を、誰もが忘れているかのようである。「人」はなぜ、二つの互いに矛盾する信念や動機を持ち得るのかを問い始めた時点で、問題はすでに生じているのだ。

このような混乱には当惑を感じざるを得ない。コンピューターなどの、他の情報処理装置について語る際には、このたぐいの混乱はほとんど生じない。たとえば、コンピューター関係のフォーラムに次のような投稿があった（内容は多少要約した）。

外付けハードディスクをパソコンに取り付けて、ドライバーをインストールした。なのに、「マイコンピューター」の下にそれが表示されない。

パソコンは、外付けハードディスクが接続されていると「信じて」いるのだろうか？　ドライバーをインストールしたからには、接続されている事実を知っているように思われる。しかし、「マイコンピューター」の下に表示されていないということは、知らないようにも思える。私たちは、そんなことをいちいち気にするだろうか？

哲学者や心理学者がこれについてどう考えるかを想像しないではいられない。彼らはこう考えるだろう。コンピューターがハードディスクを認識していると同時にしていないのは、パラドックスだと言えるだろうか？　おそらくパソコンは、ハードディスクを認識しないよう動機づけられているのであろう。もしかすると、ハードディスクの接続を認識することは、パソコンの自己評価を低下させるのかもしれない。「たったの四〇ギガだって？　そんな装置は私にはふさわしくない！」と考えることで。

哲学者や心理学者は、「ジョンは、自分の妻が不貞を働いていないと自らに説得するよう動機づけられている」などといった言い方に意味があると読者に思わせたがっている。説得する者も、説得される者も、ジョンの脳、もしくはその一部でなければならないという点に気づきさえすれば（どうしてそれ以外の可能性が考えられようか）、この言い回しは、「ジョンの脳は、自分の妻が不貞を働いていないと自分の脳を説得するよう動機づけられている」と主張するに等しいことがわかるはずだ。そんな主張を実際に聞けば、誰もが頭痛を覚えるだろう。要するに、説得する者とされる者が同一なら、そもそも最初から説得の必要などないのではないか？

哲学者や心理学者は、通常この問いに対して、「意識」や「気づき」などの概念を持ち出す。彼らの言い分では、脳の無意識的な部位が、意識的な部位に何かをするのだ。この見方は、脳のある部位が他の部位に何かをするという意味なら、特に問題はない。さまざまな脳の部位がおのおの独自の情報を提供することで、バジーの自己評価を「保護」しようとする様子にたとえられる点で、私はそれを一種のバジー流の説明だと見なしている。とはいえこの説明でも、デネットのデカルト劇場でスクリーンを眺めている小人《こびと》ではなく、脳の部位の一つとしてバジーを捉える限りでは、特に問題はない。

「命題Pが心に浮かんできたときに、非Pと〈衝突〉しないよう、矛盾し合うこれら二つの信念をいかに〈分離〉しておけるか」に関する哲学者の論争を考えてみればよい[25]〔もとのマクラフリンの自己欺瞞に関する論文では、自己欺瞞の概念は、それを抱く人の心のなかに、命題Pを信じるだまされる部分と、非Pを信じるだます部分が同時に存在することを前提にする必要があるという点に関して、自己欺瞞の存在の肯定者と否定者のあいだで繰り広げられている哲学的な論争が検討されている」。「命題P（信念）が心に浮かぶ」という表現に注目されたい。この概念は、「思考」するバジーの存在を仮定すれば、よく理解できる。しかし、このような論争は、おのおのが独自の機能を並行して果たすシステムの集まりとして脳を捉えれば雲散霧消する。それらはすべて、情報を処理するという意味において「思考」する。意識を持つものもあれば、持たないものもあるが、「思考」の対立について論争すべき理由はない。各システムは、それぞれのモジュール内で、自分の役割をひたすら果たすだけだからだ。「衝突」という概念は、複数の信念が、一致するよう最初から設計されている場合に限って意味をなす。しかし車両模型の例を用いて示したように、実際はその反対であって、システム間の接続は築かれねばならないと考えるべきである。

ここまでの議論によって明らかになったと思うが、フレッドに何が起こっているのかという問いに対する私なりの答えは次のようなものだ。彼の広報モジュールは戦略的謬見を、また、彼の行動を導くモジュールはそれと矛盾する信念を持っている。広報システムは、その設計の目的にたがわず、依然として自分がよき投資対象であることを他人に説得するために、がんからの回復の見込みを宣伝するプロパガンダを流す。それは、参加の望みのない船旅のために、彼に五〇ドルを貯金させることさえする。プロパガンダのためなら、小さな出費であるとも言えよう。とはいえ、フレッドに死が差し迫っている事実を知ったら、誰もが、流氷に置き去りにされた伝説のエスキモーのごとく［エスキモーはかつて、高齢者を流氷に置き去りにすることがあったと言われている］彼を見捨てるだろうと言いたいわけではない。しかし競争の激しい社会では、人は、返礼を十分に期待できる人のために、自分の持つ限られた資源を費やそうとする。だからフレッドの広報システムは、自分にはわずかにでも価値があることを宣伝しようとしたのだ。

また、適切な意思決定を下すために、広報システムの持つ情報を無視して、可能な限り真実を知るべく設計されたモジュールもある。たとえば、すぐれた情報を持つ人々の助言、フレッドの例で言えば医師の指示に従うよう設計されたモジュールがあるかもしれない。広報モジュールは、言葉と行動のバランスをとるために、自らの行動を、あり得るもっともポジティブな光に照らして説明しようとする。「治療しなくても必ず回復する」と口にしつつ、「妹のためによかれと思って」などと妥当な理由を考え出して治療を受けることで、妥協を図ろうとするのだ。とはいえ、これらの信念のあいだの妥協を、強制的に図らせるものは何もない[26]。

では、フレッドはがんでもうすぐ死ぬと「信じて」いるのか？　この問いは、フレッド（フレッド全体）の信念への言及には意味があるという、事実とは異なる前提を立てている点で、「妻を殴るのは、やめたかね？」と問うのと大差がない。全体としてのフレッドは、何も信じてはいない。なぜなら、脳はそのようには構成されていないからである。フレッドのストーリーが悲しいのは確かだとしても、そう解釈することに何ら問題はないはずだ。フレッドの抱く互いに矛盾する二つの信念は、単純なミュラー・リヤー錯視や、そのたぐいの現象と同様、何ら神秘的なものではない。したがって、「フレッドは、もうすぐがんで死ぬとほんとうに信じていたのか」などという、答えのない問いに固執しない限り、フレッドの行動は、謎でも神秘でもない。

互いに矛盾する複数の信念を持つことは、一見すると奇妙に思われるかもしれない。しかし、モジュール性はそれを可能にする。錯視の例で言えば、外界から視覚情報を取り込み、それをもとに可能な限り適切な表象を構築する視覚システムは、特定の論理に従って、特定の方法で機能するよう設計されている。それと同時に、関連する別の（おそらくは多くの）システムは、別の情報源からデータを受け取るよう設計されている。二直線の長さが等しいという情報は、視覚システムの論理とは別の論理によって生成される。[*]

一般に、真実性に関する最善の見積もりを示さない表象は、多くの場合、他人の説得を担当する広報システムに結びついている。[27] それに対し、説得以外の機能を持ち、真実を示す可能性の高い表象を維持するシステムも存在するはずだ。何となれば、多くの目的にとっては、正しいことが、より有効に機能するからである。

本章のここまでの議論から、「自己欺瞞」は特別な説明を必要としないと結論できる。つまり、さまざまな部位から構成され、戦略的謬見はある部位に、より正確な表象は別の部位に保たれるなどといった心の組織化の様式のゆえに、「自己欺瞞」は生じる。[28]

最後に、意識と無意識の区別について考えてみよう。意識は、何らかのあり方で、他人に「漏洩《ろうえい》する」情報や、社会に結びついているように思われる。他人に信じてもらえれば自分に有利になるものごとに関する「意識的な」表象の維持は、広報機能に資する。このことによって、意識にアクセスできるのは、「戦略的誤認」を導くモジュールであるように思われる理由を説明できるかもしれない。

[*] これは、「誰がそれを信じるのか？ 私か、それともあなたの目か？」という問いに対する答えが後者ではないケースの一つである。

もちろん、それが意識の唯一の機能であると言いたいわけではない。私が言いたいのは、脳のシステムには、意識が（たまたま）伴っていない数多くの機能が存在し得るのと同じように、意識の伴う機能も存在し得るということだ。

したがって、意識を持つシステムが、広報を目的に設計されているのなら、これらのシステムには、多数の戦略的謬見が維持され、他人が信じると自分の評判を損なう可能性のある「真の」情報については、報道官システムから締め出されていたとしても、何ら不思議ではない。モジュール性は、かくのごとく心の報道官から特定の情報を締め出すことを可能にする。これは、戦略的な無知の持つ潜在的な利点のもう一つの例である。

Why

第8章

自己コントロール

■自己コントロールという言い方にも、自己欺瞞と同じことがあてはまる。いったい何が何をコントロールしているのだろうか？　またこれは、「好み」に関する議論にもつながる。人々は、「ほんとうの」信念を抱いているわけではないのと同じように、「ほんとう」の好みを持っているのではないのかもしれない。そして本章の最後の部分では、生物学、経済学、心理学の主要概念〈self-interest〉〔著者は［self-interest］を二つの意味で用いているが、その両方を表現し得る単語は日本語にはないので、〈 〉でくくったうえで英語表記のままとする。詳細は「利己的／自己利益」の節を参照〕について論じる。■

第1章で述べたように、経済学者のスティーブン・ランズバーグは、宇宙の二つの大きな謎として、「なぜ無ではなく、何かが存在するのか？[1]」と、「なぜ人は冷蔵庫のドアにカギをかけようとするのか？」をあげる。本章では、モジュール性の概念を用いて、二つ目の謎を解く[*]。

まず、冷蔵庫のドアにカギをかけることが謎であるとランズバーグが考える理由を思い出そう。人はいかに意思決定を下すのかという問いをめぐる、彼や他の多くの人々の考え方は、基本的に「マジック・エイト・ボール〔三四頁参照〕」モデルだと、私は考える。つまり、心をモジュール化されたものとは見なさず、人には選好があるという、見かけは単純素朴な前提をまず立てる[2]。たとえば人は、「私はデザート、スキー、ガールフレンドが好きだ」などと言う。必ずしも順序は正しくないが[**]、確かにこれらは私が選好するものだ。

　選好には順序がある。私は、とりわけあるものを別のものより好む。チョコレートケーキかアップルパイかと尋ねられれば、私は迷わず前者を選択する。

　重要なのは、選好には順序があると仮定すれば、私の意思決定が容易になるばかりでなく（好みの度合いが高いオプションを選べばよい）、私の行動も予測しやすくなることだ。今は午後八時で、夕食を食べ終わったところだとする。私は、夜中に必ずや目を覚ますであろうことを、また、その際ついでに冷蔵庫を開けてうまそうなチョコレートケーキを見つけた場合、「それを食べても構わないのか、それとも食べずにベッドに戻るべきか？」という、やっかいな問題に結論を出さねばならないことを知っている。だから私は、午後八時に、真夜中に目を覚ましたときにどうすべきかについて、いかにケーキが好きか、太りたくないかなどを思い浮かべつつ、心のマジック・エイト・ボールにお伺いを立てる。するとそれは、選好の順序や、それらがどの程度満たされるかを計算に入れ、ケーキを食べて少しばかり太るのと、食べないでわずかでも細身を保てるのとでは、どちらがよいかを答えてくれる[3]。

　心の機能に関してこのような見方をとる場合、いつ、どの部屋でマジック・エイト・ボールにお伺いを立てるかは、あるいはその際に空腹であるか否かさえ、私の選好には無関係であるために、まったく考慮されない点に注意されたい。真夜中にケーキを食べた場合に比べ、ダイエットを遵守したほうが、より大きな快《かい》をもたらすという計算結果になるのであれば、マジック・エイト・ボールの出す答えは、

[*]　もう一方の謎の解明はランズバーグに任せることにする。
[**]　とりわけガールフレンドに関しては。

つねに「ケーキを食べてはならない」になる。言い換えると、ケーキを食べて得られる快楽より、食べずに得られるわずかばかりの健康を私が選好するのであれば、真夜中にケーキを食べるべきではなく、この決定は、夕食直後に満腹して『ザ・シンプソンズ』を見ているときであろうが、夕食後しばらく経って空腹を感じているときであろうが変わらない。[*]

そのように考えるから、（経済学者や一部の心理学者にとっては）人々が冷蔵庫のドアにカギをかけることが謎に思えるのだろう。自分の選好を計算に入れたうえで、真夜中にはケーキを食べたくないという計算結果が出るのなら、私のマジック・エイト・ボールは、午後八時の時点でも真夜中でも、同様にその答えをはじき出すはずだ。かくして午後八時にも真夜中と同じ答えが出ると知っているのなら、冷蔵庫のドアにカギをかける必要はどこにあるのか？　その時点でのマジック・エイト・ボールの答えが「ノー」であれば、真夜中に目覚めた際にも、それは「ノー」と、すなわちケーキを食べてはならないと告げるはずだから、冷蔵庫のドアにカギをかける必要はない。また答えが「イエス」なら、真夜中にも「イエス」と、すなわちケーキを自由に食べてもよいと告げるはずだから、カギをかけるのは実際のところ間違った判断になる。

このような見方が、私が本書で提起する考え方とまったく異なることは、いくら強調してもしすぎにはならない。人はあらゆる情報を総合して答えを出すと見なす「マジック・エイト・ボール」モデルは、モジュール理論とはまったく正反対の見方であり、独自の断片的な情報、信念、機能を持つ多数のモジュールが存在すると考えるのではなく、すべての情報を一つのかたまりとして捉える。

経済学者とはいかに異なる見方を持っているかを強調したいがために、[**]彼らが信じていることを、私が性急に解釈しているのではないかと疑う向きもあるかもしれないが、宇宙の謎の一つとして、冷蔵庫のカギの話を持ち出したのは、私ではなく、ラ、ン、ズ、バ、ー、グ、であることを思い出されたい。彼は、その話をひどく謎に満ちたものに見せかけるような、意思決定に関する何らかのモデルを前提にしているに違いない。この点を明確にするために、リチャード・セイラーや、ノーベル賞受賞者ダニエル・カーネマンを含む、何人かの著名な研究者による、これ以上ないほど核心をついた言葉を紹介しよう。経済学の前提によれば、「ほとんどの（すべての？）行動は、行為の主体《エージェント》が、明確で安定した選好を持ち、それに一致する合理的な選択をすると想定することで、説明し得る[***][4]」。

実際、科学研究や、とりわけ経済学の大部分は、「人はさまざまな選好を持ち、それらには順序がある」という見かけは単純な見方に基づいている（たとえば私にとっては、ケーキを食べることより太らないことのほうが、優先度が高い）。この考え方は、正しければとてもすばらしい。

しかし、この見方をとる理論は、脳がこれらすべての選好をどのように統合しているのかという問題を無視し、その代わり、心がすべての選好を計算に入れながら、何をなすべきかを決めるのだと想定す

［＊］　空腹時に、よりケーキが食べたくなるかどうかは関係ない。もし食べたくなるのであれば、午後八時の時点ですでに「今ケーキを食べるより、真夜中に食べるほうが大きな満足が得られる」と知っているはずであり、そのことが計算に入るからだ。

［＊＊］　第6章を参照されたい。

［＊＊＊］　マジック・エイト・ボールのたとえは、それほどばかげているようには思えない。というのも、エイモス・トベルスキーとリチャード・セイラーも、ボールではなく本を使った類似のたとえを用いているからだ。「経済学における選択の標準的な定式化は、（……）〈人々は、完全な情報のもとで、自身の選好に関する情報を本のなかに参照しながら、それに基づいて状況に対応するというものだ〉（p209）」。

る。この見方は、先の引用にもあるとおり、「人間は合理的である」とする考えと関連させて言及されることが多い。これが正しいのなら、人間の行動の予測は実に簡単だ（それが言い過ぎなら、実際より簡単なはずだ）。個人の選好さえわかれば、その情報を用いて、その人がこれから何をするかを予測できるのだから。何とすばらしいことか。

残念ながら、この見方が正しいとは思えない。夜中に冷蔵庫のドアのカギをかけておく人がいる事実は、その見方が間違いであることを示す証拠になるが、問題はもっと深い。

コーヒーと赤ワインのどちらが好きか？　お茶しか飲まない人や禁酒主義者ではない限り、たいていの人は、どちらもある程度は飲み、どちらか一方を選択せよと言われれば困惑するだろう。経済学者は、この問いに次のように答える。何が好きかを知るために、内面を観察する必要はない。その人に選択肢を与え、行動を観察し、その結果をその人の「顕示選好（revealed preference）」と見なせばよい。[5] では、グラス一杯の赤ワインと、カップ一杯のホットコーヒーを提示されたら、あなたはどちらを選ぶだろうか？

あなたが私と同じなら、その答えは状況によって異なるはずだ。今は午前八時なのか、それとも午後八時か？　午前八時なら、赤ワインではなくコーヒーが飲みたい。午後八時であれば、コーヒーではなく赤ワインを選ぶだろう。多くの人々と同様に私は、朝には気分を亢進させる飲料、夜にはリラックスさせる飲料を選択する。ということは、どうやら私は、赤ワインよりコーヒーを好んでいるわけでもなければ、その逆でもないようだ。あるいはもしかすると、赤ワインよりコーヒーを好み、かつ、コーヒーより赤ワインを好んでいるのかもしれない。この言い方は、一見すると矛盾しているように思われる。私は間違った言い方をしたのだろうか？　私の好みは、「朝はコーヒー」で、「夜は赤ワイン」と言うべきではなかったか。時間的な要素をつけ加えさえすれば、矛盾なく自分の好みについて語れる。たとえば括弧書きを添えて、「ロバート（午後）はコーヒーより赤ワインを好むが、ロバート（午前）は赤ワインよりコーヒーを好む」と表現すればよいのではないか？[6] もしくは、選好の対象のほうに括弧書きを添えて、「ロバートはコーヒー（午後）より赤ワイン（午後）を好むが、赤ワイン（午前）よりコーヒー（午前）を好む」と表記すればよいのでは？

それでよいのかもしれない。

いや、それでは問題があるだろう。ロバート（午後）、ロバート（午前）を、好みを持つ主体として捉えることはすでに、人は好みを持つとする想定から離れて、一日の異なる時間において人は異なる好みを持ち得るとする見方へ傾斜している。[7] また、同じ事物を時間によって異なるものと見なすことは、滑稽に思える。いずれにせよ、それに問題を感じなかったとしても、人や選択可能な事物に括弧書きを添えるこの方法は、人間の好みから、意味ある括弧書きの要素を抽出することが困難になればなるほど、うまく機能しなくなる。

山岸俊男らは、この問題に関連する興味深い実験を行なっている。[8] 人は、緑色のペンとオレンジ色のペンのどちらを好むだろうか？　実に単純な問いだ。山岸らは、アメリカ人と日本人の被験者に、何本かの緑とオレンジのペンのなかから一本を選ばせた。どちらの色のペンを選択したかを確認すれば、その被験者の好みがわかる。違うのだろうか？　四本の緑色のペンと一本のオレンジ色のペンのなかからどれか一本を選ばせると、被験者は前者を選択した。どうやら人は、オレンジより緑のペンを好むらしい。

と、早合点してはならない。というのも、四本のオレンジと一本の緑のなかからどれか一本を選ばせると、被験者はオレンジを選択したからだ。今度は、緑よりオレンジのペンを好んだのである。

両方が同時に正しいはずはない。ならば、この場合のペンに対する好みとは、「色に関してそのときその場所で過半数を占めている」ペンを好むというものになるのだろうか。多少奇妙な言い方だが、好みの定義にはなっている。やや抽象的なきらいはあるが。

しかし、それも正しくはない。というのも、確かに被験者は、他の被験者が選ぶ前であれば、多いほうの色のペンを選んだが、グループの最後に選択した被験者は、平均すると、少ないほうを選んだからだ。[9]

ペンの選択にしろ、他の何にしろ、文脈が問題になる。好みに影響を及ぼすすべての要因を考慮に入れて、ペンの好みを定義することは、恐ろしく困難な作業になり得る。

それは、むしろあたりまえのことである。当然、文脈は重要だ。[10] おそらくこの考えは、人の好みを知るのはむずかしいという以上のことは教えてくれないだろう。好みが文脈に依存するのなら、文脈依存の好みを特定できるのではないだろうか。言うはやすしだが、これは実際にはむずかしい。なぜなら、何らかの要因が好みに影響を及ぼすことが判明するたびに、好みとは何かを定義し直さなければならないからだ。重要だと判明した文脈依存の要因ごとに、「コーヒー（午前）」などといった括弧書きを加えていたら、きりがなくなるだろう。

「顕示選好」の概念を用いたアプローチには、他にも問題がある。たとえば、あなたが緑色のペンを選択し終わったあとでは、もはや「あなたはオレンジ色のペンより緑色のペンを好む」とは言えない。そうではなく、あなたが選択した、まさにそのときの文脈のもとでは、あなたはそのような好みを持っていたと言えるだけである。というより、「文脈」とはいったい何かを考慮すれば、事態はもっと複雑であることがわかる。選択のどの側面が重要なのかを決定する理論なしには、文脈の定義は不可能であり、したがって何があなたの「文脈依存の好み」なのかを決定することもできない。[11] 山岸らの実験が示すように、各色のペンの割合など、文脈を構成する要因はいくらでも存在し得る。さらに言えば、仮にある一つの選択をめぐってすべての要因を抽出できたとしても、それらのあらゆる組み合わせについて、どれよりもどれを好むかを列挙した、途方もない「好みの一覧」を作成しなければならない破目に陥る。

この考え方をまともに採用したら、好みの意味の定義は、比較的単純なケースでも困難になるだろう。「ジョンは、二〇〇六年の晴れた火曜日の午後に、自分が最後に選択し、（……）である場合には、もっとも本数の少ないオレンジ色のペンを好むだろう」と言わねばならないとしたら、ジョンの好みは安定していると仮定できたとしても、それでは彼の行動を何も予測できない。なぜなら、次にジョンが決定を下すときには、いかなる要因から構成されるにしろ、文脈は変わっているはずだからである。このように、選択の文脈を詳細に特定すればするほど、一般化は困難になる。それとは逆に、選択の文脈を大ざっぱに捉えれば捉えるほど、ジョンがどんな決定を下すかを予測するために必要な情報が抜け落ちる可能性は高くなる。[12]

手短に補足しておくと、このように述べたからといって、人は安定した好みを持つと前提することが、まったく無益だと言いたいわけではない。特定の目的には役立つだろう。しかし、私は心理学者として、人がいかに決定を下すのかを知りたいし、ここまでの分析からわかるとおり、「好みの一覧」を持つ人間という見方は正しくないと考えている。

以上の議論から、たとえ直観に反したものでも、文脈を十分に考慮することが重要だという点は、少なくとも理解できるのではないか。ブルーベリーパイよりアップルパイが、またチェリーパイよりアップルパイとブルーベリーパイが好きな人がいるとしよう。アップルパイかブルーベリーパイのどちらかを、あるいはアップルパイ、ブルーベリーパイ、チェリーパイのなかからどれか一つを選ばせれば、明らかにこの人は、チェリーパイが選択肢に含まれるか否かにかかわらず、一番好きなアップルパイを選ぶはずだ。これに関して、哲学者の故シドニー・モルゲンベッサーをダシにした次のような「ジョーク」がある。

シドニー・モルゲンベッサー氏は、夕食を食べ終わったあと、デザートを注文することにした。ウエイトレスは、デザートには、アップルパイとブルーベリーパイがあると言う。彼は、アップルパイを注文する。しばらく経ってから、ウエイトレスは、チェリーパイもあることを忘れていたと告げに戻ってくる。それを聞いたモルゲンベッサー氏いわく、「では、ブルーベリーパイにしよう」。[13]

この問題を調査した研究が存在する。ある被験者グループには、六ドルか高級ペンのどちらかを選ばせた。すると高級ペンを選択したのは、被験者のおよそ三分の一だった。別の被験者グループには、六ドル、高級ペン、見るからに粗末なペンという三つの選択肢が与えられた。この三つ目の選択肢の追加によって、高級ペンを選択した被験者は、ほぼ半分まで上昇した。[14]

それに問題がなかったとしても、好みの特定にはそれ以上にやっかいな問題が絡む。人はAよりBを好むとともにBよりAを好むことが判明したら、好みの概念をどう理解すればよいのか？

「選好逆転（preference reversal）」と呼ばれる現象を扱う、これに関連する分野の研究では、ギャンブルを題材に実験が行なわれている。[15] これらの実験は、いくつかの選択肢を設定し、そのそれぞれにいくら支払うかを尋ねることで、被験者の好みを測定するという方法を用いる。[16] 次のような二つの賭けを考えてみよう。あなたなら、それぞれにいくら払うだろうか？

H：九回のうち八回は四ドルがあたる

L：九回のうち一回は四〇ドルがあたる

ほとんどの被験者は、HよりLに高額を支払う。（これは経済学者にはよく理解できるだろう。というのも、あたる確率と賞金額からすれば、HよりLのほうが、期待値が高いからだ）。

もちろん、単純にどちらの賭けを選択するかを被験者に尋ねることもできる。その場合には、被験者はHを選択する。ということは、被験者は、HよりLに高額を払い、直接的な比較ではLよりHを好む。ならば、被験者はいったいどちらの選択肢を好んでいるのだろう？　この問いに対する答えはないように思われる。好みが測定方法に依存するのなら、「真の」好みを前提することは、ばかげている。

おそらく、この種の効果のなかでももっともよく知られているのは、いわゆる「アジアの疾病問題（Asian disease problem）」であろう。何の対策も講じなければ、六〇〇人が死ぬ疾病が流行することが予測できたとする。この疾病に立ち向かうために、次の二つの対策のうち、どちらかを実施しなければならない。一つ目の対策を講じれば、確実に二〇〇人を救える。二つ目の対策をとると、三分の一の確率で患者の全員を救えるが、三分の二の確率で全員が救われない。この場合、ほとんどの人は前者を好む。

さて、今度は次のような選択肢を提示する。第一のプログラムでは、確実に四〇〇人が死に、第二のプログラムでは、誰も死なない確率が三分の一あるが、三分の二の確率で六〇〇人全員が死ぬ。この場合、ほとんどの人は後者を選択する。

もちろん、最初の選択と次の選択では、内容はまったく変わらない。したがって、人々の選択は、「何人を救えるか」vs「何人が死ぬか」という表現の相違に依存する。

人の「好み」が、表現方法に依存する事実は、賞金をたった今もらえるのか、あとでもらえるのかの選択にも見出せる。以下の選択肢を与えられたとする。

L：五年後に二五〇〇ドルがもらえる
S：一年半後に一六〇〇ドルがもらえる

この例でも前の実験と同じように、被験者に、(a)LかSのどちらを選ぶかを、または(b)将来の支払いの代わりに、ただちに現金支払いを受けられるのなら、各オプションに対して最低でもいくら請求するかを尋ねた。すると被験者は、(a)の選択についてはSを選んだが、(b)に関しては、SよりLにより高い値段をつけた。[17]

同様な事例は他にもたくさんある。また、人間はまったく合理的に意思決定を下すと見なす経済学者の予測に反する人間の行動について、まるまる一冊を費やしておもしろおかしく解説した本も刊行されている。[18]人々がこのような現象に驚いていること自体に驚きを禁じ得ないが、ひょっとすると私は、普通の人より合理的ではないのかもしれない。いずれにせよ、私の関心は、経済学者の期待どおりに人々が振る舞わない事実にではなく、モジュール理論を用いてこの種の矛盾を説明することにある。

文脈や、測定方法が好みを変えるのであれば、「人はほんとうに好みを持っている」という言う方は、「人はほんとうに信念を持っている」という表現と同様、意味をなさない。トベルスキーとセイラーが指摘するように、「選択や判断の際の文脈や手順は、それによって引き起こされた反応に示される好みに影響を及ぼす[19]」。

つまり、文脈は非常に重要なのだ。

モジュール性の概念は、なぜ、そしていかに文脈が重要かを教えてくれる

なぜ私たちの心は、かくのごとく機能するのか？　文脈やフレーミング効果〔決定が、環境などの枠組みに影響を受けること〕の影響を受けない脳を構築したほうが有利ではないのか？　文脈や状況を考慮に入れずに、その人の持つすべての好みと目的を統合する、マジック・エイト・ボール型の脳のほうが、人間にとって好都合ではないのだろうか？　脳がそのように機能したほうが「好都合」なのかどうかは私にははっきりと言えないが、証拠が示すところでは、実際にはそのようには機能していないようだ。

モジュール性の概念は、文脈がいかに重要かを教えてくれる。モジュールの設計と、それが対処する内的、外的な環境の特徴の理解は、選択のパターンの理解に役立ち得る。モジュール理論は、次のように考える。

モジュールには、差し迫った欲求を満たすために設計されているものもある。これらのモジュールは重要であり、生存や生殖に関わる基本的なニーズに結びついていることもある。生物学では、これらのニーズは、栄養摂取（feeding）、逃走（fleeing）、闘争（fighting）、および生殖（sex）を合わせ、「4つのF」と呼ばれる〔最後の「sex」は「s」で始まるが、本来「fornication」や、特定の放送禁止用語などが入る〕。そ

もそも、生存や生殖を可能にするメカニズムを持たない生物は、子孫を残せない。

これらのモジュールを持つ個体は、「満足の即座の充足」とも呼べる行動に駆り立てられる。甘いものや脂肪分の多い肉を食べたり、（エネルギー消費を減らすために）布団にくるまっていたりするときには、これらのモジュールが関与しているはずだ。あるいは、あとさきを考えずに会社のかわいい同僚とセックスするときにも。

これらのモジュールの機能を理解する一つの方法は、世界が明日滅亡するなら実行するはずのことをその人にさせるモジュールだと、おおよそ考えることだ。コメディアンのデニス・ミラーが得意とする、墜落する飛行機に乗った男に関するネタを思い出してみればよい。スチュワーデスは、客席を回って人生最後の飲み物の注文をとっている。するとこの男は次のように答える。「ダイエット・コークをくれ。（……）いやこの際、思い切ってレギュラー・コークだ」[*]。

便宜上、これらのモジュールを、「忍耐力のない（モジュール）」と呼ぶことにする〔「忍耐力のない」は「impatient」の訳であり、また「patient」は「忍耐強い」とした。なお、著者は、忍耐力を二項分割的にではなく、さまざまな程度があるものとしてアナログ的に捉えている〕。大ざっぱに言えば、それらは、倹約ではなく消費のために設計されており、繰り返すと、生存や生殖に関する基本的な行動へとその人を駆り立てる。たとえば、カロリーの高い食べ物の獲得、性的活動、あるいは人間の報酬システムの進化を促してきた、その他の刺激を求める行動などである。

定量的に言えば、これらのモジュールは、高い「割引率（discount rate）」を有する。割引率とは、あとではなく、すぐにもらえる報酬に、どれくらいの付加価値を見出すかを示す。低い割引率は、「報酬をもらうのはあとでもよい」を、高い割引率は「すぐにでも報酬がほしい。辛抱できない」を意味する。

ペンシルベニア大学の同僚、ジョー・ケーブルはそれを、年が経つにつれ熟成の度合いが増すワインを飲まないでおくことにたとえる。「今晩飲まないで寝かせておけば、何年か経ったとき、このワインはどのくらいおいしくなっているのだろうか?」。この問いに対する答えが、ここでいう割引率の一例になる。

それぞれのモジュールには、独自の割引率がある。たった今、何かを消費させようとするモジュールもあれば、あとで付加価値のある報酬を得るために、今は消費を控えさせる忍耐強いモジュールもある。[20]多くのモジュールは、忍耐力がない。というのも、競争的な環境のもとでは、そのほうが有利になる場合が多いからだ。手元にある何かを食べないでおくと、自分が死んだり、誰かに盗まれたりすれば、それに含まれるカロリーを摂取して自分の利益にすることができない。たった今見過ごされた利益は、未来永劫失われるかもしれない。これらのモジュールは、栄養価の高い食べ物、魅力的な異性、ハイリスクハイリターンの賭けなど、価値の高い適応機会が与えられると、より強く行動を支配しようとする。

だが、世界は明日滅亡するわけではない。人間は、もっと視野の広いモジュールも備えている。あとになって太って苦労することになってまで、たった今余分なカロリーを摂取しなければならない理由はない。よってレギュラー・コークを飲まないよう自制させるモジュールも存在する。このモジュールは、朝起きたとき寝床でぐずぐずするのではなく、たった今ではなくあとで爽快感が得られるよう、そして

◆

［＊］　インターネットを検索しても、このジョークのソースを特定することはできなかった。このセリフがデニス・ミラーによるものでなければ、真の作者に謝らねばならないだろう。デニスのものなら、あなたのジョークは、カンブリア紀初期の三葉虫より深いところに埋もれてしまったようだ。

健康を増進すべく、私たちにジョギングをさせもする。また、異性の同僚のあからさまな誘惑をていねいに断って、一時の快楽の追求を控えさせ、あとで社内のうわさにならないようにもしてくれる。

のちに得られる恩恵のために、たった今手にできる報酬を断念するこの能力は、人間にしか備わっていないと考え、この種のことに関して重要な役割を果たしている脳の器官を重視する人は多い。例によって、この見解にはここでは立ち入らない。巻末ノートに二、三の参考文献を記すに留める。[21]

人間と動物の比較に関して、興味深い発見を一つ紹介しておこう。ワタボウシタマリン〔サルの一種〕に、たった今二ペレットのエサをもらうか、あとで六ペレットをもらうかを選択させる実験がある〔ペレットとは、小さなエサのかたまり〕。実験者は、エサを与えるまでの時間を変えることで、サルがどれくらい忍耐強いかを測定できる。サルは、三倍の報酬を手にするために、どれくらい長くエサを食べずに我慢していられるだろうか？　その答えを知る前に、次のことを考えてみよう。「たった今一〇〇ドルが欲しいか、それとも将来三〇〇ドルがほしいか」と尋ねられたとすると、あなたなら三〇〇ドルのためにどれくらい待てるだろうか？　ちなみに、一〇〇ドルを貯金する人は、基本的に、三〇〇ドルを手にするために長い年月待つつもりだと宣言しているのに等しい。さて答えだが、ワタボウシタマリンはおよそ八秒しか待てなかった（キヌザルはもう少しましで、一四〜一五秒間我慢できた）。[*][22]

視野の広いモジュールと狭いモジュール

人生は、視野の狭いモジュールと、視野の広いモジュールのせめぎ合いの場であるかのように思われることが多々ある。

このような競争はありふれたものだ。視野の狭いモジュールが何を好むかは、「たった今、私は——

（し）たい。だが、そうしたことをあとで後悔するだろう」の――部を自分で補ってみればわかる。また視野の広いモジュールについては、「今私は――（し）たくない。だが、そうすれば、あとでそうしたことをよかったと思うだろう」を補うことでわかる。

たとえば、最初の文には、「アイスクリームをたらふく食べ」「酒を飲み」「ギャンブルが」などの言葉を、また二つ目の文には、「朝六時に起きてまでジョギングなど」「宿題を」「コンドームを装着」などの言葉を埋められる。最初の文の動詞は、忍耐力のないモジュールに、二つ目のそれは忍耐強いモジュールに関連する〔日本語の表現の関係で「ギャンブル」「ジョンギング」「宿題」は名詞〕。

なぜ互いに矛盾する目的のために設計された複数のモジュールが存在するのだろうか？

つねに我慢しないでいることが、よいこととは言えないのは明らかであろう。うまいものはたらふく食べ、あらゆる性的な誘いに乗り、つねに自らの欲望を満足させていれば、長期的には大きな犠牲を支払わねばならない。寿命の長い生物である人間は、有益なスキルを学んだり訓練したりするなど、不快に感じる活動をすることで、自分の健康を保ち、自らに投資しようとする忍耐力の恩恵を受けないと、不利な立場に追いやられる。

また、常時我慢しているのも、よいこととは言えない。結局のところ、ただちに適応的な恩恵をもたらしてくれる報酬に手を出さないよう抑制するモジュールの言い分が、つねに通るとは限らない。見返りが期待できない何かに長期的な投資をしても意味はないのだから。

［＊］ジョージ・エインズリーによれば、いくつかの意思決定の実験の結果に鑑みれば、人間は年間利子率五〇億パーセントでも満足しないそうだ。だから、あまり傲慢にならないようにしよう。

したがって、忍耐力のないモジュールと忍耐強いモジュールの両方を備えた脳は、さまざまな調節をしなければならない。「ケーキが好きな」忍耐力のないモジュール、すなわちカロリーの摂取を促進するために設計されたモジュールは、その人の行動を消費へと導く一方、「適切な体重を維持したい」モジュール、すなわち長期的なコストを計算に入れながら行動を抑制するモジュールは、消費行動を抑えようとする。これら二つのモジュールは、どうにかして調停されねばならない。[23]

モジュール間の闘争の調停が複雑であることに、疑いはない。同じ脳のなかに機能が異なる、というよりも互いにほぼ正反対の機能を持つ複数のモジュールを備えていれば、それらを調停する複雑な手段が必要になる。この問題をいかに解決できるのだろうか？

第一に、そのような対立の解消を目指すすぐれた設計には、さまざまな要因の考慮が必要になる。栄養価の高いケーキを食べるべきか否かは、そのときの細かな条件に依存する。ケーキが机の上に鎮座し、自分の飽食を目撃する者が誰もいないなどといった「好機」には、忍耐力のないモジュールが、忍耐強いモジュールに競り勝つ可能性は高い。[*]というのも、忍耐力のないモジュールは、恩恵が大きくコストが小さい状況に敏感に反応して利益を得るよう設計されているからだ。この理由により、好みは文脈に依存すると考える必要があり、機会の詳細が考慮されねばならない。

第二に、すぐれた設計は、その個体の現状を考慮に入れなければならない。栄養失調のときには、カロリーを摂取しようとする忍耐力のないモジュールが、意思決定で優位を占めても問題はない。食べ物が思うように手に入らないときには、ダイエットは考慮の対象外になる。つまり、好みは状態に依存する。このことは動物にも認められる。動物は死に瀕したとき、大きな危険を冒してでもエサを漁ろうとする。[24]今後を見込めなければ、未来の価値を低く見積もるのは当然のことだ。

第三に、すぐれた設計は報酬／努力の比を考慮に入れなければならない。時間と労力は限られた資源である点を考えると、忍耐強いモジュールが、有益な結果をもたらす行動へと導いてくれないことが判明したときには、自分がしていることは何であれ、やめなければならない。ある意味で、動物はそうやって、エサの調達の効率をいかに最大化すべきかという問題を解決している。今まで利用していた食糧源をあきらめて、別のエサを探し始めるタイミングをいかに計ればよいのだろうか？　そのためには、既知の食糧源から得られるエサの量をモニターし、それがわずかになったときを見極めればよい。[25] つまり、好みは履歴に依存すると考えてもよいだろう。

もちろん、事態が切迫すれば、何らかの行動をとらねばならない。それを可能にするために、文脈、現状、最近の履歴に応じて、各モジュールが行動に影響を及ぼせるようになったり及ぼせなくなったりする仕組みが、脳に組み込まれているのではないかと考えられる。この仕組みは、いくつかのセンサーとモーターの組み合わせのあいだで対立が生じる、ブライテンベルクの車両模型を思い起こさせる。車両模型には、周囲のさまざまな物体に向かっていく、もしくはそれらから離れていく動きを引き起こす仕組みが搭載されている。それと同様、ここでの議論も、環境要因によって、搭載されている特定のシステムが活性化されることに関係する。これらのシステムの機能は、他のモジュールによって抑制される場合もあるが、重要なのは、「ケーキが目に入ることは、ケーキを好むシステムに優位を与える」ということだ。

[＊]「好機」とは進化論的な意味においてである。問われるべきは、「これらの忍耐力のないモジュールは、どのような刺激を好むよう設計されているのか？」である。

このような、複数のモジュールの存在を前提とする説明によって、好みの一覧やマジックボールを維持しなければならないという、見かけは解決不可能な問題を回避できる。とめどなく増えていく括弧書きを用いながら、すべての好みを順序づけて一覧する必要なしに、決定はその場でなされ得る[26]。文脈、現状、履歴によって、各モジュールの活性化の程度は異なるために、それぞれの決定のあいだに一貫性が保たれるとは限らない。決定は、関連するモジュールの設計に依存し、必ずしも経済原則に従うわけではない。

ケーキの例に戻ろう。午後八時、夕食を食べ終えたばかりの私は、満腹して『ザ・シンプソンズ』を見ている。この文脈では、私の忍耐力のない食物消費モジュールが活性化することはない。現状は満腹しているからだ。それに対し、健康を維持しようとするモジュールを抑制すべき要因は何もない。このとき、食べるという領域における権力のバランスは、忍耐強いモジュールに有利な方向へと傾いている。

また、モジュールには未来に関する表象の構築、すなわち計画に長けたものもあり、これらのモジュールは、真夜中に形成が逆転するであろうことを知っている。加えて、忍耐強いモジュールは、計画の立案に長けている（このことは忍耐力のないモジュールが忍耐強いモジュールの裏をかくことはなくても、逆はあり得る理由を説明する）。空腹や、甘いものに対する欲求は、忍耐力のないモジュールを挑発する。よって、割引率の低い〔忍耐強い〕モジュールは、真夜中に目覚めたときにケーキを食べにくくしたり、食べられないようにしたりすることで、それ自身の好みを満たそうとする。こうして、割引率の高い〔忍耐力のない〕モジュールは不利を被《こうむ》る。というのも、より忍耐強いモジュールが早めに仕掛けておいたからくりを、打ち破らねばならないからだ。ここに、ランズバーグの提起する謎に対する答えがある。視野の広いモジュールは、狭いモジュールとは好みが異なる。そして、計画を立て、先手を打つ能力を持つ前者は、後者の選択を制限できる。

もちろん、これは特に目新しい話ではない。オデュッセウスが自分の身体をマストに縛りつけておくよう部下に指示したとき、彼は、行動を駆り立てる、文脈依存の強力な効果（セイレーンの歌）が存在することを熟知していた。そして、計画立案能力を備えた彼のモジュールは、未来におけるゲームのルールを変更することで、この効果が発動しないようにしたのである。

オデュッセウスの戦略は、現代でもさまざまな形態で実践されている。手元に現金を持っているとすぐに使いたくなる人は、手の届きにくいところに置く、給料は自動振り込みにするなどの工夫を凝らす。寝起きの悪い人は、止めてしまわないよう目覚まし時計を手の届かない場所に置く。

ネット上にも、視野の広いモジュールが忍耐力のないモジュールを出し抜けるよう援助するサイトが存在する。経済学者のディーン・カーランが創設したstickK.comは、（ある意味で未来の）自分と契約を取り交わす仕組みを提供する。サイトの訪問者は、マラソンに参加する、禁煙するなど、特定の目標を設定し、達成できなかった場合に寄付する団体と金額を指定することができる。その際、自分の支持しない信条を掲げる団体を指定することで、自らに強いインセンティブを与え、視野の広いモジュールにより大きな優位を与えられる。たとえば、銃規制を支持する人なら、全米ライフル協会（ＮＲＡ）に寄付するなどといった具合に。

とはいえ、計画立案能力を持つ忍耐強いモジュールは、つねに恩恵をもたらすと言いたいわけではない。使いもしない運動器具をむやみに買わせるのも、これらのモジュールであろう。

熱い思考モードと冷たい思考モード

モジュールの忍耐力ではなく、「自己コントロール」を持ち出して二つの思考モードを説明する論者がいる。一方は、コントロールされた意図的で合理的な「冷たい」思考モードで、もう一方は情動的、自動的、直観的な「熱い」思考モードだ。進化の観点から言えば、冷たい認知機能は脳の新しい部位に、熱い認知機能は古い部位に結びつく。

また、ジキル博士とハイド氏のごとく、支配権を争い合う二つの「自己」が存在すると考える、類似の見方がある。[27] セイラーとサンスティーンは、『実践行動経済学――健康、富、幸福への聡明な選択』で、個人を「二つの半自律的な自己を含むもの[28]」、すなわち忍耐強い自己と忍耐力のない自己を含むものとして捉えると有益だと述べている。

一つの自己では不十分であるとする見方には同感だが、二つなら十分だという考えには賛成できない。人は二つの「自己のモード」を持つという言い方が、正しいとは私には思えない。私なら、「ある瞬間を捉えたとき、人は〈情動的〉で〈衝動的〉に振る舞うか、〈理性的〉で〈忍耐強く〉振る舞うかのいずれかである」とは言わない。そうではなく、「入力情報としての文脈や状況によって、選択ごとに異なる割引率を持つさまざまなモジュールが影響を受ける」と考える。したがって、何がそれらのモジュールを活性化、もしくは非活性化するのかを理解することで、私たちは、より適切な行動予測ができるはずだ。たとえば私なら、「ケーキを目にすることは、その人をせっかちにし、そのために、その人がギャンブルをする、あるいは来年ではなくたった今赤ワインを飲む可能性が高まるのだ」とは言わず、「それぞれのモジュールは、おのおの異なる文脈に鋭敏に反応するのであり、その都度の文脈によって、恒常的に生じるモジュール間の争いの勝敗が決まるのだ」と言う。

人はこのことを、直観的によく理解している。「空腹のときにスーパーに行くな」などの助言はよい例だ。空腹の際には、食べることに関する忍耐力のないモジュールが大きな影響力を持ち、食料品を余分に買わせ、さらには糖分や脂肪分の高い食品など、短期的な欲求を満たすために進化した好みに合った商品に手を出させる。だが、性的に興奮しているときに、スーパーに行くなとは誰も言わない。

それに対し、性的に興奮しているときに、デートをしてはならないと考えている人はいる。この考えは、コメディ映画『メリーに首ったけ』（米・一九九八年）に見出せる。クリス・エリオット演じるドムは、ベン・スティラー扮するテッドに、デートする前にマスターベーションをすることの重要性について講釈を垂れる。マスターベーションをせずにデートすることは、「弾丸を込めた銃を持って行く」のにも等しいと言う。さらには、「セックスしたあと、人はとりわけ正直になる。もはや何が何でもセックスしようとは思わなくなるからだ」とのたまう。セックスをしたがる忍耐力のないモジュールが、他のより忍耐強いモジュールの企図をくじくことを、ドムはよく理解しているようだ。

この映画は、一九九八年に公開されている。その後ようやく、科学はメディアに追いついた。行動経済学者のダン・アリエリーは、マサチューセッツ工科大学の数十人の男子学生を募って、「一二歳の少女に自分が惹かれるところを想像できますか？」「可能なら、セックスする同意を得やすくするために、女性にこっそりとドラッグを飲ませますか？」などの性に関するいくつかの質問に答えさせた。その際、ある被験者には通常の状態で、また、別の被験者にはエロ本を見せ性的に興奮した状態で答えさせている。

性的に興奮した被験者には、どちらの質問に対しても、イエスと回答する人が多かった（第一の質問については四六パーセント対二三パーセント、第二の質問については二六パーセント対五パーセント）。その他多くの質問項目に関しても同様な結果が得られている。セックスをめぐって設計されている視野の狭いモジュールは、性的に興奮しているあいだは、レイプなどの犯罪に対する懲罰を避けるべく設計されている視野の広いモジュールより優位に立ちやすいということだ[29]。

アリエリーによれば、調査の結果、「冷たく、合理的で、超自我《スーパーエゴ》に支配された状態（心理学者ではない人が、古き良きフロイトの時代に戻ろうとするのはよくある話だ）」にある人は、「女性を尊重する」が、「感情がどのくらい自分を変えるのかを予測できない」ことがわかった[30]。この結論は正しいのかもしれないが、注意すべきは、質問には、性に関係のない質問が含まれていないことだ。人は、性的な興奮状態にあるとき、ケーキをたらふく食べたくなるのか？ それとも、モジュールによって反応は異なり、このケースで言えば、同じ忍耐力のないモジュールでも、性に関わるものは活性化される一方、食べることに関わるものは比較的影響を受けないのだろうか？ 私は後者が正しいと思うが、それを確かめるためにはもっとデータが必要だ。

しかし、わずかながらデータはある。モジュール理論が正しければ、関連するモジュールの機能を知ることで、どのような刺激がそれらを活性化し、好みがどのような影響を受けるのかについて、ある程度の予測はできる。

進化心理学者のマーティン・デイリーとマーゴ・ウィルソンは、「男性は、魅力的な女性を目にすることで、あとでよりもたった今金銭を使おうとする、忍耐力のない浪費家になる」という仮説を検証している。また、女性に対してはそのような効果はないと予測した。この仮説を検証するために、二人は、男女の被験者に、魅力的な、および魅力的ではない異性、もしくは車を写した一連の写真を見せ、それから「たった今一五ドルがほしいか、それともあとで三五ドルがほしいか？」などと尋ね、被験者の忍耐度を測った。その結果、予測どおり、男性の被験者は、魅力的な異性の写真を見せられると忍耐力が低下したが、女性は低下しなかった。また、魅力的ではあっても車には、そのような効果は男女どちらにも認められなかった。

また、エルザ・エルマーらは、ステータスが自分と比べて低い、あるいは同程度、もしくは高い人物に評価されていると思い込んでいるとき、学生がどのようなリスク判断を下すかを調査している。実験は次のように行なわれた。彼らは、フランクリン&マーシャル・カレッジの学生に、リスクの高い賭けか、確実さ〔「確実」の意味は、次段落文中の訳注を参照されたい〕のどちらかを選ばせた。その際彼らは、ゲティスバーグ大学、スワースモア大学、および（わざわざ確認したが）間違いなくニュージャージー州にあるにもかかわらず、フランクリン&マーシャルの学生が「ステータスが高い」と見なす、「プリンストン」と呼ばれる大学のいずれかに通う学生に観察されていると思い込まされた。

エルマーは、「自分と等しいステータスの学生に観察されているときには、男子学生はリスクの高い賭けを選ぶが、ステータスが異なる学生に観察されているときには、また女性はつねに、そうしない」と予想した。実験の結果はまさにそのとおりだった。スワースモア大学の学生に観察されていると思っていた場合にのみ、男性被験者は確実に二〇ドルを手にするより、三三パーセントの確率で六〇ドルが得られるリスクの高い賭けを選択したのである〔該当論文を参照すると、この実験の内容は正確には次のとおり。倒産した会社の六〇ドル相当の株を保有しているあなたに二つのオプションが与えられる。一つは二〇ドルが確実に償還されるというもので、もう一つは三分の一の確率で全額が償還されるが、あたらなければ全額をあきらめねばならないくじ引きをするというもの〕。興味深いことに、医療に関する決定ということになると、同じ被験者でも、リスクの高い賭けを選択しようとはしなかった。金銭がかかっている場合にのみ、高リスクの賭けを選択したのだ。[31] 人は、一般的な態度として、確実さを選択するわけでもなければ、高いリスクをとろうとするのでもなく、内容と文脈によって選択の方針を変える。このように、意思決定には豊かな文脈依存性が伴う。

好みを持たないことを好む

これらの実験結果が示すように、好みは、心の内部に恒常的に記録されているものとして捉えられるべきではない。意思決定とは、個々の問題に対処するために、心のさまざまなサブルーチンが動員され機能した結果として下されるものなのだ。だからこそ選択は、首尾一貫することなく、各モジュールが機能する様式に応じて変化するのである。文脈、現状、履歴によってモジュールの機能の仕方は異なるので、それらのいずれが変わっても、下される決定は、それにつれて変化する。

重要な指摘をしておくと、当面の問題がどのような言葉でいかに枠づけられるかによっても下される決定は変化する。それによって、活性化されるモジュールが変わり得るからだ。「フレーミング効果」と呼ばれるこの効果は、少なくとも部分的には、それぞれの問題に含まれるわずかなニュアンスの違いによって、動員されるモジュールが変わるという事実に基づいて引き起こされる。経済理論が「同一」と見なす現象でも、モジュールの活性化という点では必ずしも「同一」ではない場合がある。数値を重視する経済理論が、「これら二つの問題は実質的に同じだ」と見なすケースでも、実際にはモジュール化されたシステムが、それらを別のものとして処理する場合には（「アジアの疾病問題での「命が救われる」対「死ぬ」など）、「フレーミング効果」が生じる。

信念のみならず好みに関しても同じことが言える。「私たちは好みを持っている」という言い方に、そもそも意味はあるのだろうか？　あるレベルでは、そう言えるだろう。たとえば、「私たちは減給より昇給を好む」という言い方に意味がないと言う人はいないはずだ。しかし、選択の内容が少しでも複雑になると、決定にはさまざまなモジュールが絡むがゆえに、「好みを持っている」とは言いにくくなる。サラ・リヒテンスタインとポール・スロヴィクが指摘するように、「私たちは好みを築いたり築き直したりするが、このような好みの変動性は、自分では気づかない要因の影響を受けやすく、必ずしも自分の利益になるとは限らない、不安定で一貫性のない好みを生む。実際、この不安定性はあまねく浸透しているので、多くの状況のもとでは、〈真の〉好みという言い方は否定されねばならない」[32]。

選好逆転の研究によって、二人は私とほぼ同じ結論に至っている。「私たちの道具箱に入っているさまざまな道具は、それぞれが独自の説明理論を必要とする[33]（……）」と主張する彼らは、モジュール性による情報処理という用語ではなく、「道具」というたとえを使ってはいるが、基本的な考えは私と同じである。それぞれのモジュールは、個々の文脈、現状、履歴によって活性化の程度が異なるため、人は、ある領域では視野が狭くなるが、別の領域では広くなることがあり得る。ケーキには目がないのに、老後を見越して貯金を続ける人、言い換えると食べ物に関しては節操がないのに、金銭に関しては忍耐強い人がいても、まったくおかしくはない。事実、ある領域での忍耐と、別の領域での忍耐が不完全にしか相関しないことを示す証拠が多々ある。したがって、全体としてのジョンが、もろもろの信念を束ね持っているのではないのと同様、全体としてのジョンが、忍耐強かったり強くなかったりするのではない。そうではなく、ジョンの心は多数のモジュールによって構成されており、そのそれぞれが、さまざまな程度に忍耐強かったり強くなかったりするのだ[34]。

経済学はこの点に関して、ある意味で循環論法に陥っている。シェーン・フレドリック、ジョージ・レーウェンスタインらが指摘するところでは、かつて経済学は、この種の決定を、「互いに競合する多数の心理的な動機が結びついた産物」として捉えていた。[35] これは、私の主張と大きくは異ならない。そこへポール・サミュエルソンが登場して、一九三七年に、その反対、すなわち、各人は多数の動機ではなく、「あらゆるタイプの商品に対し、さまざまな時点で下される、どんな範疇の意思決定にも共通する」たった一つの「割引率」、言い換えると個人全体としての忍耐度を持つと唱えた。[36] 二人は、現在でも広範に用いられているこのモデルについて、「その基盤をなすほとんどすべての前提は、少なくとも特定の状況下では不適切であることが実証されている」と指摘する。[37] つまり、この前提は経験的に誤っているということだ。そして彼らは、「さまざまな時点で下される種々の決定には、ときに互いに競合する、いくつかの異なる心理的な動機の相互作用が反映される」[38] と結論する。彼らのこの結論は、「それぞれのモジュールは独自の〈好み〉を持ち、文脈によって意思決定に大きな影響を及ぼしたり及ぼさなかったりする」という私の見解に一致する。

経済学者のデイヴィッド・レイブソンは、消費が「誘因依存《キュー》」であると、すなわちある人が何かをどれくらい消費したいのかは、環境の誘因によって変化する、と主張する。彼によれば、「グラスに注がれた氷の音が、これまでの経験のなかで確実にスコッチの消費を予示していたのなら、その音は、現在におけるスコッチの限界効用（一杯のスコッチに対する欲望）を高める」[39]。レイブソンの説明は、行動主義の古典的な学習理論に依拠しているとはいえ（氷の音とスコッチを飲むことの関連づけは、パブロフの有名な研究における、ベルの音とイヌのエサの関連づけを思い起こさせる）、全体的な考え方は、「好みの程度は、文脈やその人の履歴に依存する」と見なすモジュール理論と大差はない。

レーウェンスタインもレイブソンも、本書で私が提起する機能的、モジュール的なアプローチを基盤としているわけではないが、私としても、自分とは異なるアプローチが同じ方向を目指していることを、あるいは少なくとも、統合された心という従来の見方から、同様に決別しようとしていることを知るのはとても嬉しい。

事実現在では、いくつかの分野にまたがるさまざまな研究が、「好みの一覧が心のどこかに存在するのではなく、好みは、その人が個々の決定を下す際に、その場で構築される」という見方に収斂しつつある。[40] いずれにせよ、選択が、独自の進化の過程を経て形成された論理に従って機能する、さまざまなモジュールの活動の結果によって下されるのなら、人々の選択が一貫性を欠くのは、あるいは互いに矛盾しさえするのは何ら驚きではない。首尾一貫しているかのように見えるべき理由は特にないのであり、文脈や状況に応じて特定のモジュールのスイッチが入ったとき、そのモジュールの好みが、当人の行動を駆り立てるのだ。また、文脈が異なれば、同じオプションが、まったく別のモジュールによって評価され、その結果、最終的に下される選択も異なる可能性が生まれる。

したがって、あなたが私に「どのペンがほしいですか」と尋ねるとき、それは単に「私に」どのペンがほしいかを尋ねているのではない。そうではなく、あなたが私に質問している、まさにその特定の文脈のなかで活性化されたモジュールに尋ねているのだ。私の次に誰が質問されるかなど、目下の文脈に新たな情報がつけ加えられると、そしてその情報が、別のモジュールに影響を及ぼすと、同一の質問でも、まったく同じ答えが得られるとは限らない。かくして文脈は、忍耐強いモジュールや忍耐力のないモジュールの活性化、不活性化に影響を及ぼし得ると同時に、あらゆる種類の意思決定を左右し得る。

人が決断を下すときには、一種の緊張が生じる。モジュール間の競合は、たった今ここで起こり、個々の決定が下されるごとに、好みが形成される。そして、冷蔵庫のドアのカギに助けられたり、stickK.comを活用したりしながら、人は長い時間をかけて自分の生活を築いていく。忍耐強いモジュールは、文脈が変われば、忍耐力のないモジュールを抑制できなくなるケースがあることを「知っている」。要するに、「意思力」がつねに有効だとは限らないことを心得ているのだ。次に、これについて検討しよう。

マシュマロを食べずに我慢することの重要性について

「自己欺瞞」同様、「自己コントロール」という言い方は奇妙だ。何がコントロールし、何がコントロールされているのかが明確ではない。冷蔵庫のケーキに手をつけないでおくとき、私の「自己」は「コントロール」されているのか？[41]　もしそうなら、何がコントロールしているのか？　誰もが嬉々として語る、この「自己」とはいったい何なのか？　バジーのことか？

直観的に言えば、自己コントロールとは、次のようなものになるのではないだろうか。「コントロールされていない」ことは、短期的な満足や報酬が得られる何かをすることに、また「コントロールされている」ことは、長期的な利益が得られる何かを忍耐強く行なうことに関係するように思われる。どう呼ばれるかは別として、この種の行動の研究には長い歴史があり、現在再び注目を集めつつある。まず歴史から始めよう。

一九六〇年代、心理学者のウォルター・ミシェルは、現在ではマシュマロ課題として知られる実験を行なった。彼は四歳児にマシュマロを与え、「食べたければ食べてもいいけれど、一五分か二〇分くらい食べないで我慢していれば、（一度部屋から出た自分が）戻ってきたときにもう一つあげる」と言う（実験の詳細は実際にはやや異なる）。経済用語を借りると、子どもは、たった今消費するか、二〇分で一〇〇パーセントという魅力的な利子率で貯蓄するかの選択を与えられたのに等しい。ということは、仮にこの率で一年満期の複利預金をしたとすると、子どもは、ビッグバンから宇宙の熱的死に至るまでのマシュマロの総生産数を、おそらくは軽く上回るはずのマシュマロを手にできる。

何分間食べずに我慢できたかという尺度をもとにしたマシュマロ課題の成績には、かなりのばらつきがあった。すぐに食べてしまう子どももいたし、実験者が戻ってくるまで我慢している子どももいた。ミシェルらは、この実験の追跡調査を何度も行ない、それによってマシュマロを食べずに我慢する子どもの能力が、その子どもに関して何か重要なことを示唆するのかどうかを確認しようとした。四歳児の忍耐力は、その子どものその後の行動を予示するのだろうか？

驚くべきことに、予示するのだ。マシュマロを食べずに我慢した時間は、被験者の子どもが思春期に入ってから実施された質問票による調査で得られた、「聞き分け」「集中力」「耐ストレス能力」などの項目に対する親の評価とのあいだに相関関係が認められた。ミシェルは、ある論文で、この結果を次のように要約している。「四歳または五歳時に、より長く我慢できた子どもは、思春期に入ってから実施された調査で、親によって、〈学校の成績がよい〉〈社交的〉〈雄弁〉〈理性的〉〈注意深い〉〈計画的〉〈フラストレーションやストレスに対処する能力が高い〉と評価された」[42]。また、マシュマロを食べずに我慢する能力は、大学進学適性試験（SAT）の成績を予測した[43]。どうやら、マシュマロを我慢する能力は、とても重要らしい。

マシュマロの誘惑に屈しないよう我慢する子どもの能力は、強化し（あるいは損ない）得る。マシュマロのおいしさを強調すると、子どもはさらに忍耐力をなくすが、形を強調するとより長く待とうとする。マシュマロを見えないようにしておくことにも効果があり、それによって子どもは、倍の時間我慢できるようになる[44]。忍耐力のないモジュールの活性化の程度が、文脈によって異なることを考えれば、この結果は容易に理解できる。マシュマロを視界から遮ることで、食物摂取の好機を捉えようとするモジュールが、不活性のままでいるのだ。

マシュマロ課題の結果から、行使可能な自己コントロールの程度は、人によって異なること、自己をコントロールする能力は、状況によって変化すること、および自己コントロール能力は、一般により大きいほど効果的であることがわかる。

これらは、子どもばかりでなく、大人にもあてはまる。ロイ・バウマイスターらは、成人の自己コントロール能力を評価するための尺度を開発し、それを用いた実験で、その値が高い人は、暴飲暴食をあまりせず、社交性やＧＰＡ評価値〔ＧＰＡとは欧米の大学や高校などで実施されている学力評価〕が高いことを見出している。[45]

また最近、彼らは創意に富んだ方法を用いて自己コントロールを調査している。ある実験では、少なくとも三時間は何も食べていない被験者を、「味覚の研究」に参加させた。[*] その際、被験者は、チョコレートクッキーを焼いたばかりの部屋に隣接し、「焼いたチョコレートクッキーのおいしそうな香りが充満する」[**] 実験室に案内された。テーブルの上には、クッキー、キャンディ、ラディッシュ〔ハツカダイコン〕が置かれていたが、ある被験者にはクッキーを、別の被験者には哀れにもラディッシュだけを食べさせた。それからどちらの被験者にも、解決不可能な課題が与えられた。[***] 被験者のなかの四人は、帰ることを許されるまでの三〇分間、この不可能な課題に取り組み続けた。

さて、問いは次のようなものだ。「クッキーを食べてはならない」という挑戦によって意志力が消耗しているときには、被験者は不可能な課題の遂行をすぐにあきらめるだろうか？　実験の結果によれば、すぐにあきらめた。クッキーを食べた被験者は、平均するとほぼ二一分間作業を続けたのに対し、食べるのを禁じられた被験者は、およそ八分半しか続かなかった。

類似の効果は、被験者に映画（ロビン・ウィリアムズ主演の映画、もしくは『愛と追憶の日々』（米・一九八三年）〔ロビン・ウィリアムズはコメディアンであり、『愛と追憶の日々』はメロドラマ映画〕）を見せ、湧き上がる情動を抑制するよう求めたときにも得られている。この実験では、被験者に（今度は、正解が間違いなく存在する）アナグラムを解かせた。その結果、情動を抑制した被験者は平均しておよそ五問の、また、笑ったり泣いたりすることを許された被験者は七問のアナグラムを解けた。

バウマイスターらは、この初期の研究のなかで、背後にある考え方を説明している。それによると、「反応を無効化する」ために用いられる、何らかの「自己の部位」が存在する。これは要するに、バジーが静かにするよう「副腎」に命令するのと同じである。だがバジーは、「反応の無効化」を実行したり、アナグラムを一生懸命に解こうとしたり、重要な決定を下したりして、「自己コントロール」を行使すると、次第に疲弊する。小人《こびと》のバジーの持つ「心のエネルギー」の蓄えは、ごく限られている。課題を遂行することで、バジーの内的資源は枯渇し、これ以上続けられなくなったときには、「自動的な」シ

◆

［＊］　私たちは経済学の領域から社会心理学の領域に戻ってきた。したがって、「味覚の研究」のためというのは例のごとくうそである。

［＊＊］　私たちは経済学の領域から社会心理学の領域に戻ってきた。したがって、経済学の専門用語ではなく、「おいしそうな香り」などという言い回しが現れる。

［＊＊＊］　ラディッシュだけを食べるように言われた被験者は、誰もズルをしていない。とはいえ、「チョコレートを物ほしそうにじっと眺めたり、手に取ってかいでみたりする被験者もいた」。つまり、この研究に参加した被験者の半数は、チョコレートクッキーの香りが漂う実験室に空腹の状態で案内され、クッキーを横目にラディッシュだけを食べさせられ、解決不可能な課題を与えられ、おまけに、実験の目的についてだまされていたということだ。

ステム（心ではなく身体）が制御権を握らねばならない。その結果、困難な課題の解決に注意を集中できなくなり、「努力」や「意志力」が減退する。[46]

啓蒙の時代に生きているのでなければ、これらの考えは完璧に理解できる。[47] 脳とは異なる「心的な何か」が存在すると考えるのであれば、クッキーを食べないでいると、この「心的な何か」、つまり物理的な実体を伴わない意志力が、「使い果たされる」と言えるだろう。

それとも、何らかの物理的な説明があり得るのだろうか？ 最近の研究で、バウマイスターとマシカンポは、通常の糖分を含むレモネードか、人工甘味料が添加されたダイエットレモネードのどちらかを被験者に飲ませる実験を行なっている。[48] レモネードを飲んだあと、被験者は単語が映し出されるビデオを見せられた。その際、被験者の半分は、それらの単語を無視するよう求められた（したがって彼らには「コントロール」が必要とされる）。残りの半分は、そのような指示を受けなかった。次に、本章の前半で紹介した、三つ目のオプションが二つのオプションのあいだの選択肢に影響を及ぼす課題（六ドル、高級ペン、見るからに粗末なペンの選択）のバリエーションが与えられた。実験の結果、画面の単語を無視するよう指示され、〔糖分を含まない（ただし巻末ノート＊56を参照されたい）〕ダイエットレモネードを飲んだ被験者は、無関係な三番目のオプションに、より大きな影響を受けることがわかった。二人の結論によれば、画面上の単語を無視する努力によって、自己コントロールの燃料たる、脳内のブドウ糖《グルコース》が枯渇したのだ。しかし、糖分を含むレモネードを飲んでブドウ糖を補給すれば、自己コントロールが再び可能になる。要するに、「バジーにとってのレモネードは、ポパイにとってのホウレンソウと同じようなものだ」と言わんとしているのである。このグルコースモデルは、ラップトップパソコン上で五分間マイクロソフト・エクセルを走らせると、バッテリーが消耗し、ブラウザの反応が鈍くなると言っているようなものだ。

この見方は、頭のなかで哀れなバジーがショーを演じ、やがて疲労困憊《こんぱい》してしまったのだと誤って考えるところから生じる。最近、この分野のある研究者が、グルコースモデルについて、次のように述べているが、私はその言い方が気に入っている。この種の概念は、「グルコースは脳の燃料の主要な源泉なので、（……）グルコースの血漿《けっしょう》中濃度の変化は、脳内のグルコース濃度の、ひいては神経機能の変化をもたらすという前提に基づく。しかしながら、この見方の強みは、科学的な証拠にではなく、一般常識的なもっともらしさにある」[49]。そして「行動へのグルコース摂取の影響は、神経活動への燃料補給の結果生じると単純に考えるべきではない」と結論する。[50]グルコースと脳の機能に関する科学的な根拠を論じた最近のすぐれた論文にも、「糖分に富む食物は（……）気分や心の機能の急激な向上を引き起こすとする考えは」、一般書の著者によってたびたび主張されているが、「混乱しており、読者には訴えるが根拠は疑わしい」とある。[51]

グルコースの役割に関するこの種の批判的な見解は、脳の機能を熟知している研究者のあいだではごく一般的なものだ。すでに一九九〇年代に、クラークとソコロフは、「現在流行している見方は、心的な努力の集中を心の機能と同一視するが、その過程で、脳によるエネルギー利用の増大は、どうやら認められないようだ」と指摘している。[52]もっと最近の論文でも、「困難な認知課題の遂行中、および遂行後に観察される血糖値の変化は、脳によるグルコースの取り込みの増大に起因するとは考えにくい」と結論されている。[53]

私は、脳内でのグルコースの消費に関しては素人だが、グルコースモデルのどこかがおかしいことに気づくのに、生理学者である必要はない。この理論では、数分間の「自己コントロール課題」を遂行した被験者は、「枯渇した（depleted）」とされている。いったい何が枯渇したのだろうか？　ラディッシュ／クッキーの実験に参加したすべての被験者の脳は、類似のモジュールを備えているとしよう。基本的に、感覚、記憶、あるいは自律的な活動のモニターなどに関する、通常時の脳の機能は、いつもと変わらずに働いているはずだ。ラディッシュ条件のもとでは、被験者の特定のモジュールが、クッキーを食べないよう、別のモジュールを抑制していたことは確かだろう。二つの条件間で差異が生じたモジュールがどのくらいあるのかを評価できるかどうかは、私にはよくわからないが、私の推測では、その数は少ないと思う。では、これら二条件間で差異が生じたわずかなモジュールの働きのせいで、ほんとうに脳内のグルコースが枯渇し得たのだろうか？

次のように考えてみよう。脳全体が一分間に消費する熱量は、およそ〇・二五カロリーだとする。[54]ここで「自己コントロール」課題によって、脳全体の代謝量が一〇パーセント増大すると仮定する（この見積もりは非常に大きなものだが）。[55]すると、「枯渇した」として分類される被験者の脳が、五分間課題を遂行することで余分に費やした熱量は、〇・一二五カロリーの計算になる。ならば、チックタック〔ミントの商品名〕の一〇分の一のカロリーを補給するのに、一〇〇カロリーのレモネードを必要としたと示唆する主張は、どこかがおかしくはないだろうか？[56]　グルコースモデルにとってさらに都合の悪いことに、このモデルが正しいのなら、グルコースの消費量が桁違いに大きな「自己コントロール」課題の成績は、そうでない課題の成績に比べてはるかに低くならなければならないはずだが、実験ではまったく逆の結果が得られている。[57]

実際、「自己コントロール」課題を遂行しているあいだに脳内で起こっていることのために、グルコースが枯渇したという考えは、正しいはずがない。体中のグルコースの量が、課題の成績に影響を及ぼすことは大いにあり得る。そうでなければおかしい。多くの生物は、現在のカロリーの状態に基づいて決定を下す[58]。前述のとおり、カロリーが低ければ、その生物は、危険を冒してでも食物を調達しようとする。とはいえ、鳥が空腹時には危険を冒してまでエサを調達しようとする一方、満足していればそうしないのは、グルコースが危険な行動を抑制するからではない。確かに血糖値は、モジュール化された意思決定システムの重要な入力情報になり得る。つまり、モジュールのなかには、自らの機能を果たすために、血糖値を情報として用いるものもあるかもしれない。しかし、だからといって、グルコースが意志力の基盤だとは言えない。

グルコースモデルについてはこれくらいにしておこう[59]。次に、「意志力」は、自己コントロールの行使によって消費される「資源」だとする、もっと一般的な概念を考えてみよう。最初に指摘しておくと、この考えは、心の機能に関する基本的な事実と一致しない。心は、情報処理装置であって、水圧などを利用する動力機械のたぐいではない。もちろん、脳という物理的実体に依存する心が機能するには、エネルギーを要する。だが、機械学《メカニクス》によって心の働きを理解し説明することはできない。なぜなら、複雑な行動の変化は、情報処理の変化を通じて生じるからだ。「資源としての意志力」モデルは、認知研究の革新によって得られた、このような最新の知見を無視する。よって、今日の心理学では通用しない。

ならば、心理研究の現状は、いかなるものか[60]?

もう一度、自己コントロールの機能を検討してみよう。「SATを受ける」「集中する」「クッキーを食べずに我慢する」などの行為は、多かれ少なかれ不快感を伴うが、機能的な観点から不快感を理解できる、「マラソンに参加する」「足首を捻挫する」などといった行為や状況とは異なる。苦痛は、コストを計算するために設計されたモジュールの出力として考えられる。足首を捻挫しているときに、足に体重をかけるとコストがかかる。捻挫を悪化させる恐れがあるからだ。長時間走り続けていると、負傷の可能性は高まる。おそらく苦痛や疲労感は、足に体重をかけないよう、あるいはただちに走るのを止めるよう警告する進化流の手段なのであろう。

クッキーを食べないよう我慢することや、アナグラムを解くことには、それと似た側面は存在しないように思えるかもしれない。これらの行為をする（しない）ことで、何かを感じるのは、いったいなぜだろう？　というのも、心の内部ではつねにさまざまな事象が発生しているが、私たちは通常それらを感じたりはしないからだ。また、自己コントロールは、よいことであると、すなわち一般に適応的な恩恵をもたらすと思われる点に鑑みれば、その行使は快をもたらし、難なく実践できると考えられるはずだ。ならば、なぜ実際には自己コントロールはむずかしく、しかも長期にわたって求められれば、なおさら困難に感じられるのか？　自己コントロールを行なわせる「努力」の感覚とは、いったい何なのか？

「自己コントロールの行使」が困難に感じられる理由の一つは、それによってただちに、さまざまなコストが生じるからであろう。そして「努力」は、そのようなコストの現れと見なせる。クッキーを食べずに我慢することを例にとろう。あなたの心にはおそらく、感覚器官からの入力をもとにして、高カロリーの食物を摂取することの（進化の観点から見た）利点を計算するためのモジュールが備わっているはずだ。これらのモジュールからすると、カロリーの源泉たるクッキーを食べないことは、コストになる。したがって、それを食べないようにする際に生じる努力（「誘惑」）の感覚は、食べさせようとする進化流の手段なのかもしれない。それは、苦痛の感覚が、捻挫した足首に体重をかけないよう警告する進化流の手段であるのと同じことだ。どちらの例でも、努力や苦痛の感覚の経験は、コストを計算するモジュールの出力として考えられる。

同じ議論は、他の多くの事象にもあてはまる。ある実験では、被験者は、コンピューターの画面上に一瞬表示される単語を無視するよう求められた。これは努力を要する。なぜか？　画面上の単語を読まないと、それに関する情報が失われるからだ。類似の議論は、本章の前半で取り上げた、性的な興奮状態にあるときに被験者に意思決定をさせるアリエリーの実験にもあてはまる。被験者が、性的興奮時に特定のあり方で質問に反応する理由は、現実の人間に反応するのではなく画像にだまされているのだとはいえ、繁殖の好機をうまく捉えるよう設計されたメカニズムが、環境中に潜在する恩恵を計算しているからであろう。

アナグラムを解くこともコストになるのだろうか？　なる。ただし、カロリーの損失という意味においてではない。アナグラムの解法は、高価なモジュールの機能を要求し、課題遂行中は、これらのモジュールが忙しく働き続けている。[61]したがって、それにはコスト（機会費用）が伴う。つまり、それを行なっていることで、他にできることができなくなるのだ。これは、パソコンで重いアプリケーションを起動したときに起こる現象に似ている。その場合、必ずや他の処理に支障をきたし、コストが生じる。[*]それと同様に、アナグラムを解こうとする努力は、関連するモジュールの実行時間を占有し、他の課題の遂行を妨げる。

したがって私は、資源モデルではなく、心の努力をモニターする「努力メーター」[62]モデルを採用する。

[＊]　私が新たに手に入れたスマートフォンにインストールした最初のアプリの一つは、現在実行中のアプリの一覧を表示させ、任意のアプリを停止することができるというものだ。それによってメモリーが解放されるので、別のアプリを実行できる。

私の推測では、何かに注意を払う、難題を解く、あるいはクッキーを食べずに我慢すると、何かが感じられる理由は、特定のモジュールにとっては、これらの行動がコストを生むからだ。[63]このモデルは、現在実行している行動を継続することに価値があるのか否かを決定するのに用いられる、機会費用を計算するカウンターのようなものとして、「心的努力」の感覚を捉える。[64]むずかしい課題の遂行などによってコストが増大すると、努力メーターの値が上がって努力の感覚が生じ、忍耐力のないモジュールが勢力を増す。

アナグラムを解こうとしてうまくいかないとき、そのまま続けるとモジュールに大きな負荷がかかるので、おそらくはその行為を中断すべきであろう。おもしろいことに、あとで紹介する実験の結果からもわかるとおり、かかった負荷は、まったく別の課題に移っても維持されるらしい。

このモデルに従えば、課題の遂行のために特定のモジュールを動員することで生じるコストと利益を計算する、何らかのメカニズムが必要になる。したがって、この種のコスト計算を実行するモジュールが存在すると考えても構わないはずであり、努力メーターの針が上昇するにつれ、視野の狭いモジュールの抑制が次第に効かなくなる。かくして、クッキーに手を出す。要するに、「意志力」が枯渇するのではなく、報酬と比較してコストがあまりにも増大すると、努力の継続が正当化できなくなるのだ。バウマイスター自身が指摘するように、「解決不可能な問題は、早めに断念したほうが適応的だ。つまるところ、持続は、やがて成功に至る場合に限って、適応的、生産的なものになる」。[65]

努力メーターモデルは、カウンターを「リセット」する、もしくは少なくとも、その値を減じる方法にも言及する。たとえば、実験者が被験者にちょっとしたおみやげを手渡す、あるいはお礼の言葉を述べたとしよう。すると、エサを漁る動物が、食べ物のかけらを見つけて報われたときと同様、被験者のカウンターはリセットされる。ダイアン・タイスらは、被験者にシロクマを思い浮かべないよう求める実験を行なっている。[*] 実験の前提には、シロクマを思い浮かべないようにするには「意志力」が必要であり、それを消費すれば、不快な飲料を飲まなければならない次の課題で使える分が減るはずだという考えがある。実際、シロクマの考えを抑制した被験者は、ひどい味のクールエイド〔粉末ジュース〕をあまり飲めなかった。この結果は、資源モデルに有利に見える。意志力が搾り取られたかのように思われるからだ。

ところが、一部の被験者には、クールエイドを飲む前に、実験参加のほうびとしておみやげが手渡されたが、彼らは、シロクマを自由に思い浮かべられた対照群の被験者とほぼ同量のクールエイドを飲めた。どうやら、被験者の「意志力」は、まずい飲料が飲める程度まで回復したらしい。

この発見を、資源モデルによって説明するのはむずかしい。シロクマを思い浮かべないことで自己コントロールのエネルギーの源泉が枯渇したと見なすのであれば、おみやげが、枯れ果てた意志力の行使に役立つはずはない（おみやげをもらうだけで血糖値が上がるはずはない）。それに対し、努力メーターモデルは、この発見を簡単に説明できる。[66] 努力メーターの計算が報酬を勘定に入れているのなら、おみやげは、その値をリセットして、引き続き行なわれた自己コントロール課題の成績を向上させたのだと考えられる。

最近の定義では、「自己統制（self-regulation）」は、「自己がそれ自身の反応や内部状態を変えること」とされている。[67] それを読んだ私は、首をひねりながら、次のようにひとり言《ご》ちた。「はあ？　モジュー

[＊]　読者も試してみればよい。ほれ、シロクマ、シロクマ、シロクマ……。

ル性や機能の概念を用いないこの手の説明によって、自己コントロールの概念の支離滅裂さは、不思議の国のアリスのレベルにまで達している。ここで言わんとしている〈自己〉とはいったい何のことか？〈自己〉という言葉は、おそらく心の全体を意味するわけではなかろう。したがって、その一部を指さねばならない。ならば、心の一部が、それ自身に働きかけているということなのか？　それとも、全体が全体を変えているのか？」。かくも意味不明であるにもかかわらず、社会心理学では、この手の思考がまかり通ってきたのだ。モジュール理論は、このような混乱を是正する能力を持つ。

今後の展望

モジュール理論によって、自己コントロールに関するいくつかの基本的な見方が得られる。

まず、自己コントロールの意味を明確にすべきである。多くの人は、たとえば、浪費ではなく貯蓄を、寝過ごすのではなくきちんと出社することを、あるいはコンドームの装着を意味するものとして、つまり近視眼的にではなく、視野を広くして意思決定を下すことを指すものとして、この言葉を使っているように思われる。

基本的に、自己コントロールの問題は、カロリーや体温の保存、栄養摂取、セックスなどの適応的な目標を即座に達成するよう設計された心のモジュールと、健康、地位、富などの長期的な利益を得るために、視野の狭いモジュールを抑制しようとするモジュールのあいだに生じる相互作用によって引き起こされる。これら一連のモジュールは、それぞれ独自の機能を持つために、ときに競合するのである。

モジュールの設計を考慮に入れることで、何がそのモジュールに影響を及ぼすのかを予測できる。言い換えると、ひとたびモジュールの機能を理解できれば、何がそれを活性化、もしくは不活性化するのかを適切に推測できるようになる。たとえば、ポルノ画像を見ることで、セックスのために設計されたモジュールが活性化されて優勢になり、性犯罪で逮捕されないように自己の行動を導くモジュールは背景に退く。同様に、マシュマロを隠すと、食糧調達のために設計されたモジュールが抑制され、忍耐強いモジュールは優位を占める。視界からマシュマロが消えれば、対応するモジュールも停止するのだ。

自己欺瞞の研究にも言えるが、本書に近い見方をとる、自己コントロールの研究者もいる。統合された心という概念を捨てる「劇的なステップ」を踏み出す心構えが整った心理学者が現れ始めたのだ。ダン・アリエリーは、「私たちが築いてきた人間行動のモデルは、再検討されねばならない。おそらく、完全に統合化された人間などというものは存在しないだろう。私たち人間は、いわば複数の自己から成る集合物なのだ[68]」。

同様な示唆は、「自己コントロール」の概念が、バジーもどきの小人の責任者を前提としているとする、ダン・ウェグナーのもっともな懸念にも見出せる[69]。彼が指摘するように、「コントロールされたプロセスをコントロールしているのは誰か？」という問いに対する答えが、バジーのような存在であるはずはないことを肝に銘じておくべきだ。

さまざまな分野の研究者が、モジュール理論とうまく調和する見方をとり始めているのは、とても心強い。私と他の研究者が類似の結論に至りつつあるのは、よい兆候だと言える。科学においては、見解の収斂は、皆が真実に近づいている証拠になるからだ。今後、研究者がモジュール性から出発し、そこから自らが歩む方向を定めていくようになることを、私は切に望んでいる。

利己的／自己利益

やや脇道に逸《そ》れるが、ここで簡単に〈self-interest〉という概念に触れておく。前二章では「自己欺瞞」という概念の、そして本章では「自己コントロール」という概念の疑わしさを明らかにした。私の感覚では、「自己（self）」が頭につく用語のほとんどには、問題がある。というのも私は、本質的な意味において「自己」は存在せず、多数のモジュールが存在するだけだと考えているからだ。そこで、巷《ちまた》でよく使われる用語〈self-interest〉について、最後に検討しておきたい。

人は、この言葉を頻繁に使う。とりわけ経済学者は、お気に入りのようだが、いずれにしても誰もが用いる。私たちは、どのような意味でこの言葉を使っているのだろうか？

どうやらこの言葉は、二つの意味で用いられているらしい。一つは「利己的」という意味だが、まずもう一方の意味「自己の利益」を検討しよう。それは、短期的より長期的な目標に資することを実行するという意味だ。ケーキの例を用いると、「ダイエット中でなくても、真夜中にケーキを食べると、私が自己の利益に反することをしているとみんなに思われるだろうか？」などという言い方をする。

「ケーキを食べることは、健康を保ち減量するという長期的な目標を損なう」という言い方に特に問題はない。だが、私はケーキが好きだ。どうして私は、好きであると同時に自己の利益にならないことができるのか？ 言い換えると、健康を維持することは自己の利益になり、おいしいものを食べることはそうではないと、なぜ私たちは考えるのか？

短期的な利益より長期的な利益のほうを重視する理由は、問われてしかるべきであろう。また、なぜ長期的な視野を持つモジュールが、「利益」になる「自己」でなければならないのか？ 「愛し失恋しても、まったく愛さないよりずっとよい」というテニスン〔ヴィクトリア朝時代のイギリスの詩人〕の教えに従うのなら、おそらくは飲んで悪酔いしても、まったく飲まないよりずっとましなのだろう。ならば、ケーキを食べることで得られる短期的な喜びは、より抽象的な幸福度という尺度で測った場合の長期的なコスト（余分なカロリー）を「埋め合わせる」ことができないなどと、どうして言えるのか？　長期的な利益が得られる場合に限って、何かが自己の利益になるとする主張は、私には不当に思われる。

〈self-interest〉が「自己の利益」を意味するに至ったのは、長期的な目標の重要性が強調される場合が多いからだと思う。だから、忍耐力のないモジュールの重要性が低く見積もられるのだろう。最低でも、この用法でこの言葉を使うとき、正確に何を言わんとしているのかをよく考えてみることには価値があるはずだ。

では、もう一つの意味「利己的」についてはどうだろう。利己的に振る舞うとき、私たちは何を求めているのか？　それは利他的な行動の反対だと、大ざっぱに言える。人々は頻繁に、利他的とおぼしき行動をとることを、私たちは知っている。母親は子どもを育て、兵士はときに手りゅう弾の上に身を伏せる。私はいつも誰かさんによい席を譲る。フィラデルフィアの中心街から空港までタクシーに乗るとかかる法外な三〇ドルの出費を節約できるよう、会話を楽しみながらガールフレンドを車で送っていくとき（かなり面倒でもあり得るが）、それは実際のところ、利己的な行動なのか、それとも利他的な行動なのか？

その種の見かけは利他的に見える行動は、当人が愉快に感じているのだから、「実際には」利他的ではなく、「ほんとうは」利己的なのだと主張する人がいる。この論法に従えば、腎臓病を患う友人の健康回復を望んで、私が腎臓を提供した場合、私は利他的ではなく、利己的に振る舞っているのだと解釈される。この意味での〈self-interest〉の使用は、明らかに「利他的」と見なされるべき行為に、「利己的」

というレッテルを貼ることが意図されているが、このような用法を適用すれば、あらゆる行為を〈self-interest〉という用語で解釈できる。あらゆる行為を〈self-interest〉として解釈できるのなら、特定の行為を〈self-interest〉と呼ぶのは同語反復になる。経済学などの分野では、多くの人々が、このような用語の混乱を前にして当惑しているのだ。

〈self-interest〉という語に関して、これらの用法がもたらしている混乱と、モジュール理論を比べてみよう。まず、より考えやすい動物を例にとろう。子グマに乳を飲ませる母グマの行為は〈self-interest〉によるものだろうか？　ここで私が提起する見方は、関連する（生理的な）モジュールの設計のみに注目する。乳腺は、他個体に恩恵を与えるよう設計されているのか？　もちろん、そのとおりだ。その理由は、進化が作用するあり方に関係する。だが、生物の特定の器官が他個体に資するよう設計されている理由を説明できるかどうかは、乳腺がまさにそのように設計されている事実を、すなわち「自らがコストを負いながら他の個体を援助する」という、利他性の本質を体現する器官である事実を変えたりはしない。

では、人間についてはどうか？　親族を援助するよう導く適応が、母グマのケースと同じであることは明らかだ。縁者《ネポ》びいき《ティズム》は、「ほんとうに」利他的なのか？　「ほんとうに」という言い回しに、いかなる意味があるのかを理解できれば、この問いに答えられるだろう。モジュール理論では、コストを負いながら他人に何らかの恩恵を施す機能を持つものを指して、「ほんとうに」利他的であると言う。そのような機能が備っている理由を問うことが興味深いのは確かだが、それは、他人を援助することがモジュールの機能なのかどうかには何ら関係がない。

友人などの非親族に関してはどうだろう？　人が友人関係を結ぶ理由についてはさまざまな議論があ

るが、一つの理由は、緊急時における友人同士の助け合いに求められるだろう。[70] たった今私が友人を手助けすれば、この友人はいずれ、私を助けてくれるだろう。だとすると、私たちが友人を手助けする理由は、やがて受けられるはずの返礼にあることになるが、ならばその行為は「ほんとうは」利己的だと言うべきなのか？　モジュール理論は、この点を明確にする。親族の場合と同様、関連するモジュールは、他人に恩恵を施すために機能しており、それゆえ「ほんとうは」利他的だと言うべきである。

この分析は、「人間は根本的に利己的なのか？」という、やっかいな問いを回避できる点においてすぐれる。問いの立て方が悪いというのがそれに対する回答だ。恩恵を得ようとするモジュールもあれば、他人に恩恵を施そうとするモジュールもある。それらは同じ心の一部を構成し、ときに互いに対立することもある。同様にこの分析は、個々の行為が、「ほんとうに」〈self-interest〉によるものなのかという問いを回避できる。特定の行為は、特定のモジュールが持つ目標の達成に向けられたものであり、それ以外のモジュールの目標には合致しない場合もある。

したがって、〈self-interest〉のどちらの意味にも問題があると考えられる。というのも、それぞれのモジュールは独自の設計を持ち、互いに異なる結果をもたらし得るからだ。この語を使わないようにすべきだと言いたいわけではないが（「自己欺瞞」は使うべきではないと思っている）、使い方には十分に注意すべきだ。

彫刻としての心理学

自己コントロールや〈self-interest〉などの経済的な概念に関連させてのモジュール性の検討は、これで終わりにする。次の、そして最後の大きなトピック「道徳」に移る前に、人間の行動の説明に関して、モジュール理論と、経済学、およびその関連分野の見方のあいだにある大きな相違を再確認しておこう。

大ざっぱに言えば、経済学者も心理学者も、人間の行動を説明しようとする。そのため彼らは、それを引き起こす心の説明を試みる。しかし両者が用いる方法は、二人の彫刻家の技法が異なるのと同じようなあり方で、大きくかけ離れている。

ミケランジェロは、「私は大理石のなかに天使を見た。そして彼を解き放つまで彫った」と言ったとして知られる。ある意味で、それと同じようなことをしている経済学者がいる。彼らは、理想化された理性的な心を持ち、それ以外の要素を削り取られた存在として、行為者、すなわち人間を捉える理論を構築し、「バイアス」「発見的方法《ヒューリスティクス》」「不合理」などといった言葉を用いる。彫刻家が大理石を削っていくように、（彼らが想定する）理性という完全性から出発すれば、ミケランジェロの天使のように、最後には人間の本性を彫琢《ちょうたく》できるはずだと考えているのだ。[7]

このように、「人間の心は完全性マイナス欠陥である」と想定すべき理由はどこにもない。私が支持するモジュール理論は、大理石より粘土として人間の心を捉える。作品が完成するまで、次々と粘土のかたまりを加えていく彫刻家のように、自然選択は、さまざまな要素を加え、変えていくことで、最終的な作品を作り上げてきた。私たちは、欠陥を削り取るのではなく、さまざまな文脈のもとで、協調し合いながら、あるいは互いに競合しながら機能する、もろもろの能力のカタログを築き上げていくことで、人間の心を理解できるはずだ。

このように、不要な部分を削り取った大理石のかたまりとしてではなく、秩序も容赦もない自然選択の作用によって寄せ集められた、無数の計算プログラムの集合として心を捉えたほうがよいと、私は思う。

心は、さまざまなモジュールの協調の産物であり、場合によってはとてもスムーズに機能しているように見えるため、特定の条件のもとでは、理性的なものと見誤り得る。だが、この幻想にだまされてはならない。人間の認知や行動を研究するにあたり、原理的に理性や完全性を前提に出発すべき理由はどこにもない。心は、わずかに手が加えられただけで、新古典派経済学が理想化するような完全性を持つに至ったマシンなどではなく、時間をかけて徐々に進化してきたものだという事実に、私たちは注意を払わねばならない。

第9章

道徳と矛盾

Why

■セックスは追放されるべきか？　されるべきでないことは明らかだ。というのも、禁じる理由が特にない限り、人は自分の欲することを自由に行なえるべきだからだ。この議論は、他の多くの道徳領域に適用し得るはずだが、現実は違う。理由は不明ながら、どうやら、他人の自由を抑制しようとするモジュールが存在するようだ。■

アメリカ国内でのすべての性的な行為を禁じれば、私たちの暮らしはもっとよくなるのではないだろうか。

そうすれば、性感染症（ＳＴＤ）の感染率はあっという間に急降下するだろう。そればかりでなく、法律違反者だけが性感染症に罹患するという正義が貫徹されるだろう。ＳＴＤの治療コストも考慮せずに済ませられる。

セックスする時間を（聞くところによればかなりの時間だそうだ）、芸術、科学、あるいは本書のような本を読むなどの、高尚な営みに振り向ければどれほどの利益が得られるかを考えてみればよい。

セックスのあとでタバコを一服する習慣があれば、その分タバコを吸わないで済ませられる。何しろ、喫煙に起因する肺がんは、アメリカでは主要な死因の一つだ。

レイプなどの犯罪による妊娠のケースを除けば中絶の問題もなくなるので、民主党と共和党は政争をやめて、超党派政治の新しい時代の幕が切って落とされるだろう。

国内の道徳事情はただちに向上し、アメリカが世界の人口増加に貢献することはなくなる。移民「問題」も解決される。何となれば、セックスをしなければ、子どもは生まれず、子どもが生まれなければ、人口の減少を防ぐために、移民を受け入れる必要があるからだ。かくしてまた一つ、政治的な問題が解決される。

生産性は向上する。セックスは寝る時間を減らし、ひいては社会全体の生産性を低下させるからだ。アメリカ人がセックスをしなければ、私たちは皆、二か月以内に一万八〇〇〇ドルほど豊かになる。[*]

同性愛と異性愛の区別はあいまいになる。誰もセックスしなければ、私たちは、無性性によって統合されるだろう。カルフォルニア州とミシシッピ州は、互いにうまくやっていくことを学べる。もちろん、プラトニックなあり方で。

回数、長さ、質など、セックスの詳細をめぐるいさかいによって、男女のカップルが不仲になるようなことはなくなる。何人か心理学者が職を失うかもしれないが、男女の関係は強化され、誰もが、どの映画スターがもっともセイディおばさんに似ているか、最後にゴミを出したのは誰かなどといった重要な問題に集中できる。[**]

他に何か効果や副作用があるだろうか？　おそらく、カナダやメキシコへの旅行者が増えるのではないか。おしゃれなコンドームを売る店など、つぶれる店も出てくるだろう（よく考えてみると、他に何を売っているかによって、状況が好転する店もあるかもしれない）。いずれにしても、人々は他の娯楽を求め

◆

［＊］　言うまでもなく冗談だ。
［＊＊］　前者の答えはジュリア・スタイルズ、後者は私だ。

るようになり、さまざまな業界が影響を受けるはずである。

残念なことに、セックス相手を見つけるための違法なクラブなど、地下ポルノ業界が繁栄し始めるだろう。

おそらくは、セックス撲滅運動が、そのような傾向を正すはずだ。

私に自由を!

なぜセックスを禁じるべきではないのか?

多くの人は、次の理由でセックスを禁じるべきではないと考える。

(1) 一般道徳によれば、誰も傷つけなければ、人は自分の好きなことができる。

(2) 同意のもとに行なわれるセックスは、誰も傷つけない。

(3) 同意のもとに行なわれるセックスは許可されるべきである。

この分析は、人が欲することを禁止するには理由がなければならないことを示唆する。ほとんどの人は、セックスを禁じてはならない理由ではなく、禁じるべき理由があるかどうかを問う。

セックスのような、多くの人が欲する行為になると、人は喜んで道徳原理を適用しようとする。してよいことと悪いこと、許可されるべきことと、禁じたうえで違反者を罰すべきこととの決定は、原理に基づかねばならないと考える。この場合の原理とは「自由」である。他人を傷つけない限り、人は自分の欲することを自由に行なえるべきだと考えるのだ。これについては、あとで検討する。

しかし、すべての道徳的判断が自由の原理に基づくわけではない。ここで言う道徳的判断とは、自分が何をすべきかの決定に対して良心が告げることではなく、他人がしてはならない行為、そして他人がした場合に罰せられねばならない行為を決定することを意味する[1]。

他人がしてはならない行為を決めるにあたっては、人は必ずしも何らかの原理から出発するわけではない。確かに道徳的な思考は、二、三の公理から出発し、そこから演繹可能な結論を導き出すという手順を踏む、数学とそれほど変わらないものでもあり得たかもしれない。もしそうであったら、道徳的な思考は一貫していたはずだ。すべては前提から導き出せるのだから。

だが、道徳的な思考は、そのようなあり方では機能しない。あるいは少なくとも、つねにそう機能するわけではない[2]。第4章であげた、同意に基づく近親相姦のストーリーを思い出そう。人々は、裏づけが得られようが得られまいが、ましてや原理に基づく根拠の有無にかかわらず、他人の行動を道徳的に間違っているとして進んで非難しようとする。

本章では、何らかの理由で、人々が他人には禁じようとするいくつかの行為を検討する。私が言いたいのは、「人は、心の本性のゆえ、自分の見解や判断の根拠を、つねに表明できるとは限らない」という、いたって単純なことだ。分離脳患者の例や、心の報道官が、脳の他の部位で何が起こっているかを知らないことを示す、これまでに紹介してきたさまざまな例と同様、人は必ずしも、確たる理由をもって特定の行為を道徳的に非難するとは限らない[3]。

その人に何らかの行為を非難させ、他人がそれを実行するのを妨げさせようとするモジュールが数多くあるはずだ。人は、自分が優秀なドライバーだと信じている理由をあげられないのと同じように、道徳的判断の背後にある理由を説明できないことが多い。また、これらの判断は、さまざまなサブルーチンによって下されるので、数多くの矛盾が生じる。非難の基準になる原理なしに下される道徳的判断は、一貫性が保たれるとは限らない[4]。

したがって、何かが間違っていると、あるいは違法だと見なす際に、その理由として人が口にする説明は、実際には道徳的判断の真の根拠ではない場合が多い。人が下す道徳的判断は道理にかなったものではないと言いたいのではなく、自分の下した道徳的判断に対して人があげる理由は、ほんとうの理由ではないと指摘したいのだ。要するに、報道官モジュールは、道徳的判断を下したモジュールの真の意図を知らないのである。

犠牲者探し

人が、無意識的な直観に基づいて道徳的判断を下す証拠として、自分の道徳的判断の理由を説明できないことがあげられる。このことは、ジョナサン・ハイトの「道徳的に唖然とすること」の研究によってもわかる。彼が行なった実験では、被験者は、根拠を説明できずに「近親相姦は間違っている」と答えている。近親相姦は、とにかく間違っているのだ。

道徳的な非難が、原理に基づく分析に裏づけられていないことを示す、もう一つの証拠として、正しいはずのない道徳的判断に対して理由をひねり出すケースがあることがあげられる。ハーバード大学のマーク・ハウザーらは、有名なトロッコ問題（第5章で取り上げた道徳ジレンマで、暴走するトロッコを止めるか側線に逸《そ》らせるかしないと五人がひき殺されるというもの）を含むいくつかの道徳ジレンマを被験者に提示した。たとえば、彼らが用いたトロッコ問題のシナリオでは、五人を救う唯一の方法は、レバーを引いて一人の男を線路上に落とし、トロッコの速度を落とすことであった。また別のシナリオでは、レバーを引いて、一人の男が横たわる側線へとトロッコを逸らせることだった。

これらのシナリオに対する被験者の回答を比較することで、人々が何を道徳的に正しいと考えているかを調査できる。被験者は、自分が下した道徳的判断の根拠を説明できるだろうか？　ある実験では、トロッコ問題の二つのバリエーションを被験者に示し、彼らがそれぞれに異なる回答をした場合には、すなわち一方のシナリオには五人を救うために一人を殺してもよいと答え、他方にはそうすべきではないと答えた場合には、その理由を尋ねた。ちなみにハウザーらは、非常にゆるい基準を適用しており、被験者が、二つのシナリオには違いがある事実を指摘でき、その違いが判断の差を説明すると答えられれば、それを「十分」な理由として扱っている。にもかかわらず、二つのシナリオに異なった回答を与え、理由を尋ねられたいくつかのケースに関して、三分の二を超える被験者は、このゆるい基準さえ満たせなかった[5]。

私たちも、道徳的な直観に関する実験を行なってきた。私は、ピーター・ディシオリ、スカイ・ギルバートとともに、道徳的な正当化ではなく、犠牲に対する直観を調査する研究を行なった。人は一般に、道徳的判断を下すとき、まず犠牲者、すなわち当該の行為によって状況が悪化した者がいるかどうかを確認し、しかるのちにその情報に基づいて判断すると、通常は考えられている。しかし私たち三人は、少なくとも特定の行為については、順番が逆だと考えている。

私たちは被験者に、墓に放尿する、国旗を燃やす、人間をクローンするなど、「犠牲者のいない」行為を提示し、それが間違っているかどうかを、さらには、それによって傷つけられた者がいるかどうかを尋ねた。その結果、提示された行為が間違っていると答えたほとんど誰もが、犠牲者を名指した。しかしその犠牲者とは、「人間性」「社会」「アメリカ国民」「死者の友人」「クローン」などといったものだった。

もちろん、これらが、その行為により、何らかの形態でより悪い状態に陥ったと議論することは可能だ。そこで追跡調査では、この種の犠牲者を名指せないようシナリオを書き換えた。たとえば、「墓に放尿する」は、「生きている家族や友人が一人もいない誰かの墓に放尿する」、あるいは「人間をクローンする」は、「科学者は人間をクローンしたが、このクローンは生命を持たず、したがって苦痛を感じたり、自分がクローンである事実に悩んだりすることは一切なかった」などとした。

しかし、ストーリーを変更しても結果は同じだった。被験者は依然として、それらの行為が間違っていると答え、犠牲者を探したのだ。「死者に家族や友人がいないのなら、〈社会〉が損失を被ったのだ」「生命のないクローンが犠牲者でないのは確かだが、その場合には、科学者が犠牲者だ」などといった具合に。

ということはどうやら、人々は、行為が正しいか間違っているかをまず判断し、しかるのちにその理由や犠牲者を探すらしい。この事実は、道徳的判断が、一連の首尾一貫した原理に基づいて下されているのではないことを強く示唆する。

何も私は、これが道徳的判断の「説明」だと言いたいわけではない。人々の道徳的判断は直観に導かれているという主張は、ポジティブというよりネガティブだと言える。それは、道徳的判断が、意識によって捉え得る、個々のケースに適用可能な一連の一般原理には導かれていないことを意味する。だが、そのような主張をするには、直観とはいったい何か、そしてそれを生むモジュールの機能は何かが、説明されねばならない。

また単に、道徳的判断が「情動」に導かれていると言いたいのではない。それは正しいのかもしれないが、それでは説明になっていない。というのも、それだけでは何も予測できないからだ。したがって、情動システムの機能をもっと詳細に定義する必要がある。

本章では、現在巷《ちまた》で議論されているいくつかの問題を取り上げる。そして、どの陣営も、論旨が一貫していないことを示す。要するに、（無意識的な）モジュールのおのおのが、互いに異なる道徳的判断を下すため、矛盾が生じざるを得ないのだ。

妊娠中絶

共和党の大統領候補の指名を受けるべく候補者が争っていた二〇〇〇年に、ラリー・キングの司会により、ジョージ・ブッシュ、アラン・キーズ、ジョン・マケインのあいだで討論が行なわれた。討論の途中でマケインは、上着のポケットからわざとらしく選挙キャンペーンの広告ビラを取り出して、そこに書かれているとおり、共和党綱領のプロライフ項目〔プロライフとは生命を尊重する立場を指し、妊娠中絶の議論では中絶反対を唱える〕を支持するか否かをブッシュに尋ねた。ちなみにこの項目は、「胎児は、侵されざる個人の基本的な人権を持つ」がゆえに、レイプや近親相姦による妊娠を例外として認めていない。それに対してブッシュは、この項目を支持することに同意するが、レイプや近親相姦による例外は認めると示唆した。

レイプや近親相姦に例外を認めないことに賛成すると同時に反対するブッシュの矛盾は別としても[6]（まさに矛盾そのものと言える）、これらの例外を認めることは、プロライフ派や共和党綱領が、妊娠中絶の禁止を主張する根拠と相容れない。保護されるべき生命は、何人《なんぴと》も侵すことのできない基本的な権利を持つとする根拠に基づいて妊娠中絶に反対するのなら、レイプや近親相姦の結果として宿った生命であれ、誰もその権利を侵犯することはできない。誰もその権利を侵犯できないのなら、たとえ誕生前であったとしても、子の持つ権利を親が侵犯することを、遺伝的な近さによって正当化することはできない。

かくして、胎児は中絶されざるべき絶対的な権利を持つとする主張と、親である事実が子の権利を無効化し得るという見方は互いに矛盾する。[7]

民主党に関して言えば、中絶に対する姿勢は、彼らの綱領に矛盾してはいないが、その理由は、そのような姿勢をとる確たる根拠を、実際のところ彼らが持ち合わせていないからだと思う。[8] 二〇〇四年の党綱領には次のようにある。[*]

私たちは、女性のプライバシーと男女平等を支持する。したがって、女性の（……）を選択する権利のために喜んで戦う。

このように、民主党は中絶に対する自分たちの姿勢の根拠を、「プライバシー」や「男女平等」に置く。まず後者に関して言えば、失礼ながらばかげている。男性に中絶の権利があって女性にはないのなら、確かに男女平等の原理は、女性に対してもプロチョイス〔中絶を擁護する立場〕を適用するよう要請するだろう。ところが、中絶がそもそも不可能な男性は、その権利を最初から持っていない。[9]

次に、プライバシーの権利が、中絶を選択する女性の権利を正当化するのは、いかなる根拠によってなのか？　プライバシーの権利は、女性が他のあらゆる人に対し、とりわけ政府に対し、中絶を秘密にしておくことには適用し得るのかもしれないが、それが中絶を選択することとどう関係するのかは明確ではない。

というより、事態はむしろ明確だ。民主党が、中絶を支持する根拠を「プライバシー」に求める理由は、「中絶は合法的たるべき」という信念を導く道徳的な基盤とは何の関係もない。話は逆で、法的な事例を用いて道徳的な基盤を確立しようとしているのだ。最高裁判決「ロー対ウェイド」には、「中絶を規制する州法は、(……) 州の行為に対するプライバシーの保護を規定する、合衆国憲法修正第一四条の〈正当な法の手続き〉条項に違反する」という、法による中絶の正当化が見られる。民主党は、この意味で「プライバシー」という用語を使っているのである。

この判決のゆえに、中絶を支持する民主党の姿勢は、「プライバシー」の考えに基づいて正当化されることが多い。しかし、全米女性連盟(NOW)は、ロー〔ローは原告の名前〕の保護をすべきは民主党なのではないと示唆するかのような議論を展開している(そのような議論はブログなどでも見かける)。NOWの主張によれば、「女性は、政府の介入なしに、自己の身体やセクシュアリティに関する決定を下せるべきである」。おそらくほとんどのプロチョイス派は、「人は自分の身体を自由に取り扱う権利を持つ」という考えに基づいて、中絶の権利を擁護している点を認めるのではないだろうか。

だが、「女性は、政府の介入なしに、自己の身体やセクシュアリティに関する決定を下せるべき」とするこの立場を文字通りにとれば、女性が自己の身体を用いてしたいと思う可能性のある他の多くの行為を非合法と見なすことは、きわめて困難になるだろう。したがって、この原理は、売春からポルノ、さらには代理母の禁止に至るまで、政府の実施する禁制なら何であれ反対するよう支持者を仕向ける。これらはすべて、女性が自己の身体を用いてしようとする可能性のある行為であり、それらを禁じるべき、あるいは強く制限すべきだとする主張は、プロチョイス派がとる立場と相容れない。[10]

[*] 二〇〇八年の党綱領に関して言えば、私の見る限りでは正当化は認められない。「ロー対ウェイド」の判決〔後述〕に対する支持を繰り返しているだけである。

公平を期すために補足しておくと、プロライフに関しても、レイプや近親相姦によって妊娠したケースの扱い以外にも、懲罰に関する問題がある。二〇〇七年一一月、クリス・マシューズは、TVトークショー『ハードボール』で、生まれる権利を守る全米委員会の役員デイヴィッド・オスティーンにインタビューしている。

マシューズ：プロライフ運動に関して、いつも不思議に思うことがある。胎児、つまり出生前の子どもを殺すことが殺人だと考えているのなら、どうして中絶をした女性に対して殺人罪を問わないのかね？　ほんとうに中絶が殺人だと考えているのなら、なぜそうしないのか？[11]

マシューズとは見解が一致することが多いが、私も、これまでずっとそれと同じ疑問を抱いていた。中絶は「殺人だ」と主張するオスティーンは、それに対し「女性に刑事罰を適用しようと考えたことはない」と答えているが、これは答えにまったくなっておらず、質問を繰り返したにすぎない。彼はさらに、「中絶せざるを得ない状況に陥ったいきさつは誰にもわからない」と述べている。これはまったく奇妙な発言で、同様に答えになっていない。最後に彼は、「医師を対象に民事罰を適用することで、彼らから経済的なインセンティブをそぐ」方法があると言う。

依然として答えにはなっていない。中絶を殺人と見なすのなら、医師のところへ行く女性は、殺人に金を払っていることになる。受精卵を人間と見なすがゆえにプロライフの立場をとるのなら、中絶してそれを殺す行為は、法によって裁かれねばならないと考えるべきだ。誰かに金を払って人を殺させる者を罰する規則や法律が存在する。映画やTVでは、ジョン・キューザック主演『ポイント・ブランク』

（米・一九九七年）など、これをテーマにしたドラマが多数製作されている。

いずれにせよ、経済的なインセンティブを、殺人を防ぐための手段として考えるのは、いささか奇妙ではないだろうか？　私はオスティーンの回答を聞いて、警官が、通行人を殴り倒したばかりの路上強盗に銃をつきつけながら、重い罰金を払わねばならないから奪った金を被害者に返せと諭《さと》す、かつてはやった風刺漫画『ドゥーンズベリー』のエピソードを思い出した。（この風刺漫画は、知能犯には罰金を課すべしとする考えを嘲《あざ》笑っているのだと思う。わずかな金を盗めば刑務所行きで、大金をだまし取れば罰金で済ませられるということを）。

メキシコでは、二〇〇八年に妊娠中絶が最高裁で審理された。『ニューヨーク・タイムズ』紙は、次のように報告している。

その法に反対する二人の判事のうちの一人マリアノ・アズエラは、「生命は受胎とともに始まる」とし、「思うに、女性は、妊娠という現象とうまく折り合っていかねばならない。（……）妊娠の産物を望まなくとも、その効果を甘受しなければならないのだ」と主張する。[12]

生命が受胎とともに始まるのであれば、そして論点が保護にあるのなら、次に主張すべきことは生命の保護であろう。ところがそうではなく、この判事は、「女性は妊娠を甘受しなければならない」と主張する。これはある意味で、とても啓発的だ。あたかもこの判事は、生命を救うことより、女性を罰することに興味があるかのように思える。

これはとりわけ、レイプの除外という文脈において興味深い。女性は、自発的なセックスによる妊娠は「甘受」しなければならないが、強いられたものであればしなくてもよいということなのか？　もしそのような考えが道徳的判断を導いているのなら、中絶の問題は、生命を救うことではなく、女性のセクシュアリティに関するものだということになる。

ここで私の見解をはっきりさせよう。プロチョイスの立場をとる人は、プライバシーの原理、すなわち政府の介入なしに自己の身体を用いて好きなことを行なえるべきとする基本原理を中絶に適用しているのではないと、私は考える。人は、それとは別の理由でプロチョイスの立場をとるのであり、それを正当化するために、そのような原理を強調するのだ。

また、（ほとんどの）プロライフ支持者は、「生命は受胎とともに始まる」「生命を殺傷することは間違いだ」と考えてプロライフの立場をとっているわけではないと、私は思う。人は、それとは別の理由でプロライフの立場をとるのであり、それを正当化するために、そう主張するのだ。

では、別の理由とはいったい何か？[13]

いい質問だ。心理学者は、現代におけるもっとも重要な政治的な論争の一つに密接に関わる、この問いに答える努力を惜しむべきではない。

ドラッグ

薬物《ドラッグ》には茫然とさせられる。

カフェイン、アルコール、ニコチンなどを除けば、アメリカでは、覚醒剤、抑制剤、幻覚剤など、無数のドラッグが、販売、使用を禁じられている。ドラッグに関する政策は、いかなる楽しみをも追放したいと思っている、少数の愚かな権力者の願望を反映するものではなく、広く支持されている。政治家は、「ドラッグに対して情け容赦がない」というイメージを保とうとし、有権者もそれを求めている。

人々はなぜ、ドラッグを悪しきものと考え、その使用を法によって禁じようとするのか？　誰でも思いつきそうな答えは、「ドラッグは、健康を損なう。健康を損なう物質の使用は、道徳的に非難されねばならない。したがって、政府はそれを禁じるべきだ」というものである。

だが、そんなはずはない。そもそも、健康の破壊がドラッグ撲滅のおもな理由なら、ニコチンやタバコもとっくの昔にやり玉にあがっていなければならない。さまざまな調査では、タバコ〔肺がん〕は、アメリカ人の死因の、一位ではないとしても上位を占める。しかし、タバコは禁じられていない。

のみならず、人はときに危険な行為に及ぶ。しかし「スキー撲滅運動」を組織する人がいれば、その人はふざけているか、狂っているか、あるいは過激な環境保護論者だと、私ならあえて言うだろう[14]。実のところ、「ドラッグ撲滅運動」は、他人の健康維持に対する有権者の関心とは何の関係もない。

医療関係者は、「私たちはドラッグの怖さを知っている。だから、レクリエーショナルドラッグ〔耽溺性のある脱法（違法ではない）ドラッグ〕に反対するのだ」と言うだろう。だが、「包丁の使い方を間違ったときの怖さを知っている。だから、刃物を撲滅しよう」などと言う人はいない。それはさておき、あなたがレクリエーショナルドラッグを有害と見なし、それによって引き起こされる危害を減らしたいのなら、あなたの提起すべき議論は、「ドラッグの禁止は、それによって引き起こされる危害を減らす」というものでなければならない。しかしもしそう主張するのなら、あなたは確たる原則としてドラッグに反対しているのではない。つまり、レクリエーショナルドラッグが非合法であった場合より、合法であった場合のほうが、全体として人々の受ける危害が少ないのであれば、あなたは、レクリエーショナルドラッグの合法性を認めねばならない。しかし私の経験からすると、「皆の状況が向上するのなら、ドラッグは合法化されてしかるべきである」と言う人はいない。人々にとって、ドラッグはとにかく悪しきものなのである。それでも「ドラッグの使用それ自体ではなく、それを取り巻く暴力や犯罪が悪いのだ」と言い張ることはできる。だが、それも正しくはない。

不法な取引に暴力が伴う理由を説明する、基本的な経済原理が存在する。不法な取引に関わる人は、契約の履行に関して法や警察の力をあてにできないので、自分の手で、取引相手に契約を履行させねばならない。あるいは、ドラッグを奪われても、その事実を警察に届け出るわけにはいかない。コカインを一袋盗まれたなどと警察に報告しようものなら、不法なドラッグの取引に手を出したことがばれてしまうからだ。したがって、自分の身や所有物は、暴力を振るってでも自分自身の手で守らなければならない。それゆえ、不法取引を行なう人にとっては、暴力の行使、もしくはそれを示唆する脅しが欠かせない手段になる。かくして、ドラッグの非合法化は、暴力の雰囲気を生む。

この論法を疑う人もいるかもしれないが、「ドラッグを非合法化すると、暴力が増えるのか、それとも減るのか？」という問いに答えてくれる実験が、一九二〇年から三三年までの期間、アメリカで行なわれている。この実験は、合衆国憲法修正第一八条と呼ばれる〔それに関連して規定されたボルステッド法とともに、一般に禁酒法と呼ばれている〕。当時、アルコールはとにかく悪しきものとされ、その弊害を取り除くために、国家の最高の法が利用されたのだ。さて、その結果はどうなったか？

禁酒法が発布されると、酒類の闇市場が形成され、当然予想される結果が引き起こされた。犯罪率が上昇し、製品の品質は下がった（誰が不平を言うのだろうか?）。アル・カポネのような犯罪者は、莫大な儲けを手にした。もちろん犯罪率の上昇には、経済状態などの他のさまざまな要因が絡んでいたことは確かだが、アメリカの殺人発生率が、禁酒法の発布とともに上昇し、廃止直後に下降している事実は、何ごとかを示唆しているように思われる。

それに比べて、フィリップモリスやクアーズは、商売が下手だと言いたいわけではない。禁酒法時代には、トミーガン〔禁酒法時代に使われた機関銃〕を片手に縄張り争いを繰り広げながら荒稼ぎしていた人たちがいたと言いたいのだ。

人々がドラッグの合法化に反対するもう一つの理由として、「ドラッグが合法化されれば、人々は四六時中ハイになり、誰もまともに仕事をしなくなるだろう」という、同様に「社会に対する脅威」説に沿った説明がある。

これにはどう答えたものか悩むところだ。合法化されれば誰もがドラッグを常用し始めるから、それに反対するという前半のくだりは、ナンセンスに思える。合法化されると、誰もがドラッグを常用し始めるのが事実であったとしても、何か別の理由でドラッグの使用が悪いことだと考えない限り、その事実は善悪にはまったく関係ないからだ。

また、今日ではアルコールのようなドラッグの「使用」はそもそも合法だが、人々は仕事に精を出している。その理由の一つは、人生にはハイになること以外にも目標があるからだ。旅行に行く、セックスする、テレビを見る、旅行に行ってテレビを見ながらセックスするなど、人々にはしたいことが山ほどある。それでも社会が崩壊したりはしない。いずれにせよ、誰もがハイになって仕事をしなくなることが、ドラッグの合法化に反対する理由ではない。

私は何も、すべてのドラッグが合法化されるべきだと言いたいのではなく、ドラッグの禁止を正当化するために人々が持ち出す理由は、分離脳患者が「シャベルはニワトリ小屋の掃除のため」と答えるのとたいして変わらないと言いたいのだ。つまり、それは真の理由ではなく、心の報道官がでっちあげたものなのである。

　だが真の理由はどうあれ、ドラッグの合法化に反対する声は強い。どれくらい強いのか？　ドラッグの合法化を支持すべき、とりわけ説得的な根拠の一つに、それはテロ撲滅に大きな効果があるというものがある。高価なドラッグが、テロリストの資金源になっているのなら、人々は、その価格を下げる手段として、少なくともドラッグの合法化の可能性を話し合ってもおかしくはないはずだ。確かにその手の議論はたまに聞くが、それをまじめに検討している人は、ほとんどいないように思われる。

　人はなぜ、ドラッグの合法化に反対するのか？　意識の背後に隠れたどのモジュールが、そのような判断を下しているのか？　そしてその機能は何か？

　いい質問だ。心理学者は、現代におけるもっとも重要な国家安全保障問題の一つに密接に関連する、この問いに答える努力を惜しむべきではない。

不道徳な市場

　ジェームズ・スロウィッキーは、『「みんなの意見」は案外正しい』で、大規模な群集が、問題を解くのに驚くほど長けているという事実を論じている。たとえば、クイズ番組『フー・ウォンツ・トゥ・ビー・ア・ミリオネア』で、難題に直面した挑戦者が、暇をもてあましてスタジオに詰めかけた満員の観客に助けを求めることがあるが、その場合、観客の与えるもっとも一般的な回答が正解である割合は、九一パーセントにのぼる。

　群集の賢さは、クイズ番組の問題に答えるなどといったことより、もっと実践的に有意味なものでもあり得る。群集は未来を予測できるのだ。次の大統領選で誰が勝利を収めるかを予想する賭けをしたとしよう。この賭けでは、自分が賭けた候補者が勝てば一シェアあたり一ドルがもらえ、負ければ賭け金をまるごと失う。

大規模な群集がこの種の賭けをすると、各候補者の一シェアあたりの価格は、全体としての群集が考える、その候補者の当選率を示す。ある候補者が楽勝するだろうと人々が考えていれば、その候補者の価格は高騰する。このようにして、一シェアあたりの価格は人々の予想を表す。

論点を明確にするために、極端なケースを考えてみよう。あなたは、確実にフレッドが選挙に勝つと知っていたとしよう（つまり、予知能力を持っていたとする）。その場合あなたは、賞金を手にするために、一シェアあたり九九セント以内なら、手元の資金のすべてを彼に注ぎ込もうとするはずだ。やがてあなたは、賞金から賭け金を引いた分の儲けを確実に手にすることができる。その結果、フレッドの一シェアあたりの価格は、やがて一ドルまで上昇する。

実のところ、フレッドに大金を賭けることで、あなたは、彼が勝つことを知っていると「市場に語りかけている」のだ。その結果、市場の動きを観察し、価格が一ドルに向けて上昇する様子を見た人は、市場の参加者が、基本的に彼の勝利を確信していることを知る。かくして、価格の変動を観察することで、人は未来を予測できる。

同じことは、他のどんなものの価格にもあてはまる。[15] 人々が未来の市場価格を予測しながら売り買いすると、価格は、市場参加者の未来の予測を「集約」し始める。市場参加者が未来を見越して五〇セントで売買していれば、彼らは、賭けの対象の何かが起こる確率が、おおよそコイントスに等しいと考えていることがわかる。また、価格が上がれば上がるほど、それだけ起こる確率が高いと、また下がれば下がるほど低いと考えていることがわかる。

このプロセスは、リアルタイムで確認できる。TradeSportsなどのサイトは、スポーツの試合中に、その試合を対象にする「賭け市場」を開いている。[*] 一方のチームが先制すると、そのチームの価格は上昇する。これは、賭けの参加者が、きわめて正当にも、そのチームの勝利を確信する、その度合いが高くなったことを意味する。かくして、賭けの形態で情報を市場に反映させることができ、市場への参加者は、それを参照して、他の参加者が、何が起こると考えているのかを知ることができる。

この手の市場は、これまで何度も開設されてきた。そしてそれらは、未来のできごとの予測に関してよい成績を、場合によっては世論調査を上回る結果さえ残している。[16] たとえば、予測市場は、国政選挙の結果の予測に関して、その精度が一ないし二パーセント以内に収まる結果が得られている〔補足しておくと、巻末ノート＊16の論文によれば、一九八八、九二、九六、二〇〇〇年の大統領選の予測に関して、選挙一週間前の時点で、ギャラップ世論調査の予測誤りが平均二・一パーセントであったのに対し、ある予測市場のそれは、平均一・五パーセントであった〕。予測市場が世論調査よりすぐれた結果を残している事実は、(経済学者にとって) それほど大きな驚きではないだろう。市場に賭け金を投じることは、その人が「真実を語る」動機を持っていることを意味する。言い換えれば、勝ちそうにないと思っている候補者のシェアを、大金を払って買うことは、資金をドブに捨てるのと変わりがない。つまり、市場システムに意図的に誤情報を投入するにはコストがかかるということだ。だが、世論調査では事情は異なる。調査員にうそをつくのと、真実を語るのとでは、かかるコストはまったく同じである。つまりゼロだ。

Intradeのようなサイトでは、主要な選挙の勝者の予想から、指定の日までにヒッグス粒子が発見されるかなどの、科学的なできごとに関する予想に至るまで、さまざまなイベントに賭けることができる。これらの市場は、無数の人々から大量の情報を集め、それを容易に理解できる形態、すなわち価格に変換しているのだ。

価格は、水晶玉のように未来を予測する。しかも比較的容易に参照できる。CIA、FBI、NSAなど、個々の機関に情報が分散されて蓄積されているケースと比べてみればよい。同時多発テロが起こったあと、私たちは、これらの機関が保持する情報を統合する際の障害と化している、情報の流れの問題や、各情報機関を隔てる壁についてさんざん聞かされた。

市場の力を利用して、これらの機関が持つ専門知識を活用できれば、問題は解決するのではないか？群集の知恵を活用してはどうか？　私たち皆が関心を持つイベントを対象に市場を設けて人々を参加させ、そこで示される価格を参照しながら、効率的なやり方で能力を発揮できるよう情報機関を援助するのだ。

それは、皆の意見を結集するための、巧妙で効率的な方法として機能するのだろうか？　それとも、信じられないほど愚かで無益なやり方なのか？

二〇〇三年七月、「政策分析市場（Policy Analysis Market）」を設置する議案が提出された。これは、中東の国々の安定などといった地政学的動向に関する情報を収集するための市場で、群集の知恵を動員して、アメリカ政府による重要な政策決定を援助するという案だった。

二人の上院議員は、それを「信じられないほど愚かで無益なやり方」と見なした。[17]

[＊]「開いていた」というべきかもしれない。というのも、TradeSportsは閉鎖されたからだ。そのようなサイトで賭けをすることの合法性は、相当にあいまいである。アメリカ国民がその種のサイトで賭けをするのは非合法だと主張する者もいる。ポルノ鑑賞と売春の違いと同様、見るだけなら合法であっても、実際に手を出すのは非合法だというわけだ。

彼らには彼らなりの見方があったのだろうが、それが何かは私にはよくわからない。

私の知るところでは、このアイデアに対して道徳的な嫌悪感があったようだ。いずれにせよ、情報機関がそれを利用できたとして、人の命が救えたかどうかは誰にもわからない。

その種の市場に人々が反対する理由は、私にはよくわからない。そのことは、ギャンブルに対する人々の考えにも言える。

私が知っているのは、市場が人々の暮らしをよくするということだ。論争の絶えない経済学者も、この点には同意する。市場は、自分の所有する何かを価格をつけて手放したい人を、売り手の言い値を支払ってでもそれを手に入れたい人に結びつける。市場は、買い手、売り手双方の状況をよりよいものにする。売り手は、たった今売った品物より価値があると見なしている金額を手にし、買い手は、たった今払った金額より価値があると考えている品物を手にする。かくして、誰もが満足する。

何度でも繰り返そう。市場の魅力は、誰をも満足させるところにある。

事実、人は他者を、以前よりはるかによい状態にすることができる。市場は商品を、もっとも望む人の手に渡るよう仲介するすぐれた手段だ。需要と供給の法則は、品物をすぐに手放せる人が手放すよう、また、進んで高額を支払おうとする人がその品物を手にできるよう価格を調節する。

のみならず、市場を持たないことは、悲惨な結果を生む。ドラッグを例にとると、警察、弁護士、第八二空挺師団［アメリカ陸軍のパラシュート部隊。ノルマンディー上陸作戦時の空挺降下で知られる］などに支援された合法的な市場が存在しなければ、何が何でも交換を望む人々は、非合法の闇市場を形成し、ひいては密輸や組織犯罪が猖獗《しょうけつ》をきわめる。映画のよいネタにはなるだろうが、それでは日常生活が混乱する。

うそだと思うなら、かつてソビエト連邦で暮らしていた人に、計画経済のもとで耐えた品不足の経験について尋ねてみればよい。

要するに、商品やサービスの自由な交換を可能にする市場は、よりよい生活を送るための手段を人々に与えてくれるということだ。政府の規制はすべからく悪だと言いたいのではなく、相互に有利な取引には「間違っている」ものもあるという直観は、本来恩恵を受けてしかるべき人々の利益を損なうと言いたいのだ。[18]

では、なぜ人はこの種の市場に反対しようとするのか？　そもそも、なぜそれが道徳的な問題になるのだろうか？

いい質問だ。心理学者は、この問いに答える努力を惜しむべきではない。その問いに答えられれば、人間の本性をもっとよく理解できるばかりか、大勢の人々の暮らしを向上させることができるだろう。

タダならよくても売ってはならないもの

おそらく教養ある読者は、市場のすぐれた機能をよく理解していることだろう。では、なぜ人々は、自分の腎臓を売るべきではないと考えるのか？

腎臓を必要としている患者は何万人もいる。二〇〇六年の移植待ちリストでは六万五〇〇〇人を超える。

一方では、毎年一万人内外の人々が、まったく健康な腎臓（と肝臓）と一緒に埋葬されている。[19] これらの人々は、死因からしても、よき臓器提供者になれたと考えられる。これらの人々が、死後の提供のために、臓器を売却できたとしたらどうだろう？　たいていの人は、生きているあいだに使える金額がより少なく、死ぬときに腎臓と一緒に埋葬されるより、生きているあいだに使える金額がより多く、死ぬときに腎臓なしで埋葬されたほうがよいと考えるのではないか。

ところが、今のところアメリカには腎臓の市場は存在しない。譲渡ならできる。私の運転免許証にはその旨が小さく記載されている。それによって、私にとっては悲惨なできごとを、誰か他の人の好機に変えることができる。だが、売ることはできない。寄付はできるが、代価を請求してはならないという、いくぶん変わった方針は、セックスと同様に腎臓を、タダならよくても売ってはならない数少ないものの一つにしている。

死後の提供のための、臓器の売却はここでは考えないとして、ではなぜ生きているあいだに売ってはならないのだろうか？ あなたなら、（a）左右両方の腎臓、（b）片方の腎臓と一五〇〇〇ドルのどちらを選ぶだろうか？[20] 確かに片方の腎臓を提供したあとで、二つ目を失うと、かなりまずいことになる。[*]また、生きているあいだに腎臓を提供するには手術が必要だ。しかし、そのリスクを覚悟のうえなら、腎臓の売却は認められてしかるべきではないだろうか。金銭のためにリスクを負うことを禁じるのなら、鉱山を閉鎖し、軍隊を解体しなければならないだろう。

賭けられているものは大きい。臓器市場の利点を分析した最近の研究で、二人の高名な研究者は、「臓器を提供するよう人々にインセンティブ（金銭）を与えることは、臓器を受け取る順番を、長期にわたって待ち続けなければならない患者の、あらゆる苦痛や死を排除できるだろう」と結論している。[21]

臓器市場に反対する議論のほとんどは、道徳的なものだ。もちろん政治的、あるいは経済的な議論をする者もいる。たとえば、臓器市場によって、より金銭を必要とする貧民層から、不釣り合いなほど多くの臓器提供者が出るのではないかという見方がある。この議論には簡単に反論できるが、ここでは道徳的な側面に的《まと》を絞りたいので、それには深入りしない。ただ、次のように言っておこう。金銭を必要とする人は、それを手にするために、重い箱を運ぶ、石油プラットホームで働く、ハンバーガーのコスチュームを着て街角でチラシを配るなど、危険なことや、不快なこと、あるいはきまりの悪いことを進んでしようとする。だが、だからと言って、それらの行為が禁じられるべきだとは思わない。

道徳的な議論の主旨は、「身体の一部を売り買いすることは、とにかく間違っている」ということだ。脳のいずれかの部位がこのような判断を下し、しかるのちにその人は、それを正当化する議論を組み立てているのである。リチャード・セイラーとキャス・サンスティーンは、前出の『実践行動経済学』で、「(臓器市場の)アイデアは、明白な利点を持ちながら、よくわからない理由により驚くほど大きな不評をかこっている」と述べる。[22]

「よくわからない理由」とはこれいかに？　心理学者は、その解明に努力を惜しむべきではない。

道徳的な心

二〇〇七年一一月、スーダンのハルツームでイギリス人教師が、生徒に、ある玩具をある言葉で呼ばせたとして有罪判決を受けた。四〇回の鞭打《むち》ちが刑罰として与えられる可能性が示唆されていたが、それでは軽すぎるとして、街では抗議のデモンストレーションが巻き起こった。AP通信によれば、彼らは「容赦なく処刑せよ」と叫んでいたそうだ。

[*] 腎臓の市場が存在すれば、それほど愚かなことにはならないだろう。腎臓を売ったあとで、買い手になる必要が生じたときに、法が改正されていたなどということがなければだが。

何万人もの非武装の市民が、男も女も子どもも、切り刻まれて殺され、何十万人もの人々が住む家を追われ、無数の残虐な暴力行為が猖獗《しょうけつ》をきわめている国で、人々を街路に駆り出し、世界のメディアの注意を引きつけた事件とは、何を言われようが何も気にしないはずのクマのぬいぐるみを対象に、何人かの子どもに肺からある特定の音声を出させたことだった。

なぜ人は、プロライフ、プロチョイス、反ドラッグ、反売春、反市場、反ヌードビーチ、反「クマのぬいぐるみをモハメッドと呼ぶ行為」になるのか？

いい質問だ。

進化心理学者としての私の観点から言えば、人間の持つもっとも奇妙な特徴の一つは、他人の意図を大いに気にすることだ。基本的に人間を除けば、捕食者と獲物の関係や、つがいの関係など、ある個体の運命が、別の個体の決定に結びついていない限り、生物個体は通常、互いを無視する。このことは、生物学的によく理解できる。他個体の意図を配慮するのに多大な時間とエネルギーを費やすことは、大きなコストになる。したがって生物は、血縁、仲間、敵の関係にある個体のみを対象に、その動向を監視するよう設計されていると考えられる。かくして、自身に直接関わりのあるものごとのみに注意を払う。

しかし私たちは違う。人間は、他人の意図を過度に気にする。そして誰かが、葉っぱに火をつけてその煙を吸う、とりわけ謎めいた言葉を発する、自己の身体の一部を売る、などという行為に及ぶと、私たちはそれを気にするばかりでなく、その人を罰するよう言い張る。

これは第一級の生物学的ミステリーだ。このミステリーを解明したと主張する者は大勢いるが、実際にはまだ誰も解明していない。人が「道徳的」である理由の説明のほとんどは、実際のところ、人間の寛大さの説明にすぎない。だが、これら二つは、本来まったく異なる。[23]

これらのことから、二つの重要な教訓を引き出せる。一点目は、この本の中心主題に関係するもので、私たちは、自分が種々の行為を道徳的に非難する理由をわかっていないということだ。私たちは、とにかく誰かが間違っていると考え、そう主張し、さらにはそれを正当化しようと努める。かくして私たちが口にする理由は、整合性をまったく欠くため、道徳的判断を下す前ではなく、下したあとでひねり出されたものであることがすぐにわかる。私が報道官と呼ぶモジュールは、道徳的判断の根拠を知ることができないために、自らそれをでっちあげざるを得ないのである。

二点目は次のとおり。人々は、一連の道徳原理を採用し、そこから自分たちの見解を系統的に引き出しているのだという見方がある。これについては、第1章でアンドロイドの道徳というたとえを用いて検討した。だが私たちの心は、そのようなあり方では機能していない。道徳的判断は、意識を持たないモジュールによって生み出され、報道官がそれを正当化しているのだ。そして、それによってひねり出された口実は、ときにとてもひどいものになる。これは、それほど驚くべきことではない。人々は、一貫した原理を持たずに、報道官に不可能な仕事を委ねながら、何かを非難したりしなかったりするのだ。

道徳的な一貫性の欠如は、そこから生じる。独自の機能を持つさまざまな心の部位が、おのおの異なる道徳的判断を下すため、一貫性が保たれる理由はどこにもない。

一貫性はデフォルトではない。システムの一貫性を保つには、注意深い設計が必要とされる。人間の心には、そのように設計されている部分もあるにはあるが、大部分はそうではない。一貫性がシステム全体の機能の向上をもたらさないのなら、その存在を期待すべき理由はどこにもない。道徳的判断における一貫性に利点がないのであれば、それらが互いに矛盾していたとしても不思議はない。

というよりも、実際のところ事態はそれより悪い。

自己の良心と他人の非難の区別に戻ると、避妊する、ぬいぐるみのクマに名前をつけるなど、他の誰かが特定の行為に及ぶのを妨げることを目的に設計されたモジュールは、自分の行動を導くモジュールとは異なる。わざわざニューヨーク州の某元知事の例を持ち出さなくても〔三六頁を参照〕、ある人が道徳的な規則を実際に遵守するかどうかは、当人がその規則を支持しているか否かと必ずしも一致しないことは、誰でも知っているはずだ。

良心を導くモジュールは、疑いもなくさまざまな要因に左右される。哀れなスピッツァー氏の話に戻ると、彼が売春婦とセックスするかどうかの判断を下そうとしていたとき、その損得を計算する役割を担ったモジュールが存在していたはずである。もちろんコストの一つは政治家としての経歴に傷がつく可能性であり、売春に反対する彼の姿勢が広く知られていたため、とりわけその重みは大きかった。だが、それは考慮すべき要因の一つにすぎない。彼の心のなかでは、コストを計算するモジュールの他に、セックスを求めようとする（忍耐力のない）モジュールも機能していたことだろう。そしてどうやら、後者が優位を占めたらしい。

行動を引き起こすモジュールは、道徳的な規則の遵守を表明させるモジュールとは異なる。自己の良心と他人の非難は、それぞれ異なるモジュールによって引き起こされるので、言葉と行動が矛盾したとしても何ら驚きではない。

これらを総合すると、モジュール化された人間の心が偽善を生むことは明らかだ。

さて残った問いは、「人はなぜ、そのことが自分だけにはあてはまらないと思っているのか？」である。

第10章

鳥の道徳

Why

■本章では、鳥の個体群をたとえに用い、交尾に関するルールが課されることで、適応度という観点から、さまざまな個体が、どのような利益、不利益を受けるかを考察する。この鳥の個体群においては、自然選択によって、交尾に関するルールを課すべく設計されたモジュールが進化する可能性がある。そして個々の鳥は、それがまさに性的行動を統制しようとする「道徳的直観」の起源であることに気づいていないかもしれない。■

たいていの人が近親相姦を犯さない理由を説明することは簡単だ。近親交配には遺伝的なコストが伴うため、近親者との交配を避ける人は、そうしない人より多くの子孫を残せる。よって、近親相姦の忌避に関わる遺伝子は、進化のプロセスを通じて、より広範に拡大する。

この説明はすぐれてはいるが[1]、他人が近親相姦を犯さないように人々が配慮する理由は説明しない。私は、近親相姦の問題を含め、これまでの章で取り上げてきた道徳的な問題をめぐる直観が存在する理由を、よく理解しているようなふりをするつもりはない。したがって本章では、なぜ私たちは、他人が特定の行動をとることを非難しようとするのかという問題に関して、直接答えるのではなく、たとえを用いて考えられる答えの素描を示す。それは、道徳心理学に関する最新の出版物に書かれている説明とはかなり異なる。それらの出版物では、いかに人類が、進化のプロセスを通じて親切で寛大になったかなどの問題を解明することに、焦点が置かれている。確かにそれらの特徴は、人間の本性の重要な部分を構成するものではあるが、道徳領域における首尾一貫性のなさをもたらすものではない。本章では、人々はなぜ、他人の行動を道徳的に判断し非難しようとするのかという問いに対する答えが、どのようなものであり得るかを素描する。道徳的な非難に関するすぐれた理解は、人間が他人の行為を禁じようとする理由を説明してくれるだろう。

それを検討するにあたって、鳥を例にとる。なぜ鳥は、他の個体が巣のなかでしている密かな営みまでもコントロールしようとするのか？

道徳的な動物

私はこれまで、進化に関するまったく論理的な議論が、人間に、それもとりわけ社会関係に適用されると、途端にあらゆる種類の珍妙な間違いや誤解を生むのを何度も目のあたりにしてきた。人間以外の動物の行動を理解しようとする際には、進化による説明にこだわるのに、人間の行動の説明になると、人々は反射的にその適用を避けようとするのだ。

動物の世界のストーリーには、残酷なものもある。オスライオンは、群れを乗っ取ると、他個体の子どもをすべて殺す。オスライオンによるこの行為は、メスライオンを「受容状態」にし、それ以後後者は、前者と交尾するようになる。このような両者の振る舞いは、そうしない個体より多くの子孫を残せるがゆえに選択されたのだと、ストーリーの話者は説明する。子ライオンを殺さないオスは、子孫を多く残せない。なぜなら、群れのメスが受容状態にならないからだ。また、子を殺すオスと交尾しないメスは、子孫を多く残せない。交尾しなければ子は生まれようがないのだから。実に単純で、残酷な話だが、この説明に反論して、別の説明を持ち出そうとする人はめったにいない。

たとえば、「おそらくオスライオンは、そうするよう学習したのだ」「たぶんメスライオンは、わが子を失って傷ついた自己を癒すために、わが子を殺したオスと交尾しようとするのだ」などという説明を聞くことはないだろう。

動物の世界のストーリーには、それほど残酷でないものもある。私のもっとも好きな進化のプロセスの説明は、ピーター&ローズマリー・グラントがガラパゴス諸島で行なったフィンチの研究を記録した、ジョナサン・ワイナー著『フィンチの嘴』〔前出（第2章）〕からのものだ。興味深い観察例を一つ紹介しよう。フィンチは、水が豊富に得られるようになると、より若い頃から繁殖を開始する。これは進化的な観点からよく理解できる。若い時分から繁殖を始めることで、その機会を増やせた個体は、そうでない個体より多くの子孫を残せる。論理は厳密、データは文句なしである。ならば、人間も若いうちから鳥と同じように振る舞うべきだと講釈を垂れる親や教師がいるだろうか？

そんな親や教師はいない。

だから鳥の話をする。人間についてはしばらく忘れよう。そして鳥の話が終わってから、勝手な理由をでっちあげて、これからする話が人間にもあてはまるのではないかと心配するのは、それはそれで読者の勝手である。

「一夫多妻限界点モデル（polygyny threshold model）」という理論によってうまく説明できる求愛のパターンを示す鳥の種がある。このモデルは、メス鳥が、いかに複雑な環境のもとでつがいの相手を選択するかを説明するもので、それを適用すれば、求愛のルールを変更すると、いかにある鳥の状況がよくなり、別の鳥の状況が悪くなるかが理解しやすくなる。そしてこの理解は、道徳を考えるにあたって重要な材料になる。

オスが縄張りを設定し、メスがつがいの相手を選択する鳥の種があるとする。有能なオスは、広大で豊かな縄張りを守る能力を持つ。それに対し、能力の劣るオスは、狭く魅力のない縄張りしか守れない。仮にあなたはメス鳥で、繁殖市場に参加するとしよう。求愛の場にやってくるのが少しばかり遅れたために、有能なオスのほとんどは、すでに売り切れていることに気づく。すでに他のメスは、有能なオスと、豊かな縄張りで巣作りを始めている。よってあなたは、残された能力の劣るオスの一羽とつがいになるか、すでに相手のいる、有能なオスの「第二夫人」になるかの選択を迫られる。どちらがよい選択なのだろうか？

一夫多妻限界点モデルは、この問いに焦点を絞る。条件によって、オスとメスが一羽ずつつがうケースと、一羽のオスに複数のメスがつがうケースが生じる。「第二夫人」になるほうが、能力の劣るオスとペアになるより利益が大きければ、一夫多妻の状況が生まれる。

さてここで、重要な要素を加える。つまり、鳥たちが道徳性を獲得したとする。あるタイプの行動を「悪い」ものと見なし、何か「悪いこと」をする鳥は、罰せられねばならないという直観を抱くようになるのだ。もちろん、それによって「悪い」行為は抑制される。さて、何が起こるだろうか？

道徳は鳥に利益をもたらすか？

ところで、道徳性を獲得したこの鳥たちは、二羽のメスが一羽のオスとつがう一夫多妻制が「道徳的に間違っている」のかどうかを決定しなければならなくなったとする。また、この決定を下すモジュールは、自然選択の作用を受けるものとする。その場合、どのようなモジュールがやがて形成されるだろうか？

それを見極めるには、一夫多妻制が禁じられた場合、繁殖においてどのような個体が優位な位置を占められるかを考えてみればよい。明らかに、もっとも有能なオスとつがうメスが有利になるだろう。というのは、このメスのつがいの相手であるオスは、彼が提供する資源を争い合う子孫を生むはずの「第二夫人」を獲得できなくなるからだ。つまり、強制された一夫一妻制は、オスと一対一でつがうメスに戦略的な勝利をもたらす。ときが経つにつれ、一夫一妻制を志向する道徳モジュールは、そのような状況にわが身を置くことのできたメスの心のなかで、頻繁に活性化されるようになるだろう。

では、オスに関してはどうだろう？　一夫多妻制が禁じられた場合、どのようなオスが有利になるのか？　有能なオスの「第二夫人」になるはずだったメスとつがえるのだから、能力の劣るオスに有利になるのではないか？　おそらくその見方は正しいだろう。このように考えてみると、ある意味で、一夫一妻制を志向するメスと、能力の劣るオスとのあいだに自然な結びつきが生じるものと予想される。両者とも、強制された一夫一妻制によって利益が得られるからだ。彼らは、協力し合って有能なオスに対抗しようと試みるだろうか？　もしかすると、そうするかもしれない。だがこのシナリオでは、一夫多妻制を道徳的に非難するモジュールが関与していることを忘れてはならない。自分以外のすべてのオスが一夫一妻制を志向するとしたなら、最大の利益が得られるのはどのようなオスか？　答えは、ほぼすべてのオスだ。いかなる個体にとっても、他個体の性的な行動を抑制できれば、それに越したことはない。かくして私たちは皆、自分の利益を損なうことを他人がしないよう規制する道徳的なルールを支持するのだ。七つの大罪を考えてみればよい。そこには、自分はしたくても、他人にはしてほしくない行為が列挙されている。(それとは対照的に、「美徳」は、利他性、謙虚さ、貞節など、自分では持ちたくなくても、他人には持っていてほしい資質を言う)。

有能なオスが、自分では一夫多妻制を維持しながら、他の個体には禁じることができれば、もしくは一羽の正妻を持ちながら、罰せられずに非合法の浮気ができれば、適応という意味で、これほど完璧な状況はない。有能なオスが、複数のつがいの相手を持ちながら罰せられずに済めば、そのオスにとっては、それを禁じる規則は問題にならない。

一夫一妻制を強制されると、不利になるのはどの個体であろうか？ つがいの相手のいないメスは不利になるだろう。能力の劣るオスとつがうよう強制されるからだ。基本的に、これらのメスは、一夫多妻限界点モデルによって示される、選択におけるあらゆる利点を失う。というのも、有能なオスの「第二夫人」になるという、よりよい結果を生むはずのオプションをもはや選択できないからである。

さて、自然選択がこの鳥の種に作用して、自らには理由がわからないながらも、自己に有利なオプションを選好するようになったとする。これらの鳥は、セックスと繁殖の関係をまったく知らずに交尾するのと同じく、自らの好みの原因を知らずして、繁殖の成功という基準に従い、一夫一妻制か一夫多妻制かのいずれかを選好するようになる。有能なオスがルールを作った場合何が起こるか、あるいは、一種の民主主義がこの鳥の社会に芽生えた場合、彼らがいかなる候補者に投票するかは容易に想像できるのではないか。

ここで私が言いたいのは、「ルールの力によって、各個体が他個体の行動を制限できる生物種においては、進化は、その生物種のメンバーに、たとえ理由は知らずとも、自らの繁殖の成功に資するルールを選好させる方向に作用する」ということである。

この鳥の種が会話能力を備えていたら、何と言うかを考えてみればよい。おそらく一夫一妻制を支持する鳥は、愛情、家族などの響きのよい概念や、両親の揃った巣の「自然さ」などについて語るだろう。

あるいは、適応的な利益を求める他の鳥が、そこはかとなく神秘的な色合いを放つルールを書き記した、とても並はずれた魔法の本を引用するかもしれない[2]。

それに対し、一夫多妻制を支持する鳥は、「個人」の自由について語るだろう。あるいは、独立宣言や憲法、もしくは過去の「偉人」の名言集から、感動的な言葉を引用するかもしれない。

どんな鳥の社会科学者にとっても、適用可能な唯一の手段が、他の鳥に自身の道徳的な立場の根拠を尋ねることであったら、道徳的な直観の真の要因を究明することは、きわめて困難なものになるはずだ。鳥の社会科学者は、ダーウィンの進化論の助けなしには、道徳的判断を下すべく設計されたモジュールの目的が皆目わからず、自己省察や、おそらくは身のまわりで起こった局所的なできごとに基づいて、道徳の起源に関する説明をひねり出さなければならない。つまり彼らは、鳥の心理を、設計の論理によってではなく、鳥としての自己の感覚に基づいて説明せざるを得ないのだ。

かくして彼らは、袋小路に突きあたり、あとには謎ばかりが残される。

鳥の家族

鳥の生活が複雑になるにつれ、他の個体の性的な行動に干渉しようとするモジュールは、自然選択によってより精巧になる。仮に二タイプのオスがいたとしよう。一方は、みごとな巣を作り、家族のためにおいしい虫をたくさん持ち帰ってくる。このタイプの個体は、未来を見据えて投資にはげむオスであり、したがって「働き者」と呼ぶことにする。他方のタイプのオスは、まったく巣を作らない。家庭生活を営まずに、メスに別の種類の資源を提供する。つまり、すぐれた遺伝子だ。すぐれた遺伝子を提供するこれらの個体を「怠け者」と呼ぶ。そう呼ぶのは「働き者」との対比においてであり、特に道徳的判断は意図していない。[3] 繰り返すと、おおむね「怠け者」は「働き者」に比べ、よりすぐれた遺伝子を持ち、「働き者」は「怠け者」に比べ、子孫により多くの資源を投下しようとする。鳥類を含め多くの生物種では、メスは、外観を基準につがいの相手のオスを選択する。というのも、外観によって遺伝子の質が示されるからだ。なお、この点を論じた本は、ダーウィンが著した二番目に偉大な著書『人間の由来』を始め多数あるので、それについては立ち入らない。[4]

「働き者」と「怠け者」から構成され、さまざまなルールが実施されている鳥社会では、（進化的な適応度という観点から見て）どちらのタイプの鳥が勝つだろうか？　奔放に交尾しようとするのはどちらのタイプか？　もちろん「怠け者」だ。捕獲した虫の数を競えば、彼らはまず勝てない。セクシーさが重要な社会でしか、彼らは勝利を収められない。セクシーなオスは、そのような社会でのみ自身の長所を生かせるのだ。

それに対し、自分の巣にメスを住まわせることで恩恵が得られる「働き者」は、セクシーなオスが奔放に交尾できなければ、勝利を収められる。メスは、「怠け者」からすぐれた遺伝子を得られなければ、「働き者」とつがおうとするだろう。つまり、すぐれた遺伝子が得られないのなら、おいしい虫をたくさん手にしようとする。

よって、他の個体の性的奔放は、「働き者」には都合が悪い。

メスに関して言えば、つがいの相手のいる個体は、性的に奔放な社会では敗者になり得る。というのも、つがいの相手のオスが、いつ行方をくらますかがわからないからだ。そうなれば、自分の子どもに与える虫が手に入らなくなる。

よって、他の個体の性的奔放は、つがいの相手のいるメスには都合が悪い。

これらの鳥が民主主義社会で暮らし、投票能力を持っていたとすると、一夫一妻制を遵守するペアは、婚外交渉や、性的奔放に関連するあらゆる行為を他の鳥が実践できないようにする政策を支持する候補者に投票するだろう。

おそらく彼らは、それらの行為に反対する理由を、自分でもわかってはいないはずだ。また、個人の自由や選択に関する議論には、無関心でいるだろう。そして、「プロファミリー」の立場をとり、「伝統的な価値」に多大な関心を示す。また、自分がなぜ、他の鳥の性的な行動を抑制したいのかがまったくわからないために、矛盾した立場に置かれる。

彼らは妊娠中絶（性的奔放によりその件数が増える）に反対し[5]、実際には奔放なメスを罰したいと直観的に思っているのに、生命は受胎の瞬間に始まるという原理に基づいて反対するのだと主張するかもしれない。このような鳥は「プロライフ」「プロファミリー」の立場をとるはずだが、基本的に彼らの心は、他の鳥の交尾を妨げるよう設計されているのだ。

鳥の話はそこまでにしておこう。これらの鳥と同様に、人間も自己の適応的な利益を促進するルールを支持すべく設計された道徳的なモジュールを備えているというのが、鳥のたとえ話の眼目であることは今や明らかであろう。

これは、理解しがたい見方かもしれない。ならばさしあたり、妊娠中絶への反対は、実際には胎児の生命を救うこととは何の関係もないと考えてみよう。すると、中絶に対して人々がとる立場は、他人の奔放な性行為を制限するよう設計されたモジュールの出力に基づくことがわかるのではないか[6]。

その点において、妊娠中絶をめぐる論争は、人々が他人の性的な行動をコントロールしようとするときにとる、他のさまざまな振る舞いと大差はない。いつの時代にも、父親は娘を箱入りとして育て、年配の女性は、若い女性の性的な行動や表現を抑制しようとする。進化の観点から言えば、性は根源的なものであり、したがって人々は、真っ先にこの領域に制限を設けたいと考える。

繁殖成功度という意味での生物の状況は、生殖に関するルールの如何によって、向上したり悪化したりする。ここで、人類も他の霊長類同様一夫多妻制をとり、「もっとも有能な」男性が、複数の女性を手にし、相手が一人もいない男性が大勢出現したとしよう。その場合、能力の劣る男性は皆、一夫一妻制を遵守させるルールに深く決定的な関心を抱くであろう。そのようなルールが規定された社会では、能力の劣る男性でも、うまくやっていけるはずだからだ。同様に、一夫一妻制が強制された社会で生きるほうが、うまくやっていける女性もいる。このことは、少なくとも可能性として、他人に性に関するルールを課そうとするモジュールが存在することを意味する。そしてそれは、妊娠中絶、売春、あるいは性的奔放やセクシュアリティに関わるその他の行為をめぐる道徳的直観を通して機能する。要は、社会のあり方によって、(進化的な意味で) 勝利する者もいれば、敗北する者もいるということだ。性的な行動に対する人々の見方の大きな違いはそこに由来すると、私は考える。

もちろん性と道徳をめぐる問題は、実際にはそれよりはるかに複雑であろう。とはいえ本章の冒頭で述べたように、ここでの目的は、人々が他人の行動を抑制しようとする理由が何かを、大ざっぱに素描することにある。

この種の説明は、あらゆる道徳的な直観にあてはまるわけではない、道徳的な直観のなかには、適応的な利益と直接は結びつかないものもあるからだ。たとえばドラッグの例をあげると、多くの人、というよりほとんどの人は、レクリエーショナルドラッグを合法化すべきではないという強い直観を抱いている。この直観は、民主主義社会に住む人のほとんどが支持する自由の原理に抵触する。性の領域の問題に戻ると、ほとんどの人は、誰にも自分のしたいことをする自由があるのだから、セックスを禁じるべきではないと考えているはずだ。このように、人はほんとうにセックスを望んでいるのと同じく、ドラッグに関しても、ほんとうに解禁を望んでいる者もいる。

理由は何であれ、何としてでも、他人にしたいことをさせないよう試みるモジュールを、私たちは備えているらしい。

これこそが、現代における最大の矛盾の一つであり、少なくとも欧米社会では、自由への絶えざる献身のかたわらで、報道官モジュールが、つねに機能し続けているのである。それについては、「エピローグ」で取り上げるが、その前に、なぜ(他の)誰もが偽善者なのかという問いに答えよう。

なぜ(他の)誰もが偽善者なのか

モジュール理論は、なぜ誰もが偽善者なのかを説明してくれる。道徳的なモジュールは、他人の行動を抑制しようとする。集団の道徳という鞭《むち》は、さまざまな行為を防ぐために用いることができる。それと同時に、他のモジュールは、ときに道徳モジュールが非難するまさにその行為を通じて、適応的な利益をあげようとする。この意味において、誰もが偽善者である理由は、競争という、ありふれた概念に求められる。生物は、自身の適応的な利益を促進すべく設計されている。そのため、他人を傷つけ、自己や協力者の役に立つことをしようとする。抽象的なレベルで見れば、偽善は、その他の競争的な行為と変わらない。

偽善が、競争の現れの一つにすぎないのなら、なぜ人はそれを不快に思うのか? ダンテの『地獄篇』を尺度にとると、その不快指数は九レベル中の八に相当する。

その答えは、道徳の本性に見出せる。なぜそもそも道徳が進化したのかを不思議に思う人もいるかもしれないが[7]、道徳の起源の大きな部分は、他人の行動を抑制する限りにおいて、自分の行動を抑制するルールを設定し受け入れるよう人間が設計されていることに見出せる。道徳は、非公式な法システムと見なし得る。人は、種々の行為のために自分が処罰の対象になる可能性のあるルールの適用に同意するが、それは誰にもそのルールが適用される限りにおいてである。このことはすぐにわかるはずだ。人間は、自分の行動だけを制限することに同意するよう進化したと考えるべき理由はどこにもない。

これは次のことを意味する。道徳的な認知が安定するための大きな条件の一つとして、公平の概念、すなわち「ルールは誰にも等しく適用されねばならない」という考えが、道徳には含まれねばならない。公平の概念が重要なのは、それなしには、ルールが他人を抑圧する道具と化してしまうからだ。前述のとおり、人は通常、自分は縛っても他人は縛らないルールの受け入れを拒む[8]。他の鳥の交尾は禁じないのに、自分の交尾は禁じるルールに同意する鳥が、いったいどうなるかを想像してみればよい。この鳥の（遺伝子の）観点から見た場合、このルールは進化的な大災厄である。それを受け入れるようなのん気な設計は、すぐに淘汰されることだろう。

行動を縛るルールとして道徳を捉えるなら、人は通常、全員を等しく縛るルールを選択するよう設計されていると考えられる。この見方は、「ルールが実施されたあとでの、社会における自分の立場や役割がわからないという条件のもとで誰もが同意する原理が、もっともすぐれた原理である」とする、法哲学者ジョン・ロールズの考えと大きくは異ならない。この原理に従えば、多かれ少なかれ全員に等しく適用されるルールが採択されるはずだ[9]。

したがって公平の概念は、ロールズ流の道徳性を体現するとも言える。人々は、正義の鉄槌が誰もの頭上に等しく振りかざされる限り、懲罰の脅威を受け入れる。ロールズ流の道徳性は、多かれ少なかれ各個人間で損益を平等に分配する。手でボールを触った選手は罰せられるというルールのもとで、そして両チームがそのルールに従う限りにおいて、誰もが不平を言わずにサッカーをする。要するに、道徳的な認知は、不公平に反対すべく設計されているのだ。というのも、公平性は、道徳が、不利な立場に置かれた人への一方的なコストになることを防止するからである。[10]

偽善は、公平性の基盤を掘り崩す。Xを実行する誰に対してもコストを課すべきことを規定するルールは、進化した生物なら擁護するはずである。確かにそのようなルールは、私にXをすることを禁じるが、サッカーを考えればわかるように、同じ規制を受ける他の人々より、自分の状況が悪くなるわけではない。ルールの違反者を罰するために私たち全員が振りかざす鞭として道徳を捉えれば、ルールが全員に等しく適用される限り、概して誰の状況も悪化しない。しかし鞭を不公平に振るえば、それは、ただのあからさまな個人攻撃になる。

スピッツァー氏が売春を非難しながら自分も利用したとき、明らかに彼は、他の人々がしてはならないと言ったまさにそのことを自分ではしていたことになる。あたかも自分にはルールがあてはまらないと言いたいかのごとく。人間の心は、この手の行為に強く反発するよう設計されているらしい。集団による道徳の鞭が公平に振るわれなければ、それは抑圧の道具、すなわち他人にコストを負わせて不当な利益をむさぼる手段と化す。生物は、自分が不利益を被《こうむ》る状態を好むよう進化したりはしないはずだ。それに反発する強い本能を持ってしかるべきであり、事実持っているのだ。

互いに矛盾する複数の道徳的な立場をとろうとする偽善も、同じ結果に至る。鳥の例に示されるように、道徳的なルールによって受ける影響は人によって異なり、そのためどのようなルールを規定するかに関して見解が分かれ得る。[11] この理由により、特定のルールを引き出すための基盤を成す道徳原理がより重要になる。人々は、どのようなルールを規定すべきかを、個人の自由などの原理に基づいて決定することに喜んで同意する。そして公平にそれが適用されれば、特定の誰かが不当な利益をあげることを、ある程度は防止できる。

しかし任意に道徳原理が適用されると、人々は、自分の利益を損なう（また他の人に有利になる）道徳的なルールを排除し、自分に都合のよい（また他人に都合の悪い）ルールを作ろうとするだろう。どの行為が懲罰に値するかを集団で決定する基準として道徳を捉えれば、社会システムは、道徳という鞭を、誰かが自己の利益のために利用できないようにする手段を発達させる方向へと進化するであろうことがわかるはずだ。道徳原理の一律の適用はそれを可能にし、偽善はその基盤を掘り崩す。

本質的に、偽善は身びいきにつながる。[12] ルールがあなたには適用され私には適用されないのなら、私の状況は有利になる。偽善をめぐる直観は、集団（あるいは酋長や警察）が手にする道徳の鞭を、他人が自分、家族、協力者の利益のために勝手に利用しないよう私たちを行動させる。

道徳的なルールを引き出す際に、道徳原理を一律に適用すれば、恣意的にルールを選択する、いわばつまみ食い道徳がはびこりにくくなる。そして人々は、他人の道徳的な矛盾に、より敏感になる。ならば、他人の偽善を発見することには利点がある。偽善を特定し摘発することは、不当な利益を得ようとする偽善者の試みを抑制するために仲間を募るのに役立つ。他人の振る舞いに道徳的な矛盾を見つけようとするモジュールを人間が備えていたとしても、何ら驚きではない。[13] 道徳的な矛盾を発見し摘発することは、言行が一致しない輩《やから》に対抗する仲間を募るのに大いに役立つ。

自らの偽善についてはどうだろう。これまで見てきたように、人は、自分が他人より偏向していないと思いがちであり、聖書にも「あなたは、兄弟の目にあるおが屑は見えるのに、なぜ自分の目のなかの丸太に気づかないのか」（「マタイによる福音書」〔『新約聖書』新共同訳〕）という指摘がある。なぜ人々は、自分の道徳的な矛盾に気づかないのだろうか？

そもそも道徳的な矛盾は、発見がむずかしい。たとえば、妊娠中絶をめぐる議論の矛盾は、めったに指摘されない。どうやら私たちは、偽善者が示すこの手の矛盾に気づくことにはあまり長けていないらしい。さまざまな矛盾が気づかれずにいる事実に鑑みると、人は発見される心配をせずに偽善の恩恵に浴せる。つまり、私たちは、他人が気づいて説明を求める、その範囲内で首尾一貫していればよいのだ。その意味では、道徳的な矛盾は、クマに遭遇した二人のハイカーにまつわるジョークに少し似ている。一人が靴の紐を締め直し始めたので、もう一人は「そんなことをしても無駄だ。クマより速くは走れない」と指摘する。それを聞いた前者は、「クマより速く走る必要はない。きみより速く走ればいいのだ」と答える。

これが、政治家が偽善者に見えることが多い理由の一つなのであろう。もしかすると私が世間知らずなのかもしれないが、実際には、政治家の偽善の程度は、それ以外の人と比べて取り立ててはなはだしいわけではないようにも思える。政治家の偽善がとりわけ目立つだけなのだ。政治家は以下の点で一般人と異なる。

（1）政治家は、自分の道徳的な立場を、頻繁に公の場で示さなければならない。いったいどれだけの人が、同性婚に対するあなたの見方を知っているのだろうか？

（2）政治家には、一般人にはない誘惑が多い。産業廃棄物の処理に関する地元の工場との契約に際して、五万ドルのわいろの提供を申し出られたことがある人は、いったいどれくらいいるだろうか？

政治家は、道徳的な見解を公示することが始終求められるので、何か道徳にもとることをすると、まさにその行為を本人がかつて非難した事実が『ニューヨーク・タイムズ』紙に掲載されていたなどという事態が起こり得るのだ。かくして、政治家や、宗教指導者などの著名な道徳家が、さまざまな行為を道徳的な誤りとして非難すればするほど、メディアの詮索とも相まって、それだけあとになって自分の偽善が暴露される可能性は高まる。

いずれにせよ、政治家でなくとも、偽善はモジュール化された心のシステムの一部として組み込まれている。私たちが他人を道徳的に非難するのは、そうすべく設計された道徳的なモジュールを備えているからだ。しかし、言行一致を保たせるものは何もない。そして私たちは、矛盾を抱えながらも生きていける。何となれば、簡単にはその事実に気づかれないからだ。他人の許す限りにおいて、私たちは矛盾した存在でいられる。矛盾が暴露されると評判に傷がつくので、なるべくそれに注意を向けないようにすることは理にかなっている。それを実現するための単純な手段の一つとして、私たちの心のモジュールは、自分の矛盾に気づかないよう設計されている。自分自身の偽善ということになると、フィラデルフィアでの道路横断と同じように、戦略的に無知でいることが有利になり得るのだ。

エピローグ

アメリカのイギリス本国からの独立は、「人は、誰も奪うことのできない、生命、自由、幸福の追求を実践する権利を持つ」という自明の真理を拠り所にして始まった。アメリカ人が国旗に向かって唱える忠誠の誓いは、誰もの自由を保障する共和政体に向けられたものだ。アメリカ国歌は、アメリカ人が「自由の国」に住んでいることを祝福する。他の国でも、自由への献身が強調される。たとえば、フランスの有名な標語「自由、平等、博愛」は、「自由」を先頭に置く。

「自由」という言葉を、「他者の権利を侵害しない限り、自分の好きなことができるべきである」という意味以外で捉えるのはむずかしい。

私たちの脳内にある報道官モジュールは、自分を自由の擁護者として宣伝することに長けている。しかしそれ以外の無数のモジュールは、あらゆる局面で、それとは違う方向に機能する。

私たちの道徳心理は、ヒドラのようなものだ。科学によってはまだ解明されていないが、私たちは、他人のとるさまざまな行動を制限しようとする。心のサブルーチンは、他人が、ある種のドラッグに手を出したり、自己の身体を使って特定の行為に及んだり、自分の臓器を売ったりすることを妨げようとするのだ。

責任の一端が私たち心理学者にあることは確かである。これらの道徳的な非難が、どのようなシステムに由来するのかを、まだ特定できていないのだから。

だが、一つ確実に言えるのは、あなたの心を構成するこれらのシステムが、それぞれ独立して機能しているということである。この点は、本書を読んで理解されたことと思う。したがって、心のモジュールのなかには、他人の自由の促進を「信じている」ものもあれば、その制限を「信じている」ものもある。これは、モジュール化された心を持つ私たちが直面しなければならない挑戦の一つなのだ。

矛盾をそのまま受け入れることもできる。自由を称揚しながら、その裏で、他人の自由を制限すべく画策したり、行動したり、投票したりしても構わないと考えることはいつでも可能だ。偽善者であっても構わないのなら、それはそれで生きていける。

私の見方では、偽善は人間の本性の一部だが、社会的な指針にはならない。一方では自由を称揚しながら、他方では他人の自由は抑圧しても構わないと考える人を罰せられなければ、そのような人に、恣意的に権威を利用する機会を与える結果になる。もろもろのルールを導く原理に同意する意義は、ルールを制限することにある。無条件に例外や矛盾を認めれば、私たち全員が従うべきルールに関して得られた、この同意を無に帰せしめるだろう。

道徳的判断は鞭であり、道徳ルールは、「悪事をした人は罰せられるべき」ことを規定する一つの手段である。とりわけ民主主義社会において、全員がこのルールに従うとき、「私たちは集団として、鞭を用いることで、どこかの誰かが悪事を働けないようにする」と宣言しているのだ。

多くのケースでは、道徳の鞭の適用に異を唱えることはむずかしい。自分の利益のために他人を傷つける者は、懲罰を受けねばならない[1]。しかし、恣意的にルールを作ることが許されるのなら、性行為であろうが、市場の取引であろうが、あるいは衣服の選択ですら抑制することができる。原理による裏づけのない道徳の鞭を用いることは、暴力によって他人を操るためにそれを振るうことにつながる。私の見解では、道徳原理に沿うものとして正当化できない道徳ルールは、適用されるべきではない。

私はこれらの考えを述べる際、「愚かな一貫性は、狭い心の小鬼である」というエマソンの言葉をよく引く。愚かな一貫性とはよく言ったものだ。本書では、人の心の内部に存在する大きな矛盾を論じてきた。一貫性のなさそのものは、たいした問題ではない。等しくは見えない二つの直線の長さが等しいと誰かが言っても、私はその人の頭を疑ったりはしない。

しかし、道徳は知覚とは異なる。道徳においては、一貫性が重要になる。道徳原理に反する道徳ルールを認めれば、道徳原理は損なわれる。道徳ルールが、ある人には適用され、別の人には適用されないのなら、道徳の鞭は外集団の抑圧のために利用し得る。多くの人は、そのような事態を避けたいと思っていることだろう。

道徳的な一貫性を保つのはむずかしい。多くの人々にとっては、近親相姦を犯す者は罰せられるべきだとほんとうに感じられる。そう感じさせるモジュールが、なぜ私たちに備わっているのかはよくわからないが、私たちがそう感じる事実に変わりはない。

ウォルト・ホイットマンの言うとおり、私たちは大きい。そして多数性を内に宿している。まさにこれら多数のモジュールが、私たちを一貫性のない存在にしているのだ。

それと同時に、モジュールは私たちに柔軟性を与える。さまざまなモジュールが、さまざまな状況のもとで、私たちをコントロールしたりしなかったりする。またモジュール間で、対立が生じたり生じなかったりする。私たちはこの対立に気づくことで、情勢を正しく評価し、勢力図を書き換える機会を得ることができる。

道徳主義的なモジュールは、個人生活や政治のさまざまな領域において、自由の原理との戦いでしばしば勝利を収める。

これらのモジュールが実行することと、私たちが何よりも愛する自由の原理のあいだには、根本的な矛盾が存在する。

思うに、この矛盾を解消できれば、私たちの暮らしはもっとよくなるだろう。

訳者あとがき

本書は『Why everyone（else）is a hypocrite: Evolution and the Modular Mind』（Princeton University Press, 2010）の全訳である。著者のロバート・クルツバンはペンシルベニア大学准教授で、進化心理学を専攻している。本書は原題からもわかるとおり、著者の専門分野である進化心理学の知見、とりわけモジュール理論を駆使して人間の心の成り立ちを分析し、最終的に「なぜ（自分以外の）誰もが偽善者なのか」を解明する。著者の主張の背後には、「心は進化を通じて形成された脳に基盤を置く」「心は、たった一つの統合的な主体によってではなく、無数の部位（モジュール）から構成される」「これらの部位は、進化を通じて徐々に形成されたものであり、したがって任意の二つの部位を取り上げたとき、互いに情報をやり取りできるよう接続されているケースもあれば、そうでないケースもある」「心がそのような形態で構成されているのなら、人が互いに矛盾する二つのことがらを信じていたとしても何ら不思議ではない」など、生物学、とりわけ進化論、そしてそこから派生する進化心理学を基盤とする考え方が存在する。

著者はこれらの論点を明確化するために、もちろん科学的な研究や実験の成果も取り入れているが、映画やテレビドラマのエピソードなどもふんだんに活用し、本来はかなり入り組んだ論旨を、なるべく平易に理解できるよう工夫しながら議論を進めている。なおそれにあたって著者は、アメリカ人らしくジョークをときに飛ばしているが（いわゆるオヤジギャグレベルのものも見受けられるのはご愛嬌だが）、日本の読者には通用しないと思われる二、三のギャグ（および英語の用法に関する傍注）は、それらに訳注をつけるのは無粋であることもあって割愛した。

さて本書の最重要概念である「モジュール性」について、聞き慣れていない読者もいるはずなので簡単に説明しておこう。著者も何度かコンピューターサイエンスから例を引いているように、ソフトウェア開発者（訳者もかつてはそうだった）は、この用語をよく知っているはずだ。基本的にモジュール化とは、ある大きな目的をもった課題（タスク）を小さな機能単位に分割することを言う。ちなみにかつては、「モジュール」分割は、せいぜいプログラム構成をわかりやすくするため、あるいは共通処理を抽出する（その場合には共通サブルーチンと呼ばれる）ために行なわれていたが、近年のモデリングを軸とするシステム開発においては、本書にも出てくるカプセル化、情報の隠ぺい、抽象と実装の分離などの目的のために非常に重要な意味を持つようになった。

ソフトウェア業界には無縁な読者のために、ここで他の書籍から、モジュール性の概念がよくわかる記述をいくつか紹介しよう。本書でも何度か引用されているダニエル・デネットの『解明される意識』は、平易な本ではないがぜひ参照されたい。ここでは興味深い記述を一つだけ引用しておく。「つまり私は、意識をもった人間の心というのは、進化が与えてくれた並列式のハードウェアをベースに——非能率的なかたちで——営まれる、多少なりとも直列式の仮想機械のことではないかと、言いたいのである」〔山口泰司訳（青土社、一九九八年）より引用〕。ここではモジュールではなく、並列式のハードウェアという言い方がされているが、まさにこの記述は、人間の心においては、互いに独立したプロセッサー（モジュールとも言い換えられよう）が並列して機能しながら大きな課題を実行している様子をうまく表現している。しかも重要なのは、それが「進化によって与えられた」ものだと指摘されている点である。

ところで訳者は、本書にも引用されている「ジュリーとマークの近親相姦」道徳ジレンマの考案者ジョナサン・ハイトの新刊『社会はなぜ左と右にわかれるのか』（紀伊國屋書店、二〇一四年）を訳したが、彼の提示する理論の一部にもモジュール理論が応用されている。認知人類学者スペルベルらの理論に依拠するハイトは、「モジュールとは、すべての動物の脳に備わっている小さなスイッチのようなもの」だとし、さらにはモジュールのスイッチを入れるトリガーには「オリジナルトリガー」と「カレントトリガー」があると言う。前者は本来そのためにモジュールが設計されたトリガー（たとえば恐れを引き起こすヘビ）を、後者はトリガーになり得るすべての事物（ヘビに加え、本物のヘビと見間違えやすい、たとえばヘビのおもちゃ、木切れ、太いロープなどをも含む）を指す。

さて、本書の著者クルツバンは、「心のモジュールは脳に基盤を置く」と主張するが、実のところその基盤の詳細な説明はされていない。説明がない理由の一つは、著者が専門の脳神経学者ではないことがあげられるのかもしれないが、いずれにしても本書を読んでその点に不満を感じる読者もいるかもしれない。そこで専門の脳神経学者が書いた本で、モジュール理論に言及する最新のすぐれた書籍を一つ紹介しておこう（残念ながら現時点では邦訳はないが、いずれ刊行されると聞いている）。それはコレージュ・ド・フランス教授で脳生理・認知心理学者のスタニスラス・ドゥアンヌの著書『Consciousness and the Brain: Deciphering How the Brain Codes Our Thought』（Viking Adult, 2014）で、原題からもわかるとおり、この本では脳から意識が生じる条件が詳細に分析されている。ドゥアンヌの緻密な議論はきわめて興味深いのでここで紹介したいところだが、そのスペースはないので、邦訳刊行の暁にはぜひ参照されたいとだけ述べておく（一つだけ指摘しておくと、ドゥアンヌは、モジュール性の複雑さを緩和するために意識が生じた可能性を示唆している）。

ということで、心の成り立ちに関する議論を、モジュール理論をベースにわかりやすく解説する『だれもが偽善者になる本当の理由』は、一般の読者にも十分に楽しめ、なおかつ読後にはまったく新たな知見が身につくよう工夫をこらして書かれている。ぜひ一読されたい。

最後に、柏書房からは今回初めての訳書になるが、スムーズに作業を進められるよう取り計らっていただいた担当編集者、二宮さんに感謝の言葉を述べる。

高橋洋

二〇一四年八月

ではない理由を説明している.

第10章　鳥の道徳

＊1　たとえばLieberman, Tooby, & Cosmides 2003を参照されたい.

＊2　Kurzban & DeScioli 2009を参照されたい.

＊3　Draper & Harpending 1982.

＊4　人間における性選択に関しては、Miller 2000を参照されたい.

＊5　とりわけWeeden 2003を参照されたい.

＊6　Weeden 2003.

＊7　DeScioli 2008、DeScioli & Kurzban 2009bを参照されたい.

＊8　ここで「偽りの意識」の問題に立ち入るつもりはないが、特定の政策を進んで受け入れることは、「パワーバランスに顕著な偏りがある場合、権力を持たない者の選択は、自分に不利なシステムに従うか反抗するかの二者択一にならざるを得ない」という事実の現れにすぎないケースもあることを指摘しておく. 必要悪として迎合を選択する場合はある. Sidanius & Kurzban 2003を参照されたい.

＊9　Rawls 1971.

＊10　もちろん、カースト制度やジム・クロウ法〔アメリカ合衆国南部の州法で、アフリカ系を差別した〕など、不公平な制度は数多く存在する. 現代の制度的枠組みは、人々が、自ら制定するわけでもなければ支持するわけでもない道徳的な鞭のもとで暮らす共同体の形成をもたらした. Boehm 1999を参照されたい.

＊11　道徳的なルールに対する同意や反発に関しては、Robinson & Kurzban 2007, Robinson, Kurzban, & Jones 2008を参照されたい.

＊12　DeScioli & Kurzban 2009b.

＊13　たとえばSperber 2000を参照されたい.

エピローグ

＊1　この見方は明らかに、哲学の伝統、とりわけリバタリアニズムにつながる（たとえばNozick 1974).

「〈ロー対ウェイド〉の三〇年後になっても、民主党は原理に基づく立場を確立していない」と、また「民主党が妊娠中絶の問題に関して、真にどのような立場をとっているのかは私にはまったくわからない」と述べているのを読んで、強い興味を覚えた（Westen 2007, pp. 177, 179、強調は原文）.

＊9　ルース・ベーダー・ギンズバーグは、これに関する男女平等の議論を展開したことでよく知られる. この議論は、「政府は男性の自立を制限していない. したがって女性の自立を制限すべきではない」と要約できるだろう. これに関してベーダーは、「平等を支持する側に立つ私は、男女平等を実現するにあたり、女性が意思決定者であること、女性の下した意思決定が実効性を持つことが重要であると主張する. もし女性に制限を課すのなら、それは性別のゆえに女性を不利な立場に置くことになる. 政府による女性の権利の制限は、男女平等と、女性の十全な自立を否定することを意味する」と主張している（http://www.ontheissues.org　アクセス2010/5/5）.

＊10　ケースによっては、それを相殺する理由が見つかるかもしれない. 道徳原理は、反対の立場を擁護するために動員できる.

＊11　http://www.msnbc.msn.com/id/21791463/（アクセス2009/2/22）

＊12　Elisabeth Malkin, "Mexico Court Is Set to Uphold Legalized Abortion in Capital", *New York Times*, 2008/8/27.

＊13　Weeden 2003を参照されたい.

＊14　ナット（Nutt 2009）は、乗馬を例にして同様な指摘をしている.

＊15　Wolfers & Zitzewitz 2006.

＊16　Arrow et al. 2008.

＊17　BBC Report, "Pentagon axes online terror bets", 2003/7/23. http://news.bbc.co.uk/2/hi/americas/3106559.stm（アクセス2009/2/22）.

＊18　Roth 2007を参照されたい.

＊19　この見積もりは、Becker & Elias 2007, p. 17から得た.

＊20　この見積もりは、Becker & Elias 2007, p. 11から得た.

＊21　この引用は、ベッカーとエリアスの次の論文にも見られる. http://graphics8.nytimes.com/images/blogs/freakonomics/pdf/BeckerEliasOrgans%285-06%29.pdf（アクセス2009/2/22）. しかし、『Journal of Economic Perspectives』誌に発表されたBecker & Elias 2007には見られない.

＊22　Thaler & Sunstein 2008, p. 175. また、Roth 2007も参照されたい.

＊23　DeScioli & Kurzban 2009b. ロバート・ライトのすぐれた著書『モラル・アニマル』は、よい例だ. ライトは、人間が利他的であって道徳主義的

復させるのか？　この結果によって資源モデルを否定できないのなら、どんな結果をもって否定できるのかは皆目見当がつかない.（著者らは、「ポジティブな情動は、自己が意志力を取り戻すのに役立つのかもしれない（p. 379）」と示唆しているが、それは私には神秘主義的な二元論であるようにしか思えない）. 反証不可能なら、資源モデルは捨てるべきだ. このことは、現在実践されている社会心理学の弱点を示す. 進化心理学が、社会的な行動の研究を自然科学、とりわけ生物学に明示的に関連づけるのに対し、社会心理学は、そのような関連づけを避ける. それゆえ社会心理学には、「意志力という資源の枯渇」などといった読者に受けのよい概念に駆り立てられて、直観的な「なぜなぜ物語」の集積になる傾向が見られるのだ. 社会心理学は、情報処理という用語でモデルを説明する必要や、妥当な機能的説明を提示する必要に迫られていないため、そこには科学として承認し得ないケースも多々見られる.

＊67　Baumeister, Schmeichel, & Vohs 2007.

＊68　Ariely 2008, p. 105.

＊69　Wegner 2005.

＊70　DeScioli & Kurzban 2009aを参照されたい.

＊71　このメタファーは、『限定合理性——適応的なツールボックス（*Bounded Rationality: The Adaptive Toolbox*）』の書評で用いた.

第9章　道徳と矛盾

＊1　この区別に関しては、DeScioli & Kurzban 2009bを参照されたい.

＊2　たとえばHaidt 2001、ならびにジョナサン・ハイトの「道徳的に啞然とすること」や、道徳的判断に関する「直観主義的」アプローチの説明を参照されたい.〔これに関しては、ハイトの近刊『社会はなぜ左と右にわかれるのか——対立を超えるための道徳心理学』（拙訳、紀伊國屋書店、二〇一四年）で包括的に論じられている〕

＊3　この見方は、いわゆる道徳の直観主義モデルに類似する.

＊4　ウルマンら（Uhlmann et al. 2009）も、人は自分の望む道徳的判断を正当化するために道徳原理を引き合いに出すと論じている.

＊5　Cushman, Young, & Hauser 2006.

＊6　彼の例外を認める立場は、他の発言にも見出せる. 二〇〇〇年四月の時点で、GeorgeWBush.comには、「母親の命を尊重し、レイプ、近親相姦の例外を認めるプロライフ」という主旨の、立場の表明が見られた.

＊7　ウェステン（Westen 2007, pp. 290-291）も、例外の問題がプロライフ支持者に難題をつきつけることを強調する.

＊8　この種の問題に関して私よりもはるかに詳しいドリュー・ウェステンが、

積もられている（過大評価された）カロリー消費量よりさらに桁違いのカロリーを消費していたはずだ．つけ加えておくと、（固定式自転車をこぐなど）身体の消耗をもたらす課題でも、口に砂糖溶液を含むだけで成績が改善する（Chambers, Bridge, & Jones 2009）．おそらく、口に砂糖溶液を含むことで報酬システムが活性化されるのではないだろうか。だとすれば、それによってレモネードの効果も説明できる．

＊57 たとえばTomporowski 2003を参照されたい．

＊58 Wang & Dvorak 2010、Dvorak & Simons 2009を参照されたい．

＊59 たとえ「自己コントロール」課題が血糖値を低下させたのだとしても、その原因は認知メカニズムではなく、末梢システムの活動に求められるのではないかと、私は考えている．

＊60 読者の想像するほど進んではいないと言えるかもしれない．Murtagh & Todd 2004を参照されたい．

＊61 ここでは、実行機能に関連する心のシステムを想定している（Miller & Cohen 2001など）．

＊62 「ソシオメーター」理論に敬意を表して、そう呼ぶことにしている．

＊63 Boksem & Tops 2008では、コストの計算によって「心的な疲労」を説明している．ただし彼らは、コストを私が考える機会費用ではなく、エネルギーに関するものとして捉えている．心的な疲労は、「〈相当な労力を注ぎ込んできたにもかかわらず、目標が明らかに達成されていない現状からすると、現在とっている行動戦略は、最適なものではない〉ことを知らせる信号として捉えられる．このように、疲労の機能は、目標のハードルを低くするよう、あるいはもっと手間のかからない戦略を採用するよう要求する合図を認知システムに送ることだと考えられる（p. 133）」と、彼らは述べる．

＊64 この考えは、運動生理学における中枢制御（central governor）の概念にも近い．たとえばNoakes, St. Clair Gibson, & Lambert 2005を参照されたい．

＊65 Baumeister et al. 1998.

＊66 Tice et al. 2007. 私には、なぜ著者らは、この発見に基づいて資源モデルを放棄しなかったのかが理解できない．明らかに、ポジティブな感情をもたらすおみやげをもらうだけで、血中の血糖値が上昇するはずはない．したがって、ポジティブな感情によって自己コントロール課題の「枯渇」効果が除去されることが示されたのなら（この論文では四度にわたり示されている）、それは事実上、グルコースを資源と見なすモデルを反証する．また、ポジティブな感情が、なぜ、そしていかにその他の「資源」を回復させるのかも定かでない．そもそもおみやげは、心の何を回

い．ただし、ペンシルベニア大学の大学院生エリ・ツカヤマは、領域間には、私が考えている以上に大きな整合性があるのではないかと指摘してくれた．

＊35　Frederick, Loewenstein, & O'Donoghue 2002, p. 351．この問題を取り上げているロス（Ross 2005）は、「人間は、単なる経済的行為者ではない（p. 317)」と結論する．

＊36　Frederick, Loewenstein, & O'Donoghue 2002, p. 362, 351.

＊37　同上、p. 352．この論文は、この分野の歴史と最新の知見に関心がある人に強く推薦する．

＊38　同上、p. 393.

＊39　Laibson 2001, p. 83.

＊40　Slovic 1995．また、Lichtenstein & Slovic 2006a、Payne, Bettman, & Johnson 1993も参照されたい．

＊41　ウェグナー（Wegner 2005）も、同じ疑問を提示している．

＊42　Mischel, Shoda, & Peake 1988, p. 687.

＊43　Shoda, Mischel, & Peake 1990.

＊44　Mischel, Shoda, & Rodriguez 1989.

＊45　Tangney, Baumeister, & Boone 2004．自己コントロールの領域における、行動と自己報告の関係のテストについては、Schmeichel & Zell 2007を参照されたい．

＊46　Baumeister et al. 1998．カギ括弧内の用語はすべてp. 1253からのもの．

＊47　Van den Berg 1986を参照されたい．

＊48　Masicampo & Baumeister 2008.

＊49　Gibson & Green 2002, p. 185.

＊50　同上、p. 198.

＊51　Gibson 2007, p. 73.

＊52　Clarke & Sokoloff 1998, p. 673.

＊53　Messier 2004, p. 39.

＊54　Clarke & Sokoloff 1998, p. 660.

＊55　脳画像法（ＰＥＴ、ｆＭＲＩ）によって得られた証拠に基づく．百分率の変化はわずかであり、もちろん特定の領域に限定される．たとえばMadsen et al. 1995を参照されたい．

＊56　補足しておくと、この実験では対照群に与える飲料としてスプレンダ〔人工甘味料スクラロースの商標〕が用いられている．甘味の感覚をもたらすスクラロース自体は代謝されないが、スプレンダはスクラロースを添加するための媒体に炭水化物を含有し、およそ三カロリーの熱量を持つ．したがって、「ゼロカロリー対照群」の被験者は、実際にこの研究で見

ックスの「いくつかの欲求のシステムが結合して、一個人が成立していると考えてはならない理由は存在しない」という言葉を引用している（p. 197）．また同じ論文集のなかで、エルスター（Elster 1985）は、デザートと長寿に（同時に）向けられた欲望の例として、シェリング（Schelling 1980）を引用している．

＊21　たとえばMcClure et al. 2004を参照されたい．レビューは、Miller & Cohen 2001を参照されたい．

＊22　Stevens, Hallinan, & Hauser 2005; Ainslie 1985.

＊23　エルスター（Elster 1985）は、選好逆転に言及して、「それが生じるのは、人間には、異なる選好を持つ二つの部分が存在するからなのではない．そうではなく、その人が、選択肢が提示されるあり方に反応することで生じるのだ（p. 5、強調は原文）」．明らかに、エルスターと私では、見解が異なる．指摘しておくと、何かが提示されるあり方にその人が反応するというくだりは、選好逆転が生じる理由の説明にはなっていない．その現象を言い直しているにすぎない．

＊24　たとえばStephens & John 1986を参照されたい．Wang & Dvorak 2010では、採食理論からも予想されるように、人間における選択肢の重みづけの変化は、血糖値に依存するとされている．

＊25　これについては、たとえばGallistel 1994を参照されたい．

＊26　リヒテンスタインとスロヴィクが編集した論文集、Lichtenstein & Slovic 2006aを参照されたい．

＊27　Frederick, Loewenstein, & O'Donoghue 2002には、近視眼的なエージェントと先見の明のあるエージェントが存在し、それらが交互に行動をコントロールすると見なすモデルを論じる、Ainslie & Haslam 1992、Schelling 1984、Winston 1980などからの引用が見られる．

＊28　Thaler & Sunstein 2008, p. 42.

＊29　もしこれが正しいのなら、事実上、彼の持ついくつかのモジュールのために、すべてのモジュールが罰せられることを意味する．これは、癒合双生児の一方が眠っているあいだに他方が犯した悪事のために両者を投獄することとあまり変わらない．モジュールは複雑に関連し合っているために、全体が責任を負わねばならない．これに関して法的問題が生じることは確かだが、うまい解決策を案出するのはむずかしい．

＊30　Ariely 2008, p. 97.

＊31　Ermer, Cosmides, & Tooby 2008.

＊32　Lichtenstein & Slovic 2006b, p. 2.

＊33　同上、p. 20.

＊34　Frederick, Loewenstein, & O'Donoghue 2002, pp. 391-392を参照された

する問題を論じている．文脈内における選好を扱ったすぐれた論考として、Gigerenzer 1996をあげておく．

＊7　経済学者は、コーヒー／ワインのケースを無視しているようだ（Sen 1997を参照されたい）．

＊8　Yamagishi, Hashimoto, & Schug 2008.

＊9　ペンではなく果物を用いた議論については、Sen 1997を参照されたい．

＊10　たとえばShafir, Simonson, & Tversky 1993を参照されたい．

＊11　経済学者は、選好の機能に何が含まれるのかを無視しているらしい．

＊12　だから私には、「首尾一貫しているまさにその限りにおいて、人々は〈合理的に〉振る舞う」と想定する概念は、その基盤となる合理性の概念とともに有用に思えないのである．もし「首尾一貫」という言葉を、「まったく同じ文脈、まったく同じ状態で、人々が同じことをすること」と狭く定義するのであれば、それは物理主義である．つまり人は同じ（脳の）状態なら、同じ選択をするという考えは、自明の真実である．この意味で、人々の選好は首尾一貫すると言うのであれば、私には反対する理由は特に見当たらない．

＊13　ウィキペディア（http://en.wikipedia.org/wiki/Sidney_Morgenbesser）を参照した（アクセス　2009/2）．

＊14　Simonson & Tversky 1992. この種の現象は、評判操作（reputation management）の例として捉えることもできる．つまり、すべてのオプションの比較は容易ではないが、ある特定のオプションが別の特定のオプションより明らかにすぐれている場合、前者を選択すれば、他人に対する自分の選択の正当化は容易になる．たとえば、Slovic 1975、Simonson 1989、Shafir, Simonson, & Tversky 1993を参照されたい．

＊15　Slovic & Lichtenstein 1968.

＊16　同上.

＊17　Tversky, Slovic, & Kahneman 1990.

＊18　ダン・アリエリー著『予想どおりに不合理――行動経済学が明かす「あなたがそれを選ぶわけ」』と、リチャード・セイラー、キャス・サンスティーン著『実践行動経済学――健康、富、幸福への聡明な選択』をあげておく．

＊19　Tversky & Thaler 1990, p. 210.

＊20　スティードマンとクラウス（Steedman & Krause 1985）は、「個人の意思決定に関する経済（やその他の）理論に目を向けると、〈個人〉は、単一で、完全、そして推移的な選好順序を持つものとして表現されていることがわかる（p. 197）」とコメントしているが、「複数の心」や「内的な対立、矛盾」の可能性を問題にしているようだ．彼らはＪ・Ｒ・ヒ

えに、他人とやり取りする部位とは隔離されつつ、心のどこかに登録されているはずだ（p. 421）」．またデヴィッドソン（Davidson 1985）も、この見方を支持しているようで、心の内部の「境界」という、モジュール理論にもうまく適合する概念に言及している．デヴィッドソンの後期の業績には、この考えを頻繁に見出せる（Davidson 1998など）．Kurzban & Aktipis 2007も参照されたい．

第8章　自己コントロール

＊1　もちろんハイデッガーは、『形而上学とは何か』でこの問いを論じている．

＊2　ランズバーグのような経済学者が心やモジュール性について考慮しないのは、経済学が、実際にはプロセスではなく結果を扱う学問だからだとする反論は当然あるだろう．

＊3　この意思決定が、（どのような意味であれ）「合理的に」なされるのか、あるいは何らかの発見的方法《ヒューリスティック》によってなされるのかは、ここでは問題ではない．ここでの議論は、どのような方法が用いられようが、決定が同様な方法でなされるという考えに基づく．

＊4　Kahneman, Knetsch, & Thaler 1991, p. 193．他の経済学者にも、主流経済学に関して同様な見解を表明する人がいる．たとえばCamerer, Loewenstein, & Prelec 2005では「現在では、経済学者は〈時間選好〉〈リスク選好〉〈利他主義〉などの尺度で個人を分類しようとする．そしてこれらの因子は、時間が経過してもつねに変わらず、活動が異なっても一貫していると見なされる（p. 32）」と論じられている．またケン・ビンモア（Binmore 2007）は、「経済学者は、人がなぜあれではなくこれを選好するのかを説明する理論をまったく提示せずに済ませてしまう．現代の理論では、（……）人間の行動はつねに一貫しているという前提に基づき、私たちは、ある状況のもとで人々が何を選択するかをすでに知っており、そのデータをもとにして、それとは異なる状況のもとで人々が何を選択するかを演繹すると想定されている（pp. 111-112、強調は原文）」と主張する．「一貫性の前提」というくだりに注意されたい．しかし私は、あらゆる経済学者が、どんな選好もまったく安定したものと想定していると、言い換えると人々の選好の状況依存性をまったく否定しているとは考えていない．なお、私の分析は、費用や予算の制約条件という重要な問題に関する議論を省略し、それを含めたモデルの成功（Stigler & Becker 1977など）を無視していることを、取り急ぎつけ加えておく．この点を指摘してくれたバート・ウィルソンに感謝する．

＊5　たとえばSamuelson 1948を参照されたい．

＊6　ギンタス（Gintis 2005）は、人々のさまざまな選好を経済理論に統合

したがって、「自然選択は～に配慮する」という言い方は、遺伝子の複製率に原因結果の影響を及ぼし得るもののすべて、そしてそれらのみに言及する.

*11　*10を参照されたい. 当然のことだが、進化があなたに文字通り何かを告げたりはしない. 強化のメカニズムは、(大ざっぱに言えば) その個体に、適応的な結果をもたらす行動を (再度) とらせるよう機能する.

*12　Scheff & Fearon 2004, p. 74.　強調は原文.

*13　いずれの引用も同上、p. 75.

*14　Baumeister et al. 2003, p. 42.

*15　Dawes 1994, p. 237.　ドーズは、Mecca, Smelser, & Vasconcellos 1989から引用している.

*16　自己評価の低さと暴力を結びつける最近の研究がある (Donnellan et al. 2005など). しかし、この結びつきは弱く、自己評価の低さを暴力の要因と見なすことはできない (Trzesniewski et al. 2006も参照されたい).

*17　Crocker & Park 2003, p. 291.

*18　ポジティブ性に関する議論の最近の流行について論じたすぐれた参考文献として、Ehrenreich 2009をあげる.

*19　Brickman, Coates, & Janoff-Bulman 1978.

*20　偉人が言ったとされている言葉によくあるように、どうやらこの引用は、年月が経過するうちに変形してしまったらしい. いずれにしても、ここではアレクサンダー大王が正確にどう言ったのかは問題ではない.

*21　Brickman, Coates, & Janoff-Bulman 1978.

*22　Minsky 1985, p. 68.

*23　Leary & Downs 1995.

*24　Kirkpatrick & Ellis 2001.

*25　McLaughlin 1996, p. 33.

*26　Mijovic-prelec & Prelec 2010を参照されたい. この論文は、「単なるバイアスとは違って純粋な自己欺瞞は、このモジュール化された構造の副産物である. それは通常の欺瞞と同様、現実的なものであろうが想像上のものであろうが、明確な言明や、他者に向けられた行為などによる公的活動として表現される」と論じる. そして、「この見方は、その人が口にすることと、ほんとうに信じたり経験したりしていることのあいだに恒常的に生じる齟齬によって特徴づけられる、常態的な虚偽の信念の可能性に注意を喚起する (p. 238)」と示唆する. 「人がほんとうに信じていること」という部分を除けば、この主張は私の見方に近い.

*27　トリヴァース (Trivers 2000) は、類似の見方を提示している.

*28　ピンカー (Pinker 1999) が指摘するように、「真実は有用であるがゆ

＊76 Marcus 2008, p. 11.

＊77 Tooby & Cosmides 1995, p. 1193. 彼らは他の論文でも、「適応は、抽象的な意味では疑いもなく最適からはほど遠いが、それでも非常にうまく築き上げられる（Cosmides & Tooby 2000, pp. 95-96）」と述べている.

＊78 Tooby & Cosmides 1995, p. 1191.

＊79 「ポジティブ・イリュージョン」が記憶の設計といかに関係するのかを始め、記憶に関して幅広く論じた参考文献として、Schacter 2001があげられる.

＊80 この見方は、Humphrey 2002に提示されているものとそれほど変わらない. ハンフリーは私と同様、その説明をトレードオフに求める.

＊81 これに関するすぐれた議論は、Nesse & Williams 1994を参照されたい.

＊82 たとえばWedekind & Følstad 1994を参照されたい. また、免疫系のトレードオフをめぐる議論は、Råberg et al. 1998を参照されたい.

＊83 （Humphrey 2002に依拠する）McKay & Dennett 2009を参照されたい.

＊84 Kaptchuk et al. 2008では、プラシーボ効果を引き起こす要因が検討され、「患者と医師の関係が、もっとも強い要因である」と結論されている.

第７章　自己欺瞞

＊1 Sedikides & Gregg 2008, p. 102. また、互いに矛盾する複数の信念が同時に維持されることを論じた他の参考文献としてBatson 2008, p. 58があげられる.

＊2 Hirstein 2005を参照されたい.

＊3 Gur & Sackeim 1979.

＊4 同上、p. 150.

＊5 同上、p. 161.

＊6 Greenwald 1997, p. 51.

＊7 同上、p. 55.

＊8 ダニングら（Dunning et al. 2004）は、自己の健康に関して人々が抱く「非現実的な楽観主義は、起こり得る脅威に対して自己を守る必要性に基づく（p. 79）」と述べている. この問題に関するこの分野での一般的な見方に関して、私自身が「戦略的誤認」を犯していることはないと思う.

＊9 たとえばTooby et al. 2008を参照されたい.

＊10 「配慮」という言葉はメタファーとして用いている. もちろん自然選択は原因結果のプロセスであり、したがって文字通りの意味で何かに配慮することなどあり得ない. 遺伝子の効果と、その遺伝子の複製率のあいだのフィードバックループに、何が影響を及ぼすのか（あるいは及ぼさないのか）を論じるための便宜としてこのようなメタファーを用いた.

*61　Burger & Burns 1988.

*62　Sedikides et al. 2002.

*63　Sedikides & Gregg 2008, p. 108.　これについての最近の議論は、Sedikides & Luke 2007を参照されたい.

*64　Martin 2002, p. 71.　このような感覚は、一般に考えられているほど例外的なものではない.　古典的な論文Brickman, Coates, & Janoff-Bulman 1978を参照されたい.

*65　Martin 2002, p. 12.

*66　愚かな批判についてはKurzban 2002aで論じたが、現在でも続いている.

*67　Buller 2008.

*68　この問題に関する非常に注意深い議論は、Tooby & Cosmides 1990の、とりわけpp. 386-388に見られる.　同じ論点は、Tooby & Cosmides 1992にも見出せる.

*69　http://www.psych.ucsb.edu/research/cep/primer.html（アクセス 2009/8）

*70　Daly & Wilson 2007.

*71　Gould 2000, p. 123を参照されたい.

*72　Tooby & Cosmides 1992, p. 62.

*73　トゥービーとコスミデスは、この件に関して『ニューヨーク・レビュー・オブ・ブックス』誌の編集者に手紙を送っている.　http://cogweb.ucla.edu/Debate/GEP_GOULD.html（アクセス　2010/5/12）を参照されたい.

*74　Maynard Smith 1995, p. 46.

*75　Kurzban 2002a.　のちに私は、一九八五年に刊行された『ニュー・サイエンティスト』誌に、『私たちの遺伝子のなかにではなく（*Not in Our Genes*）』〔スティーヴン・ローズ、リチャード・レウォンティン、レオン・ケイミン著〕についてリチャード・ドーキンスが書いたレビュー記事を見つけた.　ドーキンスは、「ローズらは、社会生物学者が遺伝的決定の必然性を信じているとする主張を実証できるはずがない.　なぜなら、それはまったくのうそ偽りだからだ」と論じている.　私なら「戦略的エラー」と言うところを、ドーキンスは「うそ偽り」としている.　30年以上にわたり、同様の不正確な主張がなされては言下に否定されてきた事実に鑑みると、私の「戦略的エラー」説が、だんだん支持しづらくなってきたことは認めざるを得ない〔おそらく、「戦略的エラー」は人々に気づかれていない場合にもっとも効果を発揮するものであり、したがって、何度も指摘されている同じ間違いが30年以上も主張され続けている事実は、「戦略的エラー」という概念にとって不利な証拠にならざるを得ないという意味であろう〕.

トル（Nettle 2004）は、この問題を論じ、成功の可能性の過大評価が、実際に偏りのない予測よりよい結果を生むケースがあることを示そうと試みている．しかし彼の提示するモデルは、真である確率が低かったとしても、それを成功の可能性として意思決定の際に用いるという非合理な行動をとる「合理的な」行為者を前提にする．ネトルらがのちに述べているように、過大評価の利点は、「行為者がノイズに気づいていない場合（Evans, Heuvelink, & Nettle, no date, p. 7）」に限って得られる．成功の可能性についてすぐれた情報を手にしていないのであれば、つまり「合理的な」行為者が、その事象に0.5の蓋然性を付与するケースでは、そしてさらに、成功時のポジティブな効果が、失敗時のネガティブな効果より大きいのなら、当然ながら、成功の可能性に関する（不正確な）情報は無視し、それら二つの効果の損得勘定《ペイオフ》のみに注目すればよい．Haselton & Nettle 2006も参照されたい．繰り返すと、社会関係が絡まない自然法則を相手にしたゲームでは、期待値を最大化する戦略よりすぐれた戦略は存在しない．成功の可能性が未知であった場合、期待値を最大化するには、単純に結果だけを考慮したペイオフ情報に基づいて行動しさえすればよい．Kurzban & Christner (in press)も参照されたい．

＊48　Fenton-O'Creevy et al. 2003.

＊49　ジョン・トゥービーが教えてくれた．

＊50　Taleb 2001にこれに関するすぐれた議論がある．

＊51　Babad 1987.

＊52　Markman & Hirt 2002は、アメリカンフットボールの試合を対象に同様な効果を見出している．

＊53　Granberg & Brent 1983.

＊54　Weinstein 1980．また、Weinstein 1982も参照されたい．より最近の結果はCovey & Davies 2004を、またレビューはSheppard et al. 2002を参照されたい．

＊55　Van der Velde, Van der Pligt, & Hooykaas 1994.

＊56　Williams & Gilovich 2008, p. 1122.

＊57　Helweg-Larsen, Sadeghian, & Webb 2002, p. 92.

＊58　これについては、私の見方はトリヴァース（Trivers 2000）とは異なる．彼は、それに関して「未来に対するポジティブな志向を前面に出す心的態度は、よりよい結果をもたらす（p. 126）」と述べている．この見方は、私にはフロッガー問題につきあたるように思われる．それ以外に関しては、本章と次章で提起する考えには、彼の見解と重なる部分がある．

＊59　Windschitl, Kruger, & Simms 2003.

＊60　Rothman, Klein, & Weisman 1996.

るが、成功の功績は条件さえ合えば自グループに帰す（p. 146）」と論じている．Weiner et al. 1971も参照されたい．より最近では、マーク・リアリー（Leary 2007, p. 320）は、「何百もの研究によって、人は、ポジティブな結果の説明を自分の性格に、またネガティブな結果の説明を自分のコントロールできない要因に求めようとすることが示されている」と述べている．

＊26　Blaine & Crocker 1993.

＊27　Riess et al. 1981, p. 229.

＊28　たとえばMoore 2007を参照されたい．

＊29　たとえば、Kurman 2001とSedikides, Gaertner, & Vevea 2005を比較されたい．また、Mezulis et al. 2004を参照されたい．

＊30　Moore & Healy 2008.

＊31　Tavris & Aronson 2007.

＊32　Daniel W. Reilly, "GOP: Oil Markets 'Responding' to Our Protest" CBS News, 2008/8/8.

＊33　それとは異なる見解は、DeScioli & Kurzban 2009a.

＊34　Taylor 1989にも、「私たちは皆、自分の得意なことを高く評価することにかけては大きな創造性を発揮するが、自分に才能がない分野のものごとに関してはそれほど高く評価しない（p. 153）」という同様の見解が見出せる．

＊35　James 1890/1950, p. 310.

＊36　Festinger 1954.

＊37　Tesser & Smith 1980, p. 584.

＊38　DeScioli & Kurzban 2009a.

＊39　Henslin 1967.

＊40　Goffman 1967, p. 193.

＊41　Langer 1975.

＊42　Bandura 1989, p. 1177.

＊43　言うまでもなく、期待値を最大化するよう設計されたメカニズムは、的中率を最大化するわけではない（Wiley 1994）．火災報知機は、予期されるコストを最小化すべく設計されているが（Nesse 2005など）、閾値《スレッショルド》が低く設定されているために誤報を発する、つまり偽陽性の誤りを引き起こす場合がある．

＊44　Baumeister, Heatherton, & Tice 1993.

＊45　この差異は有意ではないが、そのことはここでは重要でない．

＊46　Baumeister, Heatherton, & Tice 1993, p. 148.

＊47　この重要な論点に関して専門的な捕捉をしておく．私の友人ダン・ネ

ファン・リューエンは、私が本書で提起するモデルを承認しないだろう．他人を説得できるよう、私が間違ったことを信じているのなら、私の行為は誤情報に導かれていることになり、私の状況は悪化するのではないかと、ファン・リューエンは懸念しているのだ．しかし、欺瞞が必要な場合にはあるシステムが、また「正しい」行為が求められる際にはそれとは別のシステムが活性化されると考えれば、この懸念は晴れるはずだ．これについては次章で検討する．

*12　このような見方は、「戦略的な自己高揚」をめぐる議論にも関係するが、私の用法では、「戦略的な」という言葉は、「社会的なゲームにおいて、よりよい結果が得られるよう導く」というゲーム理論的な意味を持つ．その点で、私の用法はそれらとは異なる．同様な見方をとる著者は私以外にもいる．たとえばLeary 2007を参照されたい．

*13　この見方は、社会心理学で言うところの「自己呈示」にいくぶん関係する．これについては、アーヴィング・ゴッフマンが、一九五九年の著書『行為と演技――日常生活における自己呈示』で雄弁に論じている．

*14　ここにあげた「ゲーム」は、Godfray 1991の例に類似する．ただしゴッドフレーの例では、ヒナは、基本的に「既存の」ではなく「未来の」兄弟姉妹と競い合う．

*15　戦略的誤認は社会的なプロパガンダとして役立つという考えは、マーク・リアリーらの見解に類似する．彼は最近（Leary 2007）、「人は自分のためではなく、自分に対する他人の評価を高めるために自己を強化する（p. 328）」と述べている．この見方は、「人は自己満足のために自己を強化する」と見なす考えとは大きく異なる点に注意されたい．

*16　Alicke & Govorun 2005, p. 87.

*17　Preston & Harris 1965.

*18　McKenna & Albery 2001.

*19　Alicke et al. 1995.

*20　Williams & Gilovich 2008.

*21　自分が首尾一貫しているよう他人に見せかけることを目的として設計されたメカニズムは実際に存在すると思う．これは大きなテーマではあるが、ここでは立ち入らない．これについては、Cialdini 2001, chapter 3などで検討されている．

*22　たとえばSchacter 2001を参照されたい．

*23　不確実性によって、このような効果を説明できる場合があることについては、Moore & Healy 2008を参照されたい．

*24　Pronin, Gilovich, & Ross 2004.

*25　Streufert & Streufert 1969．彼らは「失敗の責任は外部の要因に求め

確ではない.「哲学者の頭を悩ませてきた逆説」を主張する他の参考文献として、Mele 2001, chapter 1, p. 7、Mele 1998、Pears 1985をあげる.

＊3　哲学者は、この問いを取り上げることが多い. これは、表象を維持するモジュールではなく、信念を持つ行為の主体《エージェント》を対象にすべきとする、見かけはありふれた考えから、哲学者が出発することに起因する.「全体としての私が信念を持つ」という考えの直観的な受け入れやすさは、それについて明晰に思考することを妨げてきた（そして現在でもそうであり続けている）. モジュール性の概念の導入によって、この問題を完璧に切り抜けられることに気づいている著者は、それについて大騒ぎしたりはしない. とりわけDavidson 2004を参照されたい. 彼は、「人は、ときに密接に関連するも互いに矛盾する複数の信念を分離して保持することができるし、実際にそうしている. ならば私たちは、心の各部位のあいだには境界が存在するという見方を受け入れねばならない（p. 211)」と主張する. 他にもたとえばDupuy 1998を参照されたい.

＊4　Cross 1977, pp. 9-10.

＊5　Alicke & Govorun 2005.

＊6　これについては、Dunning 2005のとりわけchapter 6を参照されたい.『自己洞察（*Self-insight*)』と題するダニングのこの著書は、本章さらには本書全体で私が提起する議論のよい参考文献になる. しかしダニングの著書と本書のあいだには重要な相違がある. 彼は同書で、「自己洞察やその欠如に関する包括的な理論は存在しない（p. 10)」と述べている. この見方は、社会心理学では典型的なものであり、機能の進化の理論なくしては、この分野は、相互の関連が貧弱な、もろもろの研究成果の集積と化す恐れがある.

＊7　Dunning & Cohen 1992.

＊8　Dunning, Meyerowitz, & Holzberg 1989.

＊9　Mabe & West 1982.

＊10　Epley & Whitchurch 2008.

＊11　誰もがこの見解に同意するわけではない. ファン・リューエン（Van Leeuwen 2007）は、このようなケースを、誤りとしてではなく、実践的な自己欺瞞のケースとして捉えている. 彼は、「今後二度と夫が自分を殴ったりしないと自分自身に言い聞かせる、虐待された妻のケースを考えてみよう. 私は彼女の心の状態を自己欺瞞として捉えたい（……）（p. 331)」と述べる.「自分自身に言い聞かせる」という表現に注目されたい. いずれにせよ私には、この例は、誰かが誤った考えを抱いているのではあれ、その考えが正しくあり得てしかるべきケースであるように思われる. ただし、この「しかるべき」が何を意味するのかには注意が必要だが.

ことはできない」などと言いたいわけではなく、「間違っていることには、意図的なうそにはない利点がある」と言いたいのだ.

＊38　これに関しても、トリヴァースは同じ見方をとっているようだ. ただし私と違って彼は、ものごとをモジュールとしてではなく、意識的なものとそうでないものという、二項分割として捉えている. Trivers 2000の図1（p. 116）はわかりやすい.

＊39　Dawkins 2006, p. 77.

＊40　確かにここには、皮肉を見て取れるかもしれない. というのも私は、「モジュールシステムには、自システム内での一貫性を〈維持〉しようとするものもある」と考えているからだ.

＊41　デイヴィッド・スローン・ウィルソン著『ダーウィンの大聖堂（Darwin's Cathedral）』、ダニエル・デネット著『解明される宗教——進化論的アプローチ』、リチャード・ドーキンス著『神は妄想である——宗教との決別』も参照されたい.

＊42　私の見解は、Kurzban & Christner (in press)を参照されたい. それは、Sosis & Bressler 2003の議論に、ある程度類似する.

＊43　Pinker 2005, p. 18. 他人がどの超自然信仰を抱いているのかを人々が気にかける理由は、謎であるとつけ加えておく. Kurzban & Christner (in press).

＊44　ブルーノをめぐる政治的状況の詳細は、資料によって異なる.

＊45　Janet Elder, "Finding Religion on the Campaign Trail", *New York Times*, 2007/7/11.

第6章　心理的なプロパガンダ

＊1　法的責任の問題には触れない. 心がさまざまなモジュールによって構成されているのなら、私たちは、本人に悪事をさせることのない多数のモジュールとともに、させるモジュールも抱えていることを意味する. あるモジュールを罰して、別のモジュールを罰しないことは（今のところ？）不可能なので、この問題を回避する方法は、私には見当がつかない.

＊2　Taylor 1989, p. 157. 補足しておくと、彼女はこの問題を、「選択的な注意」「選択的な記憶」という概念を導入することで解決する. 彼女によれば、「それは、前意識のいずれかのレベルで否定性を認識し、それを遮蔽する（p. 158）」. 文中の主語の「それ（it）」は、「情報の前処理」に言及しているようにも思えるが、そうであれば「情報の前処理が〈何かを〉認識する」とは奇妙な話である.「人は（one）」などのケースと同じく、何気なく用いているかのように見える代名詞は、大きな存在感を示し始める. いずれにせよ、この「それ」が何を意味するのかは、明

情報が外に「漏れ」ないよう、それを心の特定の部位に「隠しておく」という、この考えの一つのバリエーションを展開している．彼は、自己欺瞞を「意識に対して現実を積極的に誤表象すること（p. 114)」と定義している．私はそのようには定義しない．また、「に対して」という表現は私には解せない．意識を「他人を欺くために設けられた社会的な玄関（p. 115)」として捉える彼の見方は、私の考えに近いが、欺瞞が意識の行なうことのすべてではないので、彼の表現は強すぎると思う．本章以後の本書の内容は、ある程度トリヴァースの見解に類似する．また、Nesse & Lloyd 1992も参照されたい．

＊26　Ambady & Rosenthal 1992, p. 267.

＊27　Kurzban & Weeden 2005, 2007.

＊28　Baumeister 1999b, p. 8.

＊29　Dawson, Savitsky, & Dunning 2006.

＊30　そのような態度は通常、「自己の保護（self-protection)」として説明される．「人はみじめに感じたくはない」という程度の意味を表すらしいこの用語にも、「自己（self)」という接頭辞がついている．これについては、第８章で検討する．

＊31　トリヴァース（Trivers 2000）は、同様な説明をしている．ただし、彼はそれを「自己欺瞞」と呼ぶが、私なら「戦略的誤認」と呼ぶ．とりわけ第５、６章を参照されたい．

＊32　クレブスとデントン（Krebs & Denton 1997）は、「人間の関心は、他人に自分の価値を過大評価させることにある（p. 36)」と論じている．

＊33　Merton 1969.「A Sociological Parable」と題する節（p. 476）を参照されたい．

＊34　もちろんそれによって、自己充足的予言をテーマとする古代ギリシアの物語を過小評価するつもりはない．

＊35　James 1897/1979, p. 24.

＊36　サーベイ（Surbey 2004）は、「男性の自己欺瞞は、自信や自己評価を押し上げ、欠点の発現や恐れの感情の発露を抑えることで、異性に対する自己の魅力を向上させることができる（p. 126)」と述べ、類似の見解を表明している．

＊37　ここでうそについて長々と論じるつもりはない．ばれる可能性や、ばれた場合のコストが高くなればなるほど、それだけうそは不適切な解決策になる．しかも、ばれる可能性を減らすためには、誰にどんなうそをついたのかを正確に把握しておかねばならないなどの、その他のコストが伴う．これは、脳に負荷をかけることを意味する．もちろんそれによって、「人はうそをつかない」「社会生活のなかで、うそを効果的に使う

＊1　Fodor 2000, p. 68. 強調は原文.「真実の獲得は、最重要の目的であると考えられる（p. 62)」と論じるピアース（Pears 1985）は、同様な立場をとっていると考えられる. 最近の議論は、McKay & Dennett 2009を参照されたい.

＊2　Fodor 2000, p. 67.

＊3　Baber 1826, pp. 222-223. この例は、Stewart 2006のなかに発見した.

＊4　Churchland 1987, pp. 547-548.

＊5　Schwartz 2004.

＊6　その好例の一つに、Todd 1997があげられる. またTodd & Miller 1999も参照されたい.

＊7　Dana, Weber, & Kuang 2007. またDana, Cain, & Dawes 2006も参照されたい.

＊8　これに関するすぐれた議論については、Schelling 1960、およびFrank 1988を参照されたい.

＊9　Foot 1967.

＊10　たとえばHauser, Young, & Cushman 2008を参照されたい.

＊11　シェリング（Schelling 1960）も、この問題を論じている.

＊12　The Wire, "All Due Respect", season 3, episode 2.

＊13　Kurzban, DeScioli, & O'Brien 2007.

＊14　ウェバー（Webber 1997, p. 267）は、自分がＨＩＶポジティブであることを知りながら女性と性交した男をめぐる殺人未遂事件を審理した「合衆国対ヒンクハウス」などの裁判例を検討している.

＊15　一般には、しなければならないことをしないことは、悪いことをするより、道徳的な非難を受けにくい.

＊16　Byrne & Whiten 1988; Whiten & Byrne 1997.

＊17　Cacioppo, Hawkley, & Berntson 2003.

＊18　Uchino, Casioppo, & Kiecolt-Glaser 1996.

＊19　Bradburn 1969.

＊20　Williams 2007, p. 434.

＊21　ドナルド・シモンズ著『人間のセクシュアリティの進化（*The Evolution of Human Sexuality*)』、デヴィッド・バス著『女と男のだましあい——ヒトの性行動の進化』、ジェフリー・ミラー著『恋人選びの心——性淘汰と人間性の進化』などを推薦する.

＊22　DeScioli & Kurzban 2009a.

＊23　DeScioli 2008; DeScioli & Kurzban 2009a.

＊24　Tooby & Cosmides 1996.

＊25　トリヴァース（Trivers 2000）は、自分にとってダメージになるような

254）も統合化された主体について論じている．

*22 この例は、Nosek, Greenwald, & Banaji 2007から得た．

*23 たとえばFlavell 1970を参照されたい．

*24 Greenwald & Banaji 1995; Greenwald, McGhee, $ Schwartz 1998.

*25 Lane et al. 2007には、「ＩＡＴのスコアは、リッカート尺度〔提示された文にどれくらい合意できるかを、回答者が段階指定により回答して測定する方法〕に対する自己報告による回答と同様に、被験者の〈真の〉態度を示すわけではない．(p. 84)」とある．Nosek, Greenwald, & Banaji 2007も参照されたい．この論文には、「Does the IAT Reveal Cognitions That Are More 'True' or 'Real' Than Self-Report?」と題する興味深いセクションが含まれる（彼らはその問いに、基本的に「ノー」と答える）．補足しておくと、この論文でも、「個人」は「発話を担当する部位」であると捉えられている．彼らは、「ＩＡＴと自己報告の結果は、被験者が暗黙の結びつきに気づいていないために異なり得る（p. 282)」と述べている．

*26 DeSteno, Bartlett, & Salovey 2006, p. 522. もとの論文には、嫉妬は「進化した認知モジュール」から生じるとある．ここでは、簡略化して「特定のモジュール」とした．

*27 この論文（DeSteno, Bartlett, & Salovey 2006）は、暗黙のうちに二元論を擁護する論文のなかで、私たちが小人《ホムンクルス》、すなわち大きな脳のなかの小さな脳を前提としていると非難している．参った．

*28 Nagel 1974.

*29 以下のダイアローグは、IMSDB（http://www.imsdb.com/scripts/Awakenings.html）を参照した．

*30 「そのためのアプリがある（There's an app for that)」という言い方は、ダウンロード可能なアプリによって、どんなことでもできるという意味で、アップル社のiPhoneの宣伝に使われていた．ここではそれを借用した．ジェナ・ウォーサム（"Apple's Game Changer, Downloading Now", *New York Times*, 2009/12/5）は、「スマートフォンは、デジタル時代の十徳ナイフになった」「それは無数の機能を提供する」とコメントしている．これは、コスミデスとトゥービー（Cosmides & Tooby 1994a）が、心のモジュールについて語ったところと類似する．興味深い一致だ．

*31 この記事は、http://web.media.mit.edu/~push/ExaminingSOM.html（アクセス2009/7/1）で発見した．ソースは、P. Singh, *Computing and Informatics*, 2004, vol. 22, part 6, pp. 521-544とある．

第５章　真実の痛み

Tedeschi & Norman 1985があげられる．また、密接に関連する最近のすぐれた議論には、Hirstein 2005がある．

＊13　Fiddick, Cosmides, & Tooby 2000では、この手のフレーズが使われていた．訴えられても文句は言えないかも…

＊14　「認知的不協和」を扱う論文は無数にあり、それらについて詳細に解説することはしない．Kurzban & Aktipis 2007, pp. 139-141で多少論じたので、興味のある読者はそちらを参照されたい．手短かに言うと、そこでは次の点を論じた．人々が、多くの矛盾を抱えていることは明らかである．そのもっとも顕著な発露の一つは、物理や生物学の理論を支持しながらも、それに矛盾する超自然的な信念を抱いていることである（Boyer 2001など）．また、人間は他人の矛盾を検知すべく設計されたモジュールを持つことに鑑みると、一貫性に対する志向は、自らの一貫性を認知されることに関係があるのかもしれない（Sperber 2000）．つまり、「一貫性に対する志向」は、実際には一貫しているように見せかけようとすることだと見なせる．これについては、Baumeister 1982; Tice 1992; Tice & Baumeister 2001などを参照されたい．この見方は、それを否定するかのように見えるケースにもあてはまる．たとえば、アロンソン、フリード、ストーン（Aronson, Fried, & Stone 1991）は、「この現象は、自分の行動と、自分自身をどう考えるのかのあいだの整合性を保つことに関係する」と論じ、「自らが説教することを自分では実践しない（p. 1636）」点を強調する．「説教」とは、自分が他人に何かを言うことであり、自分自身について考えることではない．つまり、一貫性の維持は、自分自身を表象するシステムにではなく、社会の評価に関わる．私の見方も、それに沿う．矛盾が是正されるべきだとすれば、それは他者の認識という文脈に照らしてのものになる．

＊15　Kurzban 2001.

＊16　Dutton & Aron 1974. この古典的な研究をめぐってはさまざまな論争があるが、それには立ち入らない．

＊17　Cosmides & Tooby 2000; Tooby & Cosmides 2008.

＊18　Ames & Dissanayake 1996, p. 6.

＊19　McLaughlin 1996, p. 41.

＊20　Stich 1983は現在でも、民衆心理学との関わりですぐれた認知科学を実践するためのよい手引きになる．彼は、「民衆心理学的な信念の解釈は、（……）人間の認知と行動の説明を目指す科学では、重要な役割を演じるべきではない（p. 5、強調は原文）」と述べている．

＊21　ここでは、何人かの哲学者のように信念という概念を論じるつもりはなく、統合的な主体という概念を問題にしたい．ロス（Ross 2005, p.

第4章　モジュール化された私

＊1　“Internal Displacement”, season 7, episode 11、2006/1/15放映.

＊2　Schelling 1960, p. 161.

＊3　同上、p. 38.

＊4　Haidt 2001, p. 814.

＊5　Cushman, Young, & Hauser 2006; Hauser et. al. 2007.

＊6　Haidt 2006, pp. 4-5.

＊7　同上、p. 5.

＊8　私は、Kurzban & Aktipis 2007で、これを「社会認知インターフェース」と呼んだ. しかし本書では、このシステムを報道官と呼ぶことにする.

＊9　Dennett 1981, p. 156, 152.

＊10　Humphrey & Dennett 1998, pp. 38-39.

＊11　同上、pp. 42-43.

＊12　この考えは、他の著者にも見られる. ジョン・エルスター (Elster 1985) は、彼が編集した『複数の自己 (*The Multiple Self*)』の序で、この考えの歴史を振り返っている. テトロックとマンステッドは (Tetlock & Manstead 1985)、その時点までの「印象管理 (impression management)」の研究のレビューをし、「多くの行動は、評判の操作という文脈で解釈すると有益である」とする考えを本格的に取り入れた理論の発展を概観している. ローティ (Rorty 1985)〔アメリー・オクセンバーグ・ローティ. ウィキペディアによればリチャード・ローティ夫人で、彼と同じく哲学者〕は、「比較的自律的な地域を構成し、途中で名称が変わる小道で結ばれ、おのおのが独自の内部組織を持つ多様な近隣地域の非常に緩い連合体である (p. 116)」中世の都市をたとえに用いている. ローティは次のように続ける. 「主体《エージェント》は、緩い共同体のなかへと解消されるかのように思われる. (……) 私として自己を語るペルソナは、必ずしも中心的な存在でも、絶対的な支配者でも、さらにはサブシステムが実行する複雑な行為の監視人ですらない. (……) 私とは、全体の配置のことであり、緩やかに結合したシステムを全体として捉えたものである (pp. 130-131)」. 本書の議論との類似性は疑いようがない. 自己提示に関するレビューは、Schlenker & Pontari 2000を参照されたい. 第3章の＊3で述べたように、ガザニガは、「インタープリター」という概念を提起している. これは、脳の左半球の特定の部位を指し、個人の行動に関する情報を取り込んで、できるかぎり一貫した物語《ナラティブ》を生み出そうとする. この考えも、本書の見方に類似する. 他の重要な研究として、Boyer, Robbins, & Jack 2005; Baumeister 1982; Gallagher 2000; Jones 1964; Jones & Pittman 1982; Neisser 1988; Schlenker & Leary 1982;

たい外部のプログラムは、そのモジュールの持つアクセスプログラムを呼び出さなければならない.

「隠ぺい」という言葉の使用は、本書の議論との関連で興味深い.

＊37　とりわけTrivers 2000を参照されたい.

第3章 「私」って誰？

＊1　この問題は、哲学者や心理学者がこれまでさんざん論じてきた. ダニー・ウェグナー（Wegner 2005など）の明晰な議論は、とりわけ印象深い. ある意味で、彼の見解は本章で私が提起する議論に近い. たとえば、この議論に口では賛成する人は多いが、そのような人でも実は、裏口からこっそりと「クレイニアムコマンド」を忍び込ませていることが多いという見解を持っている点でも一致する. 私は、ウェグナーの「コントロールされた自律的なプロセスという概念は、暗黙的に小人《ホムンクルス》の存在を前提にしている（p. 21）」という見解に同意する. ダマシオ（Damasio 1994）も、同様の議論を展開している.

＊2　Minsky 1985, p. 17.

＊3　ガザニガ（Gazzaniga 1998など）の提起する「インタープリター」の概念は、この見方に類似する.

＊4　Dennett 1991.

＊5　同上、p. 108.

＊6　Fodor 1998.

＊7　Wilson 2002.

＊8　これらについては、Kurzban 2008でも取り上げた.

＊9　Dennett 1991, p. 107.

＊10　たとえばJackendoff 1987を参照されたい. 「複雑なプロセスの最後のステップ」という主張は誤っているかもしれない. しかし、そうであったとしても、議論の本筋は変わらない.

＊11　類似の見方としてWegner 2002, p. 55を参照されたい. とりわけ、思考が行為を引き起こすことをいかに考えるべきかを示した図3.1, p. 68を参照されたい. 彼のこの著書『意識的な意思という幻想（*The Illusion of Conscious Will*）』は、本書で取り上げたいくつかの問題を論じており、彼の見解は私のものと一致する.

＊12　Libet 1999, p. 49.

＊13　B. Keim, "Brain Scanners Can See Your Decisions before You Make Them", *Wired*, 2008/4/13.

＊14　Wegner 2003も参照されたい.

＊15　Weisberg et al. 2008, p. 475.

よびDawkins 1986を参照されたい.

＊19　Williams 1966を参照されたい.

＊20　Ossher & Tarr 2001, p. 43. また、Baldwin & Clark 2000も参照されたい.

＊21　心理を含め生物の構造はモジュール的であるとする、ラスムセンとナイルズ（Rasmussen & Niles 2005）の議論は興味深い. 彼らは、進化におけるモジュールシステムの成功（人間を含む）を例に用いて、人工的なシステムにおけるモジュール性の価値を論じている. これは、私がこの方向での議論を見た最初の例である.

＊22　http://en.wikipedia.org/wiki/Domain_Specific_Language（アクセス 2009/7/1）.

＊23　Cosmides & Tooby 1994a. また、Gigerenzer & Selton 2001も参照されたい.

＊24　Reynolds & Tymann 2008, p. 59.

＊25　Pinker 1994.

＊26　Weiner 1994.

＊27　Marr 1982.

＊28　Symons 1979; Tooby & Cosmides 1992.

＊29　ピンカー（Pinker 2005）は、この例を用いている.

＊30　McEreath et al. 2008. ここでは、人間の矛盾をテーマにした本の、私自身が書いた章で繰り広げられている議論を反駁している.

＊31　Bramble & Lieberman 2004.

＊32　Chris Maume, "Pistorius Bounds on Despite Olympic Knockback", *The Independent*(London), 2008/3/8.

＊33　Cliff Gromer, "The Nine Legs of Paul Martin", *Popular Mechanics*, 2002/11.

＊34　Nisbett & Wilson 1977.

＊35　同上、p. 231.

＊36　これは、コンピューターサイエンスにおける「情報の隠ぺい」の概念に類似する. Parnas, Clements, & Weiss 1984には次のようにある.

　この原理によれば、独立して変化する可能性のあるシステムの詳細は、各モジュール内に隠ぺいされるべきである.（……）おのおののデータ構造は、一つのモジュール内に限って用いられ、該当モジュール内の一つまたは複数のプログラム〔ソフトウェア開発経験者は、関数あるいはメソッド（オブジェクト指向の場合）と言い換えたほうがわかりやすいだろう〕によってアクセスし得るが、モジュール外のプログラムによってはアクセスできない. そのモジュールに蓄積されている情報を取得し

ユール性に関する書籍には、Barrett 2005; Coltheart 1999; Cosmides & Tooby 1994b; Sperber 2005がある.

＊5　とりわけMinsky 1985を参照されたい.

＊6　Pinker 1999.

＊7　Dawkins 1976.

＊8　Fodor 2000.

＊9　Cosmides & Tooby 1992.

＊10　コクランとハーペンディングの最近の著書（Cochran & Harpending 2009）は、この問題に関して大きな論争を巻き起こした. 迅速な遺伝的変化と、複雑な適応様式の進化のあいだには重要な相違が存在する. 著者らは後者に関心を持っていることに注意が必要である. これに関しては、彼ら自身、「複雑な適応様式の進化に関するこの議論は正しい. しかしそれは、一つあるいは少数の遺伝子のみが関与する、単純な適応の重要性を過小評価している（p. 10）」「人間における最近の変化のほとんどは、進化論的に見れば、一度の突然変異の深さしかない浅いものと見なせる（p. 12）」と述べている. また、この見方を例証する説得的な事例をあげている. なおこのことは、「人間の心は、未来より過去に適応すべく設計されている」とする本書の議論を変えるものではない. ここで私が取り上げる適応は複雑なものであり、その意味において、皮膚の色や乳糖耐性などのケースとは異なる.

＊11　Cochran & Harpending 2009. 人間における過去の環境への適応の結果を論じたすぐれた参考文献として、Burnham & Phelan 2000をあげる.

＊12　たとえばBarrett, Cosmides, & Tooby 2007を参照されたい.

＊13　Cosmides & Tooby 2001.

＊14　Vogel 1998.

＊15　Burnham & Phelan 2000.

＊16　Brown 1991.

＊17　Dawkins 1976.

＊18　このような意味で「設計」という言葉を使うことを好まない人がいる. 本章を読めば明らかになるはずだが、私はこの言葉を、意識や意図を含意するものとして用いてはいない. 自然選択のプロセスは、機能を持つメカニズムを生成することで作用する原因結果の過程なのであり、このメカニズムの根底には、これらの機能を実行するという特性が存在する. この意味において、自然選択は、生物の特徴を「設計」する. たとえば、目が視覚のために設計されているのは、カメラが写真を撮影するために設計されているのと同じである. だから私は、多くの著者と同じように、本書を通じて臆面もなく「設計」という言葉を使う. Williams 1966、お

McCauley & Henrich 2006があげられる．著者らは、「情報のカプセル化は、遺伝子のなかに完全に記述されているわけではない（p. 20、強調は原文）」と結論している．「遺伝子」における人間の特徴の「記述」に関する私の見解は、Barrett & Kurzban 2006を参照されたい．

＊16　Vokey & Read 1985, p. 1237.

＊17　この言葉は、コンピューターサイエンスでも類似の概念を指すために用いられており、「情報の隠ぺい」とも呼ばれる（Parnas 1972）．そこでの基本的な考え方は、「他の開発者が機能の実装に関して何も知らずに使えるサブルーチンを書ける」というものだ．サブルーチンの処理実装の詳細は「隠されて」おり、外部からは見えない．

＊18　Landsburg 2007, p. 177.

＊19　人間がいかに「不合理」な存在であるかを解説する書籍が、最近多数刊行されており、人間の合理性に対する見方は変わりつつある．詳細は第8章を参照されたい．

＊20　とはいえ、この例はそれほど空想的ではない．コンピューターサイエンティストのロナルド・アーキンは、「自律的なロボットシステムにおける危険な行動を抑制するために適用可能な、倫理的制御推論システムの実装の薦め」という記事を書いている（Ronald C. Arkin, "Governing Lethal Behavior: Embedding Ethics in a Hybrid Deliberative/Reactive Robot Architecture", http://www.cc.gatech.edu/ai/robot-lab/online-publications/formalizationv35.pdf）．

＊21　コンピューターサイエンスにおけるモジュール性についての議論は、Parnas 1972を参照されたい．そこで彼は、「システムの柔軟性と理解しやすさを向上させるメカニズムとしてのモジュール化（p. 1053）」について論じている．コンピューターサイエンスに関する私の（限られた）知識によれば、この分野では、モジュール性によって柔軟性が高まることに議論の余地はない．それに対して心理学では、なぜモジュール性の概念が、かくも大きな論争を呼ぶのかは、私にはよくわからない．

第2章　進化と断片化した脳

＊1　Braitenberg 1984.

＊2　同上、p. 12.

＊3　ブライテンベルグは、「本能」という言葉を、私の用法とはやや異なる意味で用いている．

＊4　この用法は、フォーダーが彼の画期的な著書（Fodor, 1983）で提起しているものとは異なる．フォーダーの見方と私の見方の比較は、Barrett & Kurzban 2006を参照されたい．また本書との関連で参考になる、モジ

巻末ノート

第1章　一貫した一貫性の欠如

＊1　Gazzaniga & LeDoux 1978.

＊2　「作話症」、つまり「何かをでっちあげること」については、Hirstein 2005を参照されたい。

＊3　この問いには歴史がある．ウォルトン（Walton 1999）によれば、この問いの起源は、紀元前四世紀のギリシアの哲学者にまで遡る．

＊4　Ramachandran & Blakeslee 1998, p. 43.

＊5　同上、p. 45.

＊6　Biran et al. 2006, p. 565.　また、Biran & Chatterjee 2004も参照．

＊7　Biran et al. 2006, p. 567.

＊8　ウェグナー（Wegner 2002）は、類似の例を用いて、同様な主張をしている．

＊9　Pegna et al. 2005; Morris et al. 2001.

＊10　Gelder et al. 2008.

＊11　Frith 2005, p. 767.

＊12　デヴィッドソン（Davidson 1998）も、同様な指摘をしている．彼は「健常者の心は、あたかも一時的にロボトミー手術を受けたかのように機能する（p. 8）」と述べる．

＊13　視覚経験の本質を説明するために、この例を取り上げる著者もいる（Pinker 2002など）．私の論点は、これらの本とはやや異なり、意識、経験、表象フォーマットに関する問題とは別に、同一の心に、互いに矛盾する二つの表象が存在し得る事実によってどのような結果が生じるかという問いに焦点を置く．

＊14　この有名な絵は、リチャード・グレゴリーによるものだ．この絵は、類似の原理を説明するために、さまざまな著者が取り上げている．ラマチャンドランは、『意識の小旅行（*A Brief Tour of Consciousness*）』で、「あなたは、あなたの脳の視覚領域が知覚問題を解こうとしているのを感じることができる（p. 48）」と述べている．「あなたは、あなたの脳の視覚領域を感じることができる」という言い方は、奇妙だ（これについては第3章で取り上げる）．文中の「あなた」は脳の部位でなければならない．したがって、これは「あなたの脳のある部位が、他の部位を感じている」と言うに等しい．

＊15　誰もがこの錯視を経験するわけではない．情報のカプセル化の議論において、この事実が何を意味するかを論じた最近の論文として、

of society. Chicago: University of Chicago Press.

Wilson, T. D.(2002). *Strangers to ourselves: Discovering the adaptive unconscious*. Cambridge, MA: Harvard University Press. [邦訳：『自分を知り、自分を変える――適応的無意識の心理学』(村田光二監訳、新曜社)]

Windschitl, P. D., Kruger, J., & Simms, E. N.(2003). The influence of egocentrism and focalism on people's optimism in competitions: When what affects us equally affects me more. *Journal of Personality and Social Psychology, 85*, 389–408.

Winston, G. C.(1980). Addiction and backsliding: A theory of compulsive consumption. *Journal of Economic and Behavioral Organization, 1*, 295–324.

Wolfers, J., & Zitzewitz, E.(2006). Interpreting prediction market prices as probabilities. Working paper.

Yamagishi, T., Hashimoto, H., & Schug, J.(2008). Preferences versus strategies as explanations for culture-specific behavior. *Psychological Science, 19*, 579–584.

Wegner, D. M.(2002). *The illusion of conscious will.* Cambridge, MA: MIT Press.

——— (2003). The mind's best trick: How we experience conscious will. *Trends in Cognitive Sciences, 7,* 65–69.

——— (2005). Who is the controller of controlled processes? In R. Hassin, J. S. Uleman, & J. A. Bargh(eds.), *The new unconscious*(pp. 19–36). New York: Oxford University Press.

Weiner, B., Frieze, I., Kukla, A., Reed, L., Rest, S., & Rosenbaum, R. M.(1971). Perceiving the causes of success and failure. In E. E. Jones, D. E. Kanouse, H.H. Kelley, R. E. Nisbett, S. Valins, & B. Weiner(eds.), *Attribution: Perceiving the causes of behavior*(pp. 95–120). Morristown, N.J.: General Learning Press.

Weiner, J.(1994). *The beak of the finch.* New York: Random House. ［邦訳：『フィンチの嘴（くちばし）――ガラパゴスで起きている種の変貌』（樋口広芳・黒沢令子訳、早川書房）］

Weinstein, N. D.(1980). Unrealistic optimism about future life events. *Journal of Personality and Social Psychology, 39,* 806–820.

——— (1982). Unrealistic optimism about susceptibility to health problems. *Journal of Behavioural Medicine, 5,* 441–460.

Weisberg, D. S., Keil, F. C., Goodstein, J., Rawson, E., & Gray, J.(2008). The seductive allure of neuroscience explanations. *Journal of Cognitive Neuroscience, 20,* 470–477.

Westen, D.(2007). *The political brain: The role of emotion in deciding the fate of the nation.* New York: PublicAffairs.

Whiten, A., & Byrne, R. W.(1997). *Machiavellian intelligence II.* Cambridge: Cambridge University Press.

Wiley, H. R.(1994). Errors, exaggeration, and deception in animal communication. In L. Real(ed.), *Behavioral mechanisms in evolutionary ecology*(pp. 157–189). Chicago: University of Chicago Press.

Williams, E., & Gilovich, T.(2008). Do people really believe they are above average? *Journal of Experimental Social Psychology, 44,* 1121–1128.

Williams, G. C.(1966). *Adaptation and natural selection.* Princeton, NJ: Princeton University Press.

Williams, K. D.(2001). *Ostracism: The power of silence.* New York: Guilford Press.

———(2007). Ostracism. *Annual Review of Psychology, 58,* 425–452.

Wilson, D. S.(2002). *Darwin's cathedral: Evolution, religion, and the nature*

Tversky, A., & Thaler, R. H.(1990). Anomolies: Preference reversals. The *Journal of Economic Perspectives, 4*, 201–211.

Uchino, B. N., Cacioppo, J. T., & Kiecolt-Glaser, J. K.(1996). The relationship between social support and physiological processes: A review with emphasis on underlying mechanisms and implications for health. *Psychological Bulletin, 119*, 488–531.

Uhlmann, E. L., Pizarro, D. A., Tannenbaum, D., & Ditto, P. H.(2009). The motivated use of moral principles. *Judgment and Decision Making, 4*, 476–491.

Van den Berg, C. J.(1986). On the relation between energy transformation in the brain and mental activities. In R. Hockey, A. Gaillard, & M. Coles (eds), *Energetics and Human Information Processing*(pp. 131–135). Dordrecht, The Netherlands: Martinus Nijhoff.

van der Velde, F. W., van der Pligt, J., & Hooykaas, C.(1994). Perceiving AIDS-related risk: Accuracy as a function of differences in actual risk. *Health Psychology, 13*, 25–33.

Van Leeuwen, D. S. N.(2007). The spandrels of self-deception: Prospects for a biological theory of a mental phenomenon. *Philosophical Psychology, 20*, 329–348.

Vanderbilt, T.(2008). *Traffic: Why we drive the way we do*(*and what it says about us*). New York: Knopf. [邦訳：『となりの車線はなぜスイスイ進むのか？　――交通の科学』(酒井泰介訳、早川書房)]

Vogel. S.(1998). *Cat's paws and catapults: Mechanical worlds of nature and people*. New York: W.W. Norton & Company.

Vokey, J. R., & Read, J. D.(1985). Subliminal messages: Between the Devil and the media. *American Psychologist, 40*, 1231–1239.

Walton, D.(1999). The fallacy of many questions: On the notions of complexity, loadedness and unfair entrapment in interrogative theory, *Argumentation, 13*, 379–383.

Wang, X. T. & Dvorak, R. D.(2010). Sweet future: Fluctuating blood glucose levels affect future discounting. *Psychological Science, 21*, 183–188.

Webber, D. W.(1997). *AIDS and the law*. [N.p.] Aspen Publishers.

Wedekind, C., & Følstad, I.(1994). Adaptive or nonadaptive immunosuppression by sex hormons? *American Naturalist, 143*, 936–938.

Weeden, J.(2003). Genetic interests, life histories, and attitudes towards abortion. Unpublished doctoral dissertation, University of Pennsylvania.

Todd, P. M., & Miller, G.(1999). From Pride and Prejudice to persuasion: Realistic heuristics for mate search. In G. Gigerenzer, P.M. Todd, & ABC Research Group(eds.), *Simple heuristics that make us smart*(pp. 287–308). New York: Oxford University Press.

Tooby, J. & Cosmides, L.(1990). The past explains the present: Emotional adaptations and the structure of ancestral environments. *Ethology and Sociobiology, 11*, 375–424.

——— (1992). The psychological foundations of culture. In J. H. Barkow, L. Cosmides & J. Tooby(eds.), *The adapted mind*(pp. 19–136). New York: Oxford University Press.

——— (1995). Mapping the evolved functional organization of mind and brain. In M. Gazzaniga(ed.), *The cognitive neurosciences*(pp. 1185–1197). Cambridge, MA: MIT Press.

——— (1996). Friendship and the banker's paradox: Other pathways to the evolution of adaptations for altruism. In W. G. Runciman, J. Maynard Smith, & R. 21 I. M. Dunbar(eds.), *Evolution of social behaviour patterns in primates and man. Proceedings of the British Academy, 88*, 119–143.

——— (2005). Conceptual foundations of evolutionary psychology. In D. M. Buss(ed.), *The Handbook of Evolutionary Psychology*(pp. 5–67). Hoboken, NJ: Wiley.

——— (2008). The evolutionary psychology of the emotions and their relationship to internal regulatory variables. In M. Lewis, J. M. Haviland-Jones & L. F. Barrett(eds.), *Handbook of Emotions, 3rd Ed.*(pp. 114–137.) NY: Guilford.

Tooby, J., Cosmides, L., Sell, A., Lieberman, D. & Sznycer, D.(2008). Internal regulatory variables and the design of human motivation: A computational and evolutionary approach. In Andrew J. Elliot(ed.) *Handbook of approach and avoidance motivation.*(pp. 251–271). Mahwah, NJ: Lawrence Erlbaum Associates.

Trivers, R. L.(2000). The elements of a scientific theory of self-deception. *Annals of the New York Academy of Sciences, 907*, 114–131.

Trzesniewski, K. H., Donnellan, M. B., Moffitt, T. E., Robins, R. W., Poulton, R., & Caspi, A.(2006). Low self-esteem during adolescence predicts poor health, criminal behavior, and limited economic prospects during adulthood. *Developmental Psychology, 42*, 381–390.

Tversky, A., Slovic, P., & Kahneman, D.(1990). The causes of preference reversals. *American Economic Review, 80*, 204–217.

はなぜ、運を実力と勘違いするのか』(望月衛訳、ダイヤモンド社)]

Tangney, J. P., Baumeister, R. F., & Boone, A. L.(2004). High self-control predicts good adjustment, less pathology, better grades, and interpersonal success. *Journal of Personality, 72*, 271–324.

Tavris, C., & Aronson, E.(2007). *Mistakes were made(but not by me): Why we justify foolish beliefs, bad decisions, and hurtful acts.* Orlando, FL: Harcourt. [邦訳：『なぜあの人はあやまちを認めないのか――言い訳と自己正当化の心理学』(戸根由紀恵訳、河出書房新社)]

Taylor, S. E.(1989). *Positive illusions: Creative self-deception and the healthy mind.* New York: Basic Books. [邦訳：『それでも人は、楽天的な方がいい――ポジティブ・マインドと自己説得の心理学』(宮崎茂子訳、日本教文社)]

Tedeschi, J. T., & Norman, N.(1985). Social power, self-presentation, and the self. In B. R. Schlenker(ed.), *The self and social life*(pp. 293–322). New York: McGraw-Hill.

Tesser, A. & Smith, J.(1980). Some effects of task relevance and friendship on the helping: You don't always help the one you like. *Journal of Experimental Social Psychology, 16*, 582–590.

Tetlock, P. E. & Manstead, A. S. R.(1985). Impression management versus intrapsychic explanations in social psychology: A useful dichotomy? *Psychological Review, 92*, 59–77.

Thaler, R., & Sunstein, C.(2008). *Nudge: Improving decisions about health, wealth, and happiness.* New Haven, CT: Yale University Press. [邦訳：『実践行動経済学――健康、富、幸福への聡明な選択』(遠藤真美訳、日経ＢＰ社)]

Tice, D. M.(1992). Self-presentation and self-concept change: The looking-glass self is also a magnifying glass. *Journal of Personality and Social Psychology, 63*, 435–451.

Tice, D. M., & Baumeister, R. F.(2001). The primacy of the interpersonal self. In M. B. Brewer & C. Sedikides(ed.), *Individual self, relational self, collective self*(pp. 71–88). Philadelphia: Psychology Press.

Tice, D.M., Baumeister, R.F., Shmueli, D., & Muraven, M.(2007), Restoring the self: Positive affect helps improve self-regulation following ego depletion. *Journal of Experimental Social Psychology, 43*, 379–384.

Todd, P. M.(1997). Searching for the next best mate. In R. Conte, R. Hegselmann, & P. Terna(eds.), *Lecture notes in economics and mathematical systems*(pp. 419–436). Berlin: Springer-Verlag.

payoffs in risk-taking. *Journal of Experimental Psychology Monographs, 78*, 1–18.

Sosis, R., & Bressler, E.(2003). Cooperation and commune longevity: A test of the costly signaling theory of religion. *Cross-Cultural Research, 37*, 211–39.

Sperber, D.(2000). Metarepresentations in an evolutionary perspective. In D. Sperber(ed.), *Metarepresentations: A multidisciplinary perspective*(pp. 117–138). New York: Oxford University Press.

———(2005). Modularity and relevance: How can a massively modular mind be flexible and context-sensitive? In P. Carruthers, S. Laurence & S. Stich(eds.), *The innate mind: Structure and content*(pp. 53–68). New York: Oxford University Press.

Steedman, I., & Krause, U.(1985). Goethe's Faust, Arrow's possibility theorem and the individual decision-taker. In J. Elster(ed.) *The Multiple Self.*(197–232). Cambridge University Press.

Stephens, D.W., & John, R. K.(1986). *Foraging theory*. Princeton, NJ: Princeton University Press.

Stevens, J. R., Hallinan, E. V., & Hauser, M. D.(2005). The ecology and evolution of patience in two New World monkeys. *Biology Letters, 1*, 223–226.

Stewart, R.(2006). *The places in between.* Orlando, FL: Harcourt.［邦訳：『戦禍のアフガニスタンを犬と歩く』(高月園子訳、白水社)］

Stigler, G. J., & Becker, G. S.(1977). De gustibus non est disputandum. *American Economic Review, 67*, 76–90.

Stitch, S.(1983). *From folk psychology to cognitive science: The case against belief.* Cambridge, MA: Bradford.

Streufert, S., & Streufert, S. C.(1969). The effects of conceptual structure, failure, and success on attributions of causality and interpersonal attitudes. *Journal of Personality and Social Psychology, 11*, 138–147.

Surbey, M. K.(2004). Self-deception: Helping and hindering public and personal decision making. In C. Crawford & C. Salmon(eds.), *Evolutionary psychology, public policy, and personal decisions*(pp. 117–144). Mahwah, NJ: Elrbaum.

Symons, D.(1979). *The evolution of human sexuality.* New York: Oxford University Press.

Taleb, N. N.(2001). *Fooled by randomness: The hidden role of chance in the markets and in life.* New York: Texere LLC.［邦訳：『まぐれ——投資家

賢い選択術』(瑞穂のりこ訳、武田ランダムハウスジャパン)]

Sedikides, C., Gaertner, L., & Vevea, J. L.(2005). Pancultural self-enhancement reloaded: A meta-analytic reply to Heine(2005). *Journal of Personality and Social Psychology, 89*, 539–551.

Sedikides, C. & Gregg, A.(2008). Self-enhancement, food for thought. *Perspectives on Psychological Science, 3*, 102–116.

Sedikides, C., Herbst, K. C., Hardin, D. P., & Dardis, G. J.(2002). Accountability as a deterrent to self-enhancement: The search for mechanisms. *Journal of Personality and Social Psychology, 83*, 592–605.

Sedikides, C. & Luke, M.(2007). On when self-enhancement and self-criticism function adaptively and maladaptively. In E. C. Chang(ed.), *Self-criticism and self- enhancement: Theory, research and clinical implications*(pp. 181–198). Washington DC: American Psychological Association.

Sen, A.(1997). Maximization and the act of choice. *Econometrica, 65*, 745–779.

Shafir, E., Simonson, I., & Tversky, A.(1993). Reason-based choice. *Cognition, 49*, 11–36.

Sheppard, J. A., Carroll, P., Grace, J., & Terry, M.(2002). Exploring the causes of comparative optimism. Special issue on self-other asymmetries in social cognition. *Psychological Belgica, 42*, 65–98.

Shoda, Y., Mischel, W., & Peake, P. K.(1990). Predicting adolescent cognitive and social competence from preschool delay of gratification: Identifying diagnostic conditions. *Developmental Psychology, 26*, 978–986.

Sidanius, J., & Kurzban, R.(2003). Evolutionary approaches to political psychology. In D. O. Sears, L. Huddy, and R. Jervis(eds.), *Handbook of Political Psychology*(pp. 146–181). Oxford: Oxford University Press.

Simonson, I.(1989). Choice based on reasons: The case of attraction and compromise effects. *The Journal of Consumer Research, 16*, 158–174.

Simonsen, I., & Tversky, Amos(1992). Choice in context: Tradeoff contrast and extremeness aversion. *Journal of Marketing Research, 29*, 281–295.

Slovic, P.(1975). Choice between equally-valued alternatives. *Journal of Experimental Psychology: Human Perception and Performance, 1*, 280–287.

———(1995). The construction of preference. *American Psychologist, 5*, 364–371.

Slovic, P., & Lichtenstein, S.(1968). Relative importance of probabilities and

Rose, H., & Rose, S.(2000). *Alas poor Darwin: Arguments against evolutionary psychology*. New York: Harmony Books.

Ross, D.(2005). *Economic theory and cognitive science: Microexplanation*. Cambridge, MA: Bradford.

Roth, E. A.(2007). Repugnance as a constraint on markets. *The Journal of Economic Perspectives, 21*, 37–58.

Rothman, A. J., Klein, W. M., & Weinstein, N. D.(1996). Absolute and relative biases in estimations of personal risk. *Journal of Applied Social Psychology, 26*, 1213–1236.

Samuelson, P. A.(1948). Consumption theory in terms of revealed preference. *Economica, 15*, 243–253.

Schacter, D. L.(2001). *The seven sins of memory: How the mind forgets and remembers*. New York: Houghton Mifflin. ［邦訳：『なぜ、「あれ」が思い出せなくなるのか――記憶と脳の７つの謎』（春日井晶子訳、日本経済新聞社）］

Scheff, T. J., & Fearon, D. S., Jr.(2004). Cognition and emotion? The dead end in self-esteem research. *Journal for the Theory of Social Behaviour, 34*, 73–90.

Schelling, T.(1960) *The strategy of conflict*. Cambridge: Harvard University Press. ［邦訳：『紛争の戦略――ゲーム理論のエッセンス』（河野勝監訳、勁草書房）］

——— (1980). The intimate context for self-command. *The Public Interest, 60*, 94–118.

——— (1984). Self-command in practice, in policy, and in a theory of rational choice. *American Economic Review, 74*, 1–11.

Schlenker, B. R., & Leary, M. R.(1982). Audiences' reactions to self-enhancing, self- denigrating, and accurate self-presentations. *Journal of Experimental Social Psychology, 18*, 89–104.

Schlenker, B. R., & Pontari, B. A.(2000). The strategic control of information: impression management and self-presentation in daily life. In A. Tesser, R. B. Felson, & J. Suls(eds.), *Psychological perspectives on self and identity*(pp. 199–232). Washington, DC: American Psychological Association.

Schmeichel, B. J., & Zell, A.(2007). Trait self-control predicts performance on behavioral tests of self-control. *Journal of Personality, 75*, 743–756.

Schwartz, B.(2004). *The paradox of choice: Why more is less*. New York: Ecco. ［邦訳：『なぜ選ぶたびに後悔するのか――オプション過剰時代の

York: Morrow. [邦訳：『言語を生みだす本能』(椋田直子訳、日本放送出版協会)]

Pinker, S.(1999). *How the mind works.* New York: Norton. [邦訳：『心の仕組み』(椋田直子・山下 篤子訳、筑摩書房)]

Pinker, S.(2002). *The blank slate: The modern denial of human nature.* New York: Viking. [邦訳：『人間の本性を考える――心は「空白の石版」か』(山下篤子訳、日本放送出版協会)]

Pinker, S.(2005). So how *does* the mind work? *Mind and Language, 20,* 1–24.

Preston, C. E., & Harris, S.(1965). Psychology of drivers in traffic accidents. *Journal of Applied Psychology, 49,* 264–288.

Pronin, E., Gilovich, T., & Ross, L.(2004). Objectivity in the eye of the beholder: Divergent perceptions of bias in self versus others. *Psychological Review, 3,* 781–799.

Råberg, L., Grahn, M., Hasselquist, D., & Svensson, E.(1998). On the adaptive significance of stress-induced immunosuppression. *Proceedings of the Royal Society B: Biological Sciences, 265,* 1637–1641.

Ramachandran, V. S.(2004). *A brief tour of consciousness: From imposter poodles to purple numbers.* New York: Pearson Education.

Ramachandran, V. S., & Blakeslee, S.(1998). *Phantoms in the brain: Probing the mysteries of the human mind.* New York: HarperCollins. [邦訳：『脳のなかの幽霊』(山下篤子訳、角川書店)]

Rasmussen, N., & Niles, S.(2005). *Modular systems: The evolution of reliability.* American Power Conversion, white paper 76.

Rawls, J.(1971). *A Theory of Justice.* Cambridge, MA: Harvard University Press. [邦訳：『正義論』(川本隆史・福間聡・神島裕子訳、紀伊國屋書店)]

Reiss, M., Rosenfeld, P., Melburg, V., & Tedeschi, J.T.(1981). Self-serving attributions: Biased private perceptions and distorted public perceptions. *Journal of Personality and Social Psychology, 41,* 224–231.

Reynolds, C. & Tymann, P.(2008). *Schaum's outline of principles of computer science.* [N.p.] McGraw Hill.

Robinson, P. H., & Kurzban, R.(2007). Concordance and conflict in intuitions of justice. *Minnesota Law Review, 91,* 1829–1907.

Robinson, P. H., Kurzban, R., & Jones, O. D.(2008). The origins of shared intuitions of justice. *Vanderbilt Law Review, 60,* 1633–1688.

Rorty, A. O.(1985). Self-deception, akrasia and irrationality. In J. Elster(ed.), *The multiple self*(pp. 115–132). Cambridge: Cambridge University press.

あるのか――進化医学による新しい理解』(長谷川眞理子・長谷川寿一・青木千里訳、新曜社)]

Nettle, D.(2004). Adaptive illusions: Optimism, control and human rationality. In D. Evans & P. Cruse(eds.), *Emotion, evolution and rationality*(pp. 193–208). Oxford: Oxford University Press.

Nisbett, R., & Wilson, T.(1977). Telling more than we can know: Verbal reports on mental processes. *Psychological Review, 84*, 231–259.

Noakes, T. D., St. Clair Gibson, A., & Lambert, E. V.(2005). From catastrophe to complexity: A novel model of integrative central neural regulation of effort and fatigue during exercise in humans: Summary and conclusions. *British Journal of Sports Medicine, 39*, 120–124.

Nosek , B. A., Greenwald, A. G., & Banaji, M. R.(2007). The Implicit Association Test at age 7: A methodological and conceptual review. In J. A. Bargh(ed.), *Social Psychology and the Unconscious: The Automaticity of Higher Mental Processes*(pp. 265–292). Philadelphia: Psychology Press. [邦訳:『無意識と社会心理学――高次心理過程の自動性』(及川昌典・木村晴・北村英哉編訳、ナカニシヤ出版)]

Nozick, R.(1974). *Anarchy, state, and utopia*. Oxford: Blackwell. [邦訳:『アナーキー・国家・ユートピア――国家の正当性とその限界』(嶋津格訳、木鐸社)]

Nutt, D. J.(2009). Equasy – An overlooked addiction with implications for the current debate on drug harms. *Journal of Psychopharmacology, 23*, 3–5.

Ossher, H. & Tarr, P.(2001). Using multidimensional separation of concerns to(re)shape evolving software. *Communications of the ACM, 44*, 43–50.

Parnas, D. L.(1972). On the criteria to be used in decomposing systems into modules. *Communications of the ACM, 15*, 1053–1058.

Parnas, D. L., Clements, P. C., & Weiss, D. M.(1984). The modular structure of complex systems. *Proceedings of the 7th international conference on Software engineering*, 408–417.

Payne, J. W., Bettman, J. R., & Johnson, E. J.(1993). *The adaptive decision maker*. New York: Cambridge University Press.

Pears, D.(1985). The goals and strategies of self-deception. In J. Elster(ed.), *The multiple self*(pp. 59–77). New York: Cambridge University Press.

Pegna, A. J., Khateb, A., Lazeyras, F. & Seghier, M. L.(2005). Discriminating emotional faces without primary visual cortices involves the right amygdala. Nature *Neuroscience, 8*, 24–5.

Pinker, S.(1994). *The language instinct. How the mind creates language*. New

Royal Society, 365, 227–240.

Miller, E. K. & Cohen, J. D.(2001). An integrative theory of prefrontal cortex function. *Annual Review of Neuroscience, 24*, 167–202.

Miller, G.(2000). *The mating mind: How sexual choice shaped the evolution of human nature*. New York: Doubleday.［邦訳：『恋人選びの心――性淘汰と人間性の進化』(長谷川眞理子訳、岩波書店)］

Minsky, M.(1985). *Society of mind*. New York: Simon & Schuster.［邦訳：『心の社会』(安西祐一郎訳、産業図書)］

Mischel, W., Shoda, Y., & Peake, P. K.(1988). The nature of adolescent competencies predicted by preschool delay of gratification. *Journal of Personality and Social Psychology, 54*, 687–696.

Mischel, W., Shoda, Y., & Rodriguez.(1989). Delay of gratification in children. *Science, 244*, 933–938.

Moore, D.(2007). Not so above average after all: When people believe they are worse than average and its implications for theories of bias in social comparison. *Organizational Behavior and Human Decision Processes, 102*, 42–58.

Moore, D. A., & Healy, P. J.(2008). The trouble with overconfidence. *Psychological Review, 115*, 502–517.

Morris, J., DeGelder, B., Weiskrantz, L., & Dolan, R.(2001). Differential extrageniculostriate and amygdala responses to presentation of emotional faces in a cortically blind field. *Brain, 124*, 1252, 1241.

Murtagh, A. M., & Todd, S. A.(2004). Self-regulation: A challenge to the strength model. *Journal of Articles in Support of the Null Hypothesis, 3*, 19–51.

Nagel, T.(1974). What is it like to be a bat? *Philosophical Review, 4*, 435–50.

Neisser, U.(1988). Five kinds of self-knowledge. *Philosophical Psychology, 1*, 35–59.

Nesse, R. M.(2005). Natural selection and the regulation of defenses: A signal detection analysis of the smoke detector principle. *Evolution and Human Behavior, 26*, 88–105.

Nesse, R. M. & Lloyd, A. T.(1992). The evolution of psychodynamic mechanisms. In J. Barkow, L. Cosmides & J. Tooby(eds.), *The adapted mind: Evolutionary psychology and the generation of culture*(601–624). New York: Oxford University Press.

Nesse, R. M., & Williams, G. C.(1994). *Why we get sick: The new science of Darwinian medicine*. New York: Vintage Books.［邦訳：『病気はなぜ、

79–101.

McClure, S. M., Laibson, D. I., Loewenstein, G., & Cohen, J. D.(2004). Separate neural systems value immediate and delayed monetary rewards. *Science, 306*, 503–507.

McElreath, R., Boyd, R., Gigerenzer, G., Glockner, A., Hammerstein, P., Kurzban, R., et al.(2008). Individual decision making and the evolutionary roots of institutions: Explicit and implicit strategies in decision making. In C. Engel & W. Singer,(eds.), *Better than conscious? Implications for performance and institutional analysis. Strungmann Forum Report 1* (pp. 325–342). Cambridge, MA: MIT Press.

McKay, R. T., & Dennett, D. C.(2009). The evolution of misbelief. *Behavioral and Brain Sciences, 32*, 493–561.

McKenna, F., & Albery, I.(2001). Does unrealistic optimism change following a negative experience? *Journal of Applied Social Psychology, 31*, 1146–1157.

McLaughlin, B. P.(1996). On the very possibility of self-deception. In R. T. Ames & W. Dissanayake(eds.), *Self and deception: A cross-cultural philosophical enquiry*(pp. 31–51). Albany: State University of New York Press.

Mecca, A. M., Smelser, N. J., & Vasconcellos, J.(1989). *The social importance of self-esteem*. Berkley: University of California Press.

Mele, A. R.(1998). Two paradoxes of self-deception. In J. Dupuy(ed.), *Self-deception and paradoxes of rationality*(pp. 37–58). Stanford, CA: CSLI Publications.

———(2001). *Self-deception unmasked*. Princeton, NJ: Princeton University Press.

Merton, R. K.(1969). *Social theory and social structure*. New York: The Free Press. [邦訳：『社会理論と社会構造』(森東吾・森好夫・金沢実・中島竜太郎訳、みすず書房)]

Messier, C.(2004). Glucose improvement of memory: A review. *European Journal of Pharmacology, 490*, 33–57.

Mezulis, A. H., Abramson, L. Y., Hyde, J. S., & Hankin, B. L.(2004). Is there a universal positivity bias in attributions? A meta-analytic review of individual, developmental, and cultural differences in the self-serving attributional bias. *Psychological Bulletin, 130*, 711–747.

Mijović-Prelec, D. & Prelec, D.(2010). Self-deception as self-signalling: A model and experimental evidence. *Philosophical Transactions of the*

Lichtenstein, S., & Slovic, P.(2006a). *The construction of preference.* Cambridge: Cambridge University Press.

Lichtenstein, S. & Slovic, P.(2006b). The construction of preference: An overview. In S. Lichtenstein & P. Slovic(eds.), *The construction of preference*(pp. 1–40). New York: Cambridge University Press.

Lieberman, D., Tooby, J., & Cosmides, L.(2003). Does morality have a biological basis? An empirical test of the factors governing moral sentiments relating to incest. *Proceedings of the Royal Society of London Series B–Biological Sciences, 270,* 819– 826.

Mabe, P. A. III, & West, S.G.(1982).Validity of self-evaluation of ability: A review and meta-analysis. *Journal of Applied Psychology, 67,* 280–286.

MacDonald, G., & Leary, M. R.(2005). Why does social exclusion hurt? The relationship between social and physical pain. *Psychological Bulletin, 131,* 202–223.

Madsen P. L., Hasselbalch, S. G., Hagemann, L. P., Olsen, K. S., Bulow, J., Holm, S., Wildschiodtz, G., Paulson, O. B., & Lassen, N. A.(1995). Persistent resetting of the cerebral oxygen/glucose uptake ratio by brain activation: Evidence obtained with the Kety-Schmidt technique. *Journal of Cerebral Blood Flow and Metabolism, 15,* 485– 91.

Marcus, G. F.(2008). *Kluge: The haphazard construction of the human mind.* New York: Houghton Mifflin. [邦訳：『脳はあり合わせの材料から生まれた――それでもヒトの「アタマ」がうまく機能するわけ』(鍛原多惠子訳、早川書房)]

Markman, K. D., & Hirt, E. R.(2002). Social prediction and the “allegiance bias.” Social *Cognition, 20,* 58–86.

Marr, D.(1982) *Vision.* San Francisco: W.H. Freeman.

Martin, P.(2002). *One man's leg: A memoir.* Pine Bush, NY: GreyCore Press. [邦訳：『１本足の栄光――ある片足アスリートの半生』(小滝頼介訳、実業之日本社)]

Masicampo, E. J., & Baumeister, R. F.(2008). Toward a physiology of dual-process reasoning and judgment: Lemonade, willpower, and effortful rule-based analysis. *Psychological Science, 19,* 255–260.

Maynard Smith, J. Genes, memes, and minds. *New York Review of Books,* November 30.

McCauley, R. N. & Henrich, J.(2006). Susceptibility to the Müller-Lyer illusion, theory neutral observation, and the diachronic cognitive penetrability of the visual input system. *Philosophical Psychology, 19,* devices for intergroup conflict? Prepared for The 13th Sydney Symposium of Social Psychology.

Kurzban, R., & DeScioli, P.(2009). Why religions turn oppressive: A perspective from evolutionary psychology. *Skeptic, 15,* 38–41.

Kurzban, R., DeScioli, P., & O'Brien, E.(2007). Audience effects on moralistic punishment. *Evolution and Human Behavior, 28,* 75–84.

Kurzban, R., & Leary, M. R.(2001). Evolutionary origins of stigmatization: The functions of social exclusion. *Psychological Bulletin, 127,* 187–208.

Kurzban, R., & Weeden, J.(2005). HurryDate: Mate preferences in action. *Evolution and Human Behavior, 26,* 227–244.

——— (2007). Do advertised preferences predict the behavior of speed daters? *Personal Relationships, 14,* 623–632.

Laibson, D.(2001). A cue-theory of consumption. *Quarterly Journal of Economics, 116,* 81– 119.

Landsburg, S.(2007). *More sex is safer sex: The unconventional wisdom of economics.* New York: Free Press. [邦訳：『ランズバーグ先生の型破りな知恵——常識を転倒させる実証経済学』(清宮真理訳、バジリコ)]

Lane K. A., Banaji, M. R., Nosek B. A., & Greenwald A. G.(2007). Understanding and using the Implicit Association Test: IV. What we know(so far) about the method. In B. Wittenbrink & N. Schwarz(eds.), *Implicit measures of attitudes: Procedures and controversies*(pp. 59–102). New York: Guilford.

Langer, E. J.,(1975). The illusion of control. *Journal of Personality and Social Psychology, 32,* 311–328.

Langer, E. J., Roth, J.(1975), Heads I win, tails it's chance: The illusion of control as a function of the sequence of outcomes in a purely chance task. *Journal of Personality and Social Psychology, 32,* 951–955.

Leary, M. R.(2007). Motivational and emotional aspects of the self. *Annual Review of Psychology, 58,* 317–344.

Leary, M. R., & Downs, D. L.(1995). Interpersonal functions of the self-esteem motive: The self-esteem system as a sociometer. In M. H. Kernis (ed.), *Efficacy, agency, and self- esteem*(pp. 123–144). New York: Plenum Press.

Lewontin, R. C., Rose, S. & Kamin, L.(1984). *Biology, ideology and human nature: Not in our genes.* New York: Pantheon.

Libet, B.(1999). Do we have free will? *Journal of Consciousness Studies, 6,* 47–57.

(Vol. 1, pp. 231–262). Hillsdale, NJ: Erlbaum.

Kaptchuk, T. J., Kelley, J. M., Conboy, L. A., Davis, R. B., Kerr, C. E., Jacobson, E. E., et al.(2008). Components of placebo effect: Randomised controlled trial in patients with irritable bowel syndrome. *British Journal of Medicine, 336*, 999–1003.

Kahneman, D., Knetsch, J. & Thaler, R.(1991). Anomalies: The endowment effect, loss aversion, and status quo bias. *Journal of Economic Perspectives, 5*, 193–206.

Kirkpatrick, L. A., & Ellis, B. J.(2001). An evolutionary-psychological approach to self-esteem: Multiple domains and multiple functions. In G. Fletcher & M. Clark(eds.), *The Blackwell handbook of social psychology, Vol. 2: Interpersonal processes*(pp. 411–436). Oxford, England: Blackwell.

Krebs, D. L., & Dentvon, K.(1997). Social illusions and self-deception: The evolution of biases in person perception. In J. A. Simpson & D. T. Kenrick(eds.), *Evolutionary Social Psychology*(pp. 21–47). Hillsdale, NJ: Erlbaum.

Kurman, J.(2001). Self-enhancement: Is it restricted to individualistic cultures? *Personality and Social Psychology Bulletin, 27*, 1705–1716.

Kurzban, R.(2001). The social psychophysics of cooperation: Nonverbal communication in a public goods game. *Journal of Nonverbal Behavior, 25*, 241–259.

———(2002a). Alas poor evolutionary psychology: Unfairly accused, unjustly condemned. *Human Nature Review, 2*, 99–109.

———(2002b). The human mind: Evolution's tinkering or Michelangelo's chiseling? Review of *Bounded rationality: The adaptive toolbox* by G. Gigerenzer and R. Selten eds. *Contemporary Psychology, 47*, 661–663.

———(2008). Evolution of implicit and explicit decision making. In C. Engel, & W. Singer,(eds.), *Better than conscious? Implications for performance and institutional analysis. Strüngmann Forum Report 1* (pp. 155–172). Cambridge, MA: MIT Press.

Kurzban, R., & Aktipis, C. A.(2006). Modular minds, multiple motives. In M. Schaller, J. Simpson, & D. Kenrick(eds.) *Evolution and Social Psychology*(pp. 39–53). New York: Psychology Press.

———(2007). Modularity and the social mind: Are psychologists too self-ish? *Personality and Social Psychology Review, 11*, 131–149.

Kurzban, R., & Christner, J.(in press). Are supernatural beliefs commitment *wisdom*. New York: Basic Books. [邦訳：『しあわせ仮説——古代の知恵と現代科学の知恵』(藤澤隆史・藤澤玲子訳、新曜社)]

Haselton, M. G. & Nettle, D.(2006). The paranoid optimist: An integrative evolutionary model of cognitive biases. *Personality and Social Psychology Review, 10*, 47–66.

Hauser, M. D., Cushman, F. A., Young, L., Kang-Xing Jin, R., & Mikhail, J.(2007). A dissociation between moral judgments and justifications. *Mind and Language, 22*, 1– 21.

Hauser, M. D., Young, L. & Cushman, F. A.(2008). Reviving Rawls' linguistic analogy. In W. Sinnott-Armstrong(ed.) *Moral psychology, Volume 2: The cognitive science of morality: Intuition and diversity*(pp. 107–144). Cambridge, MA: Bradford Books.

Helweg-Larsen, M., Sadeghian, P., & Webb, M. A.(2002). The stigma of being pessimistically biased. *Journal of Social and Clinical Psychology, 21*, 92–107.

Henslin, J. M.(1967). Craps and magic. *American Journal of Sociology, 73*, 316–330.

Hirstein, W.(2005). *Brain fiction: Self-deception and the riddle of confabulation*. Cambridge, MA: The MIT Press.

Humphrey, N. K.(2002). Great expectations: The evolutionary psychology of faith-healing and the placebo effect. In C. von Hofsten & L. Backman (eds.), *Psychology at the turn of the millennium, Vol. 2: Social, developmental, and clinical perspectives*(pp. 225– 246). Florence, KY: Routledge.

Humphrey, N., & Dennett, D. C.(1998). Speaking for our selves. In D. C. Dennett(ed.), *Brainchildren: Essays on designing minds*. London: Penguin Books.

Jackendoff, R.(1987). *Consciousness and the computational mind*. Cambridge, MA: MIT Press.

James, W.(1890/1950). *The principles of psychology*(Vol. 1). New York: Dover.

———(1897/1979). *The will to believe and other essays in popular philosophy*. Cambridge, MA: Harvard University Press.

Jones, E. E.(1964). Ingratiation: *A social psychological analysis*. New York: Appleton- Century-Crofts.

Jones, E. E., & Pittman, T. S.(1982). Towards a general theory of strategic self-presentation. In J. Suls(ed.), *Psychological perspectives on the self*

Gigerenzer, G., & Selten, R.(eds.) (2001). Bounded rationality: *The adaptive toolbox.* Cambridge, Mass, MIT Press.

Gintis, H.(2005). Behavioral game theory and contemporary economic theory. *Analyse & Kritik, 27,* 6–47.

Gladwell, M.(2005). Blink: *The Power of thinking without thinking.* New York: Little, Brown, & Co. [邦訳：『第１感――「最初の2秒」の「なんとなく」が正しい』(沢田博・阿部尚美訳、光文社)]

Godfray, H. C. J.(1991). Signalling of need by offspring to their parents. *Nature, 352,* 328–330.

Goffman, E.(1967). *Interaction ritual: Essays on face-to-face behavior.* New York: Doubleday/Anchor. [邦訳：『儀礼としての相互行為――対面行動の社会学』(浅野敏夫訳、法政大学出版局)]

Gould, S. J.(2000). More things in heaven and earth. In H Rose & S. Rose (eds.), *Alas poor Darwin: Arguments against evolutionary psychology* (pp. 101–126). New York: Harmony Books.

Gould, S. J., Lewontin, R. C.(1979). The spandrels of San Marcos and the Panglossian program: A critique of the adaptationist programme. *Proceedings of the Royal Society of London, 205,* 581–598.

Granberg, D., & Brent, E.(1983). When prophecy bends: The preference–expectation link in U.S. presidential elections. *Journal of Personality and Social Psychology, 45,* 477–49.

Greenwald, A. G.(1997). Self-knowledge and self-deception: Further consideration. In M. S. Myslobodsky(ed.), *The mythomanias: An inquiry into the nature of deception and self-deception*(pp. 51–71). Mahwah, NJ: Erlbaum.

Greenwald, A. G., & Banaji, M. R.(1995). Implicit social cognition: Attitudes, self-esteem, and stereotypes. *Psychological Review, 102,* 4–27.

Greenwald, A. G., McGhee, D. E., & Schwartz, J. L. K.(1998). Measuring individual differences in implicit cognition: The implicit association test. *Journal of Personality and Social Psychology, 74,* 1464–1480.

Gregory, R. L.(1970). *The intelligent eye.* New York: McGraw-Hill. [邦訳：『インテリジェント・アイ』(金子隆芳訳、みすず書房)]

Gur, R. & Sackheim, H.(1979) Self-deception: A concept in search of a phenomenon. *Journal of Personality and Social Psychology, 37,* 147–169.

Haidt, J .(2001). The emotional dog and its rational tail: A social intuitionist approach to moral judgment. *Psychological Review. 108,* 814–834.

———(2006). *The happiness hypothesis: Finding modern truth in ancient*

Frank, R.(1988). *Passions within reason: The strategic role of the emotions.* New York: W.W. Norton. [邦訳：『オデッセウスの鎖——適応プログラムとしての感情』(大坪庸介・山岸俊男訳、サイエンス社)]

Frederick, S., Loewenstein, G., & O'Donoghue, T.(2002). Time discounting and time preference: A critical review. *Journal of Economic Literature, 40*, 351-401.

Frith, C.(2005). The self in action: Lessons from delusions of control. *Consciousness and Cognition, 14*, 752-770.

Gailliot, M. T., & Baumeister, R. F.(2007). Self-regulation and sexual restraint: Dispositionally and temporarily poor self-regulatory abilities contribute to failures at restraining sexual behavior. *Personality and Social Psychology Bulletin, 33*, 173-186.

Gailliot, M. T., Baumeister, R. F., DeWall, C. N., Maner, J. K., Plant, E. A., Tice, D. M., Brewer, L. E., & Schmeichel, B. J.(2007). Self-control relies on glucose as a limited energy source: Willpower is more than a metaphor. *Journal of Personality and Social Psychology, 92*, 325-336.

Gallagher, S.(2000). Philosophical conceptions of the self: Implications for cognitive science. *Trends in Cognitive Sciences, 4*, 14-21.

Gallistel C. R.(1994). Foraging for brain stimulation: Toward a neurobiology of computation. *Cognition, 50*, 151-170.

Gazzaniga, M.S.(1998). *The mind's past.* Berkeley: University of California Press.

Gazzaniga, M. S., & LeDoux, J. E.(1978). *The integrated mind.* New York: Plenum. [邦訳：『二つの脳と一つの心——左右の半球と認知』(柏原恵龍訳、ミネルヴァ書房)]

Gelder, B. D., Tamietto, M., Boxtel, G. V., Goebel, R., Sahraie, A., Stock, J. V. D., et al.(2008). Intact navigation skills after bilateral loss of striate cortex. *Current Biology, 18*, R1128-R1129.

Gibson, E. L.(2007). Carbohydrates and mental function: Feeding or impeding the brain? *Nutrition Bulletin, 32*, 71-83.

Gibson, E. L., & Green M. W.(2002) Nutritional influences on cognitive function: mechanisms of susceptibility. *Nutrition Research Reviews, 15*, 169-206.

Gigerenzer, G.(1996). Rationality: Why social context matters. In P. B. Baltes & U. M. Staudinger(eds.), *Interactive minds: Life-span perspectives on the social foundation of cognition*(pp. 319-346). Cambridge: Cambridge University Press.

Personality and Social Psychology Bulletin, 35, 572–58.

Ehrenreich, B.(2009). *Bright-sided: How the relentless promotion of positive thinking has undermined America.* New York: Metropolitan Books. [邦訳：『ポジティブ病の国、アメリカ』(中島由華訳、河出書房新社)]

Eisenberger, N. I., Lieberman, M. D., & Williams, K. D.(2003). Does rejection hurt? An fMRI study of social exclusion. *Science, 302*, 290–292.

Elster, J.(1985). *The multiple self.* Cambridge: Cambridge University Press.

Epley, N., & Whitchurch, E.(2008). Mirror, mirror on the wall: Enhancement in self- recognition. *Personality and Social Psychology Bulletin, 34*, 1159–1170.

Ermer, E., Cosmides, L., & Tooby, J.(2008). Relative status regulates risky decision-making about resources in men: Evidence for the co-evolution of motivation and cognition. *Evolution and Human Behavior, 29*, 106–118.

Evans, D., Heuvelink, A., & Nettle, D.(no date). Are motivational biases adaptive? An agent-based model of human judgement under uncertainty. Retrieved from: www.dylan.org.uk/bias.pdf.

Fenton-O'Creevy, M., Nicholson, N., Soane, E., & Willman, P.(2003). Trading on illusions: Unrealistic perceptions of control and trading performance. *Journal of Occupational and Organisational Psychology, 76*, 53–68.

Festinger, L.(1954). A theory of social comparison processes. *Human Relations, 7*, 117–140.

Fiddick, L., Cosmides, L., & Tooby, J.(2000). No interpretation without representation: The role of domain-specific representations and inferences in the Wason selection task. *Cognition, 77*, 1–79.

Flavell, J. H.(1970). Developmental studies of mediated memory. In H. W. Reese & L. P. Lipsitt(eds.), *Advances in child development and child behavior*(Vol. 5, pp. 181–211). New York: Academic Press.

Fodor, J.(1983). *The modularity of mind.* Cambridge, MA: MIT Press. [邦訳：『精神のモジュール形式——人工知能と心の哲学』(伊藤笏康・信原幸弘訳、産業図書)]

———(1998). The trouble with psychological Darwinism. *London Review of Books.* Retrieved from http://www.lrb.co.uk/v20/n02/fodo01_.html.

———(2000). *The mind doesn't work that way.* Cambridge, MA: Bradford Books/MIT Press.

Foot, P.(1967). The problem of abortion and the doctrine of double effect. *Oxford Review, 5*, 5–15.

(阿部文彦訳、青土社)]

DeScioli, P.(2008). Investigations into the problems of moral cognition. Unpublished doctoral dissertation.

DeScioli, P., & Kurzban, R.(2009a). The alliance hypothesis for human friendship. *PLoS ONE, 4(6): e5802.*

———(2009b). Mysteries of morality. *Cognition, 112*, 281–299.

DeSteno, D., Bartlett, M. Y., Salovey, P.(2006). Constraining accommodative homunculi in evolutionary explorations of jealousy: A reply to Barrett et al.(2006). *Journal of Personality and Social Psychology, 91*, 519–523.

Donnellan, M. B., Trzesniewski, K. H., Robins, R. W., Moffitt, T. E., & Caspi, A.(2005). Low self-esteem is related to aggression, antisocial behavior, and delinquency. *Psychological Science, 16*, 328–335.

Draper, P., & Harpending, H.(1982). Father absence and reproductive strategy: An evolutionary perspective. *Journal of Anthropological Research, 38*, 255–279.

Dunning, D.(1999). A newer look: Motivated social cognition and the schematic representation of social concepts. *Psychological Inquiry, 10*, 1–11.

———(2005). *Self-insight: Roadblocks and detours on the path to knowing thyself.* New York: Psychology Press.

Dunning, D., & Cohen, G. L.(1992). Egocentric definitions of traits and abilities in social judgment. *Journal of Personality and Social Psychology, 63*, 341–355.

Dunning, D., Heath, C., & Suls, J.(2004). Flawed self-assessment: Implications for health, education, and the workplace. *Psychological Science in the Public Interest, 5*, 69–106.

Dunning, D., Meyerowitz, J. A., & Holzberg, A. D.(1989). Ambiguity and self-evaluation: The role of idiosyncratic trait definitions in self-serving assessments of ability. *Journal of Personality and Social Psychology, 57*, 1082–1090.

Dupuy, J. P.(ed.).(1998). *Self-deception and paradoxes of rationality.* Stanford, CA: CSLI Publications.

Dutton, D. G., & Aron, A. P.(1974). Some evidence for heightened sexual attraction under conditions of high anxiety. *Journal of Personality and Social Psychology, 30*, 510–517.

Dvorak, R. D., & Simons, J. S.(2009). Moderation of resource depletion in the sel-control strength model: Differing effects of two modes of self-control.

& D Krebs(eds.), *Foundations of evolutionary psychology*(pp. 383–400). Mahwah, NJ: Erlbaum.

Damasio, A. R.(1994). *Descartes' error: Emotion, reason, and the human brain.* New York: Grosset/Putnam. ［邦訳：『デカルトの誤り――情動、理性、人間の脳』(田中三彦訳、筑摩書房)］

Dana, J., Cain, D. M., & Dawes, R.(2006). What you don't know won't hurt me: Costly(but quiet) exit in a dictator game. *Organizational Behavior and Human Decision Processes, 100*, 193–201.

Dana, J., Weber, R. A., & Kuang, J. X.(2007). Exploiting moral wiggle room: Experiments demonstrating an illusory preference for fairness. *Economic Theory, 33*, 67–80.

Davidson, D.(1986). Deception and division. In Elster(ed.), *The multiple self* (pp. 79–92). Cambridge: Cambridge University Press.

―――(1998). Who is fooled? In J. P. Dupuy(ed.). *Self-deception and paradoxes of rationality.*(pp. 1–18). Stanford, CA: CSLI Publications.

―――(2004). *Problems of rationality*(Vol. 4). Oxford: Oxford University Press. ［邦訳：『合理性の諸問題』(金杉武司・塩野直之・鈴木貴之・信原幸弘訳、春秋社)］

Dawes, R.(1994). *House of cards: Psychology and psychotherapy built on myth.* New York: Free Press.

Dawkins, R.(1976). *The selfish gene.* Oxford: Oxford University Press.［邦訳：『利己的な遺伝子』(日高敏隆・岸由二・羽田節子・垂水雄二訳、紀伊國屋書店)］

―――(1986). *The blind watchmaker.* London: Longmans. ［邦訳：『盲目の時計職人――自然淘汰は偶然か？』(日高敏隆・中島康裕・遠藤彰・遠藤知二・疋田努訳、早川書房)］

―――(2006). *The God delusion.* New York: Bantam Books. ［邦訳：『神は妄想である――宗教との決別』(垂水雄二訳、早川書房)］

Dawson, E., Savitsky, K., & Dunning, D.(2006). "Don't tell me, I don't want to know": Understanding people's reluctance to obtain medical diagnostic information. *Journal of Applied Social Psychology, 36*, 751–768.

Dennett, D.(1981). *Brainstorms: Philosophical essays on mind and psychology.* Cambridge, MA: MIT Press.

―――(1991). *Consciousness explained.* Boston: Little Brown. ［邦訳：『解明される意識』(山口泰司訳、青土社)］

―――(2006) *Breaking the spell: Religion as a natural phenomenon.* New York: Penguin Books. ［邦訳：『解明される宗教――進化論的アプローチ』

brain. In G. Siegel, B. Agranoff, R. Albers, S. Fisher, & M. Uhler (eds.), *Basic neurochemistry: Molecular, cellular, and medical aspects* (6th ed.) (pp. 637–669). Philadelphia, PA: Lippincott Raven.

Cochran, F., & Harpending, H. (2009). *The 10,000 Year explosion: How civilization accelerated human evolution.* New York: Basic Books. [邦訳：『一万年の進化爆発——文明が進化を加速した』(古川奈々子訳、日経ＢＰ社)]

Coltheart, M. (1999). Modularity and cognition. *Trends in Cognitive Science, 3*, 115–120.

Cosmides, L. & Tooby, J. (1994a). Beyond intuition and instinct blindness: The case for an evolutionarily rigorous cognitive science. *Cognition, 50*, 41–77.

——— (1994b). Origins of domain specificity: The evolution of functional organization. In L. Hirschfeld & S. Gelman (eds.), *Mapping the mind: Domain 5 specificity in cognition and culture* (pp. 85–116). New York: Cambridge University Press.

——— (2000). Evolutionary psychology and the emotions In M. Lewis & J. M. Haviland-Jones (eds.), *Handbook of Emotions,* 2nd Edition. (pp. 91–115.) NY: Guilford.

——— (2001). Unraveling the enigma of human intelligence: Evolutionary psychology and the multimodular mind. In R. J. Sternberg & J. C. Kaufman (eds.), *The evolution of intelligence.* (pp. 145–198). Hillsdale, NJ: Erlbaum.

Covey, J. A., & Davies, A.D.M. (2004). Are people unrealistically optimistic? It depends how you ask them. *British Journal of Health Psychology, 9*, 39–49.

Crocker, J., & Park, L. E. (2003). Seeking self-esteem: Maintenance, enhancement, and protection of self-worth. In M. R. Leary & J. P. Tangney (eds.), *Handbook of self and identity* (pp. 291–313). New York: Guilford Press.

Cross, K. P. (1977). Not can but will college teaching be improved? *New Directions for Higher Education, 1977*, issue 17 (Spring 1977), 1–15.

Cushman, F. A., Young, L., & Hauser, M. D. (2006). The role of reasoning and intuition in moral judgments: Testing three principles of harm. *Psychological Science, 17*, 1082–1089.

Daly, M., & Wilson, M. (2007). Is the "Cinderella effect" controversial? A case study of evolution-minded research and critiques thereof. In C Crawford

木光太郎・中村潔訳、新曜社)]

Buller, D. J.(2008). Evolution of the mind: Four fallacies of psychology. *Scientific American*. December. Retrieved from http://www.sciam.com/article.cfm?id=four-fallacies.

Burger, J. M., & Burns, L.(1988). The illusion of unique invulnerability and the use of effective contraception. *Personality and Social Psychology Bulletin, 14*, 264–270.

Burnham, T., & Phelan, J.(2000). *Mean genes: From sex to money to food: Taming our primal instincts.* Cambridge, MA: Perseus. [邦訳:『いじわるな遺伝子――ＳＥＸ、お金、食べ物の誘惑に勝てないわけ』(森内薫訳、日本放送出版協会)]

Buss, D.M.(2003). *The evolution of desire: Strategies of human mating* (Revised Edition). New York: Basic Books. [邦訳:『女と男のだましあい――ヒトの性行動の進化』(狩野秀之訳、草思社)]

Buunk, B. P.(2001). Perceived superiority of one's own relationship and perceived prevalence of happy and unhappy relationships. *British Journal of Social Psychology, 40*, 565–574.

Byrne, R. W., & Whiten, A.(eds.).(1988). *Machiavellian intelligence: Social expertise and the evolution of intellect in monkeys, apes, and humans.* New York: Oxford University Press. [邦訳:『ヒトはなぜ賢くなったか』(藤田和生・山下博志・友永雅己監訳、ナカニシヤ出版)]

Cacioppo, J. T., Hawkley, L. C., & Berntson, G. G.(2003). The anatomy of loneliness. *Current Directions in Psychological Science, 12*, 71–74.

Camerer, C.(2003). *Behavioral game theory: Experiments in strategic interaction.* Princeton, NJ: Princeton University Press.

Camerer, C., Loewenstein, G. & Prelec, D.(2005). Neuroeconomics: How neuroscience can inform economics. *Journal of Economic Literature, 43*, 9–64.

Chambers E. S., Bridge, M. W., & Jones, D. A.(2009). Carbohydrate sensing in the human mouth: effects on exercise performance and brain activity. *The Journal of Physiology, 587*, 1779–1794.

Churchland, P.(1987). Epistemology in the age of neuroscience. *Journal of Philosophy, 84*, 544–553.

Cialdini, R. B.(2001). *Influence: Science and practice*(4th ed.). Boson: Allyn and Bacon. [邦訳:『なぜ、人は動かされるのか』(社会行動研究会訳、誠信書房)]

Clarke, D. D., & Sokoloff, L.(1998) Circulation and energy metabolism of the

Baumeister, R. F., & Vohs, K D.(2007). Self-regulation, ego depletion, and motivation. *Social and Personality Psychology Compass*, 1, 115–128.

Becker, G. S., & Elias, J. J.(2007). Introducing incentives in the market for live and cadaveric organ donations. *Journal of Economic Perspectives*, 21, 3–24.

Binmore, K.(2007). *Playing for real. A text on game theory*. New York: Oxford University Press.

Biran, I., & Chatterjee, A.(2004). Alien hand syndrome. *Archives of Neurology, 61*, 292–294.

Biran, I., Giovannetti, T., Buxbaum, L., & Chatterjee, A.(2006). The alien hand syndrome: What makes the alien hand alien? *Cognitive Neuropsychology, 23*, 563–582.

Blaine, B., & Crocker, J.(1993). Self-esteem and self-serving biases in reactions to positive and negative events: An integrative review. In R. F. Baumeister(ed.), *Self-esteem: The puzzle of low self-regard*(pp. 55–85). New York: Plenum.

Boehm, C.(1999). *Hierarchy in the forest: The evolution of egalitarian behavior*. Cambridge, MA: Harvard University Press.

Boksem, M. A. S., & Tops, M.(2008). Mental fatigue: Costs and benefits. *Brain Research Reviews, 59*, 125–139.

Boyer, P.(2001). *Religion explained: The evolutionary origins of religious thought*. New York: Basic Books. [邦訳：『神はなぜいるのか？』(鈴木光太郎・中村潔訳、ＮＴＴ出版)]

Boyer, P., Robbins, P., & Jack, A. I.(2005). Varieties of self-systems worth having. *Consciousness and Cognition, 14*, 647–660.

Bradburn, N. M.(1969). *The structure of psychological well-being*. Chicago: Aldine.

Braitenberg, V.(1984). *Vehicles: Experiments in synthetic psychology*. Cambridge, MA: MIT. Press. [邦訳：『模型は心を持ちうるか——人工知能・認知科学・脳生理学の焦点』(加地大介訳、哲学書房)]

Bramble, D. M., & Lieberman, D. E.(2004). Endurance running and the evolution of Homo. *Nature, 432*, 345–352.

Brickman, P., Coates, D., & Janoff-Bulman, R.(1978). Lottery winners and accident victims: Is happiness relative? *Journal of Personality & Social Psychology, 36*, 917–927.

Brown, D. E.(1991). *Human universals*. New York: McGraw-Hill. [邦訳：『ヒューマン・ユニヴァーサルズ——文化相対主義から普遍性の認識へ』(鈴

Bandura, A.(1989). Human agency in social cognitive theory. *American Psychologist, 44,* 1175–1184.

Barrett, H. C.(2005). Enzymatic computation and cognitive modularity. *Mind and Language, 20,* 259–287.

Barrett, H. C., Cosmides, L. & Tooby, J.(2007). The hominid entry into the cognitive niche. In S. Gangstead & J. Simpson(eds.), *The evolution of mind: Fundamental questions and controversies*(pp. 241–248). New York, NY: The Guilford Press.

Barrett, H. C., Frederick, D. A., Haselton, M. G. & Kurzban, R.(2006). Can manipulations of cognitive load be used to test evolutionary hypotheses? *Journal of Personality and Social Psychology, 91*(3), 513–518.

Barrett, H. C., & Kurzban, R.(2006). Modularity in cognition: Framing the debate. *Psychological Review, 113,* 628–647.

Batson, C.(2008). Moral masquerades: Experimental exploration of the nature of moral motivation. *Phenomenology and the Cognitive Sciences, 7,* 51–66.

Baumeister, R. F.(1982). A self-presentational view of social phenomena. *Psychological Bulletin, 91,* 3–26.

———(1999a). *The cultural animal: Human nature, meaning, and social life.* Oxford: Oxford University Press.

———(1999b). The nature and structure of the self: An overview. In R. F. Baumeister(ed.), *The self in social psychology*(pp. 1–20). Philadelphia: Psychology Press.

Baumeister, R. F., Bratslavsky, E., Muraven, M., & Tice, D. M.(1998). Ego depletion: Is the active self a limited resource? *Journal of Personality and Social Psychology, 74,* 1252–1265.

Baumeister, R. F., Campbell, J. D., Krueger, J. I., & Vohs, K. D.(2003). Does high self-esteem cause better performance, interpersonal success, happiness, or healthier lifestyles? *Psychological Science in the Public Interest, 4,* 1–44.

Baumeister, R. F., Heatherton, T. F., & Tice, D. M.(1993). When ego threats lead to self-regulation failure: Negative consequences of high self-esteem. *Journal of Personality and Social Psychology, 64,* 141–156.

Baumeister, R. F., Schmeichel, B. J., & Vohs, K. D.(2007). Self-regulation and the executive function: The self as controlling agent. In A. W. Kruglanski & E. T. Higgins(eds.), *Social Psychology: Handbook of Basic Principles*(2nd ed., pp. 516–539). New York: Guilford Press.

参考文献

Ainslie, G.(1985). Beyond microeconomics. In J. Elster(ed.), *The Multiple Self*(pp. 133-176). Cambridge: Cambridge University Press.

Ainslie, G., & Haslam, N.(1992). Hyperbolic discounting. In G. Loewenstein & J. Elster,(eds.), *Choice over time*(pp. 57-92). New York: Russell Sage.

Alicke, M. D., & Govorun, O.(2005). The better-than-average effect. In M. D. Alicke, D. A. Dunning, & J. I. Krueger(eds.), *Studies in self and identity*(pp. 85-106). New York: Psychology Press.

Alicke, M. D., Klotz, M. L., Breitenbecher, D. L., Yurak, T. J., & Vredenburg, D. S.(1995). Personal contact, individuation and the better than average effect. *Journal of Personality and Social Psychology*, 68, 804-825.

Ambady, N., & Rosenthal, R.(1992). Thin slices of expressive behavior as predictors of interpersonal consequences: A meta-analysis. *Psychological Bulletin, 111*, 256-274.

Ames, R. T., & Dissanayake, W.(1996). Introduction. In R. T. Ames & W. Dissanayake(eds.), *Self and deception: A cross-cultural philosophical enquiry*(pp. 1-30). Albany, NY: State University of New York Press.

Ariely, D.(2008). *Predictably irrational: The hidden forces that shape our decisions.* New York: Harper Collins. [邦訳：『予想どおりに不合理――行動経済学が明かす「あなたがそれを選ぶわけ」』(熊谷淳子訳、早川書房)]

Arkin, R. C.(2007). Governing lethal behavior: Embedding ethics in a hybrid deliberative/reactive robot architecture. Technical report FITVU-07-11, Georgia Institute of Technology.

Aronson, E., Fried, C., & Stone, J.(1991). Overcoming denial and increasing the intention to use condoms through the induction of hypocrisy. *American Journal of Public Health, 81*, 1636-1638.

Arrow, K., Forsythe, R., Gorham, M., Hahn, R., Hanson, R., Ledyard, J., et al.(2008). The promise of prediction markets. *Science*, May 16, 877-878.

Babad, E.(1987). Wishful thinking and objectivity among sports fans. *Social Behaviour*, 2, 231-240.

Baber, Z. M.(1826). Memoirs of Zehir-ed-din Muhammed Baber, Emperor of Hindustan. Trans: J. Leyden, W. Erskine, & C. Waddington. London: Longman, Rees, Orme, Brown, and Green.

Baldwin, C. Y., & Clark, K. B.(2000). *Design rules. Volume 1: The power of modularity*. Cambridge, MA: MIT Press.

マイヤー，エルンスト　183
マジック・エイト・ボール　34，222
マシュマロ課題　250
ミュラー・リヤー錯視　29，94
未来の予測　289
ミンスキー，マービン　110
『「みんなの意見」は案外正しい』　288

無知　126

メイナード＝スミス，ジョン　183

盲視　23
『模型は心を持ちうるか――人工知能・認知科学・脳生理学の焦点』　40
モジュール　17，41，42，66，73，96，104，111，191，202，233，262
　意識を持つ　79，106
　快の　210
　視野と　236
　道徳的　89，91
　忍耐と　238
　プロパガンダ　156
　報道官――　57，128，137，151，178，276，297
　無知と　127
　一夫一妻制　304

や

山岸俊男　227
誘因依存，消費　248

抑うつ者のリアリズム　175

ら

楽観主義　171
ラマチャンドラン　20
ランガー，エレン　165
ランズバーグ，スティーブン　33，222
『ランズバーグ先生の型破りな知恵――常識を転倒させる実証経済学』　33

リアリー，マーク　212
リード，ドン　30
利己的　264
『利己的な遺伝子』　46
リベット，ベンジャミン　80

ルウォンティン，リチャード　181
ルドゥー，ジョゼフ　18

レイク・ウォビゴン効果　147
レイブソン，デイヴィッド　248
恋愛相手の獲得　116

わ

ワイスバーグ，ディーナ　82
ワイナー，ジョナサン　302

トゥービー，ジョン　160
動機　200
同色錯視　26
道徳，アンドロイドの　35
——原理の適用　313
——ジレンマ　119
——の起源　311
道徳的
——な一貫性の欠如　297
——判断　274-278，297
——モジュール　89
ドーキンス，リチャード　46，185
ドーズ，ロビン　204
トースター　63
ドラッグ，禁止　284
『トランプの家』　204
努力メーターモデル　259
トロッコ問題　121，276

な

ニスベット，リチャード　66
『人間の普遍性』　49
妊娠中絶　279
忍耐　242
認知的不協和　95

脳，快楽中枢と　210

は

ハイト，ジョナサン　89
ハウザー，マーク　276
バウマイスター，ロイ　167，204，252
バンデューラ，アルバート　166
比較優位　60
——性，友人関係における　160
悲観主義　174
否認の見せかけ　126
表象　94
評判　120
ピンカー，スティーブン　45

フィアロン，デイヴィッド　203
『フィンチの嘴——ガラパゴスで起きている種の変貌』　59，302
フォーダー，ジェリー　32，78，114
フォーマット　94
複数の自己　18
ブライテンベルク，ヴァレンチノ　40
ブラウン，ドン　49
プラシーボ効果　187
フリス，クリス　25
フロッガー　10
『紛争の戦略——ゲーム理論のエッセンス』　88
文脈　228
分離脳　18

ヘンズリン，ジェームズ　165

ボイヤー，パスカル　142
報酬　234
ポジティブ・イリュージョン　152，175

ま

マーカス，ゲアリー　184
マートン，ロバート・K　138

さまざまな自己　16

『しあわせ仮説――古代の知恵と現代科学の知恵』 90
ジェイムズ，ウィリアム　139
シェフ，トーマス　203
シェリング，トーマス　88
自己　83，192
自己欺瞞　146，197，198，215，219
自己コントロール　250，262
　――課題　256
自己充足的予言　138
『自己とアイデンティティに関するハンドブック』 205
自己統制　261
『自己と欺瞞――異文化間での哲学的探究』 99
自己の利益　264
自己評価　154，203-206，212
　――維持　162
市場，賭け　290
自然選択による進化の理論　46
『社会はなぜ左と右にわかれるのか――対立を超えるための道徳心理学』 89
『社会理論と社会構造』 138
シュワルツ，バリー　116
シン・スライシング　135
進化心理学　45，180
真実　114
『信ずる意志』 139
腎臓，売るべきではない　294
信念，正しい　114
　互いに矛盾する　219

ステータス，評価と　245

スパンドレル　181
スロウィッキー，ジェームズ　288

『精神のモジュール形式――人工知能と心の哲学』 32
性的奔放　308
セックス，禁じる　272
セディキディス，コンスタンティン　175
選好　223，225
選好逆転　230，247
戦略的誤認　149，151，160，176，183，187，191，213
戦略的謬見　149，150，212

ソシオメーター理論　212

た

ダーウィン　46
『第1感――「最初の2秒」の「なんとなく」が正しい』 15，135
タイス，ダイアン　261
ダウンズ，デボラ　212
ダナ，ジェイソン　117
他人の意図を気にする　296
他人の手症候群　22

チャーチランド，パトリシア　115
超自然信仰　141-143

テイラー，シェリー　152
デイリー，マーティン　244
デカルト劇場　77，106
デステノ，デイヴィッド　105
テッサー，エイブラハム　162
デネット，ダニエル　77
デネット，ダン　92

索引

あ

アジアの疾病問題　231
アリエリー，ダン　243
アレッキ，マーク　153

意識　79，216，220
意志力，資源として　257
一夫一妻制　304
一夫多妻限界点モデル　302

ウィリアムズ，エリノア　153
ウィリアムズ，キップ　129
ウィルソン，ティモシー　66
ウィルソン，マーゴ　244
ヴォーキー，ジョン　30
うそ　157

エージェント　110
エルマー，エルザ　245
エンジニアリング　62
『延長された表現型――自然淘汰の単位としての遺伝子』 185

か

ガー，ルーベン　198
快　202，210
『解明される意識』 77
ガザニガ，マイク　18
カプセル化　32，67
『神はなぜいるのか？』 142
がん患者　196

記述的な歪曲　157
犠牲者探し，道徳と　278
偽善　310
ギロビッチ，トム　153
銀行家のパラドックス　160
近親相姦　90

苦痛　208
グラッドウェル，マルコム　15，135
グリーンウォルド，アンソニー　199
グルコース，脳と　256
グールド，スティーヴン・ジェイ　180
クレイニアムコマンド　70

幻肢　21
顕示選好　226

公共財ゲーム　97
幸福　208
心の内を暴露する　136
心の計算理論　45
『心の仕組み』 45
『心の社会』 110
『心はそのようには機能しない』 46，114
コスミデス，レダ　160
好み　226-230，246
誤謬　141

さ

最善の選択　116
サッカイム，ハロルド　198

著者紹介
ロバート・クルツバン（Robert Kurzban）
ペンシルベニア大学心理学部准教授ならびに実験進化心理学研究室の創設者。

訳者紹介
高橋 洋（たかはし・ひろし）
翻訳家。同志社大学文学部文化学科卒（哲学及び倫理学専攻）。
訳書に、ハイト『社会はなぜ左と右にわかれるのか』、ニールセン『オープンサイエンス革命』、グリーンフィールド『〈選択〉の神話――自由の国アメリカの不自由』、ブレイスウェイト『魚は痛みを感じるか？』、ミッチェル『ガイドツアー　複雑系の世界――サンタフェ研究所講義ノートから』（以上、紀伊國屋書店）、ベコフ『動物たちの心の科学』（青土社）ほか。

だれもが偽善者《ぎぜんしゃ》になる本当《ほんとう》の理由《りゆう》

2014年10月10日　第1刷発行

著　者　ロバート・クルツバン
訳　者　高橋 洋

発行者　富澤凡子
発行所　柏書房株式会社
東京都文京区本郷2-15-13（〒113-0033）
電話（03）3830-1891［営業］
（03）3830-1894［編集］

装　丁　関原直子
組　版　有限会社一企画
印　刷　壮光舎印刷株式会社
製　本　小髙製本工業株式会社

ISBN978-4-7601-4510-2